W0401855

# e-Machination

Arthur Ténor

# e-Machination

*Devenez ce héros dont vous rêviez*

SEUIL

Illustration et conception graphique de couverture :
Hubert Van Rie
© 2013 Éditions du Seuil.
ISBN : 978-2-02-108354-5
www.seuil.com

Conforme à la loi n° 49-956 du 16 juillet 1949
sur les publications destinées à la jeunesse.

Merci à Nathalie
de toujours m'accompagner
jusque dans mes e-machinations
littéraires les plus folles.

La réalité et le rêve sont-ils si différents ? Dans notre appréhension quotidienne, c'est une évidence. Ce que je rêve d'être est souvent bien loin de ce que je suis. Et pourtant, le rêve est porteur de réalité, cela aussi est incontestable. J'en ai même fait ma devise : C'est en rêvant que j'ai fait avancer ma réalité. Certes, mais jusqu'au point où la personne que je suis devienne un personnage ? Certainement non, jusqu'à ce que, écrivain, je franchisse le pas, ce seuil si ténu qui sépare le réel de l'imaginaire. J'y ai découvert un univers de jeu, de grande liberté, de puissantes émotions… un monde qui n'existe pas et qui pourtant a bouleversé ma vie. Si cela devait vous arriver, gardez toujours à l'esprit que de l'autre côté aussi, on trouve le meilleur… et le pire. La différence avec le réel, c'est que tout, absolument tout, ne dépend que de vous. Mais une fois revenu dans l'Ici, que suis-je ? Juste l'acteur de ma vie.

Arthur Ténor
Explorateur de l'Imaginaire

# 1

# Le débarquement du soldat Goldman

Jérôme Latour était fin prêt. Et si fier ! Gonflé à bloc ! Il souffla trois fois rapidement, tel le sportif s'apprêtant à réaliser l'exploit de sa carrière. Il s'accorda un dernier coup d'œil dans le miroir de son armoire de chambre, et s'offrit un sourire en coin, à la G.I. Joe. Tout était effectivement parfait dans son costume de soldat américain de la Seconde Guerre mondiale : le casque recouvert d'un filet kaki, la vareuse multipoches, avec le chewing-gum et le paquet de cigarettes américaines sur le cœur, le sac à dos, le pantalon légèrement bouffant sous les genoux, les guêtres, les rangers fraîchement cirés… Mais le clou, c'était le fusil équipé de la lunette de sniper, l'exacte réplique de celui qu'utilisait le tireur d'élite Jackson, dans le film de Spielberg *Il faut sauver le soldat Ryan*. Une arme exceptionnelle qui lui permettait de faire des cartons sur les Allemands comme à la fête foraine… avant de se faire éparpiller façon puzzle par un obus de char Tigre.

Ce bel attirail avait coûté un fric fou à Jérôme Latour, sans parler du reste. Mais comme il avait réussi à vendre sa moto et sa voiture… Et si ça n'avait pas été le cas, il aurait vendu son âme au diable pour obtenir cet argent, c'est-à-dire à sa banque qui aurait généreusement accepté de lui faire crédit contre l'hypothèque de son appartement. *C'est peut-être la prochaine étape*, songea-t-il, un peu amèrement.

Jérôme Latour, alias le soldat Goldman, se raidit tout à coup. Il s'adressa un salut militaire, puis partit à la guerre… dans son salon ! Celui-ci, bien que de belles dimensions, lui apparut affreusement petit pour livrer bataille. Qu'importe, car il savait que, dès qu'il aurait plongé dans l'histoire, les murs auraient disparu et les meubles se seraient transformés en *hedgehogs*[1], en carcasses de Jeep et même en cadavres de camarades. Contre le mur du fond se dressait un luxueux équipement audiovisuel, composé de trois écrans géants à leds, des 70 pouces, disposés côte à côte en arc de cercle. Une webcaméra binoculaire dernier cri trônait sur celui du milieu, tandis que derrière celui de gauche était posée à même la moquette une tour d'ordinateur de bureau, reliée à

1. Autrement appelé « hérisson tchèque ». Il s'agissait d'une défense constituée de trois poutrelles métalliques rivetées et assemblées l'une à l'autre au moyen de plaques.

un dispositif sophistiqué destiné à alimenter les trois téléviseurs en images synchronisées. Ainsi, il obtiendrait d'Omaha Beach un beau champ de vision à quasiment 90 degrés.

Le jeune homme contourna le canapé en velours bleu, puis un gros pouf carré, disparut quelques secondes derrière son mur d'écrans afin de vérifier une ultime fois ses branchements, dont une liaison ADSL très haut débit, grâce à laquelle il recevrait un flot parfaitement fluide d'images d'un réalisme jamais atteint. L'estomac noué, autant d'émotion que d'excitation, Jérôme revint devant son installation. Il récupéra une télécommande sur la table basse en verre et fer forgé, qu'il avait repoussée contre le mur, sous la fenêtre. Tous les volets de la pièce étaient clos, afin que la lumière de ce radieux après-midi de mai ne vînt pas affadir le spectacle de sa plongée dans l'horreur héroïque. Il s'empara également de sa paire de lunettes ultralégères à vision 3D. C'étaient des verres spéciaux, dits « yeux de fourmi », transparents mais dont la capacité d'afficher des incrustations visuelles permettait d'améliorer encore le principe de « réalité augmentée ». À elles seules, elles valaient quinze jours de bons et loyaux services chez l'expert comptable qui l'employait. Mais elles étaient indispensables pour profiter pleinement de son nouveau jeu vidéo, dont le slogan publicitaire promettait « Vous n'en reviendrez pas ! ». Après les avoir chaussées et ajustées avec soin pour qu'elles ne bougent pas durant la bataille, il vérifia la position du minuscule microphone fixé sur le col de sa chemise de G.I. Enfin, ultime préparatif, il glissa l'index sous son casque pour enfoncer dans ses conduits auditifs les écouteurs qui, dans quelques instants, cracheraient le fracas des bombes, le sifflement des balles, les ordres des chefs et les hurlements de douleur de camarades touchés...

– Nom de Dieu, ça va être géant ! jura-t-il, les dents serrées d'excitation.

Il se planta enfin devant ses écrans, le fusil en main. À l'aide de la télécommande à infrarouge, il lança la connexion Internet. Désormais, son ordinateur ne répondrait plus qu'à des ordres vocaux.

– C'est parti ! s'exclama-t-il, tout en sautillant sur place, à la manière d'un athlète à l'échauffement.

Les écrans s'allumèrent en émettant une très courte mélodie. Une musique épique, où dominait la trompette, s'éleva dans son cerveau en pleine ébullition. Le titre du jeu apparut, en rugueuses lettres de fer : *Héros.*

– Ouais, ouais, allez ! s'impatienta le joueur.

Car il n'en était pas à sa première expérience avec ce « truc si incroyable qu'il en était presque surnaturel ». Cependant, il n'était encore jamais parti au combat. En effet, jusque-là, il n'avait eu droit qu'aux entraînements, aux exercices de tir et à quelques simulations de débarquement. Jamais à une opération réelle. C'était ça ou rien, comme dans la vraie guerre. Cela l'avait d'abord contrarié, puis il s'y était plié, car comment imaginer participer au vrai Débarquement sans avoir auparavant suivi une instruction militaire des plus sérieuses ? Selon son avis, c'était vraiment bien vu par les concepteurs du jeu, puisque cela n'avait fait qu'aiguiser son impatience. Et maintenant, il n'en pouvait plus, *comme eux*, se dit-il en songeant à ces jeunes soldats américains qui, à peu de choses près, avaient éprouvé les mêmes sentiments que lui en cet instant magique. Ce devait tout de même être autrement plus intense, car ils durent patienter de nombreux jours, sous la pluie, dans des navires de guerre bondés, parmi des camarades pas toujours supportables... Lui, le soldat Goldman, n'avait eu qu'à endurer des nuits d'insomnie à imaginer son départ pour la France... et ce fameux Débarquement !

Il était tellement bouleversé et parasité par ses pensées, qu'il ne s'était même pas rendu compte que la musique et la voix de mise en condition (le générique en quelque sorte, dont l'écoute était obligatoire) avaient laissé place au vent, au clapotis des vagues contre la coque de la barge de débarquement où il était censé avoir pris place. Il respira à fond, puis regarda autour de lui... Il était environné de combattants lui ressemblant en tout point, serrés les uns contre les autres, ballottés par la houle. Quelques-uns vomissaient, d'autres chantonnaient, certains priaient... et lui souriait. Il était aux anges, au paradis des fondus de sensations fortes et sans danger.

– Bon. Soyons sérieux, se tança-t-il.

Il imita ses compagnons qui rentraient la tête dans les épaules pour encaisser les giclées d'eau froide qui débordaient les parois de l'embarcation. Il frissonna, à l'instar de ses camarades. Et comme eux, ses boyaux le travaillaient et ses jambes flageolaient. Il respirait par la bouche, parce que, par le nez, ce n'était plus possible. Dans ses oreillettes, le grondement du moteur diesel, derrière lui, était assourdissant. Il était adossé au fond de la barge, juste sous le pilote. À sa gauche, un capitaine hurlait des recommandations :

– Dès que la porte bascule, vous foncez sans vous retourner, sans discuter, sans hésiter ! Surtout, vous ne restez pas agglutinés comme des poules mouillées.

– Mouillés, on l'est déjà, capitaine, tenta de plaisanter un soldat qui serrait contre lui le brûleur d'un lance-flammes, tel un enfant son jouet préféré.

En guise de réponse, l'officier lui donna une tape amicale sur le casque, puis ajouta à mi-voix :

– Que Dieu vous garde.

Plusieurs soldats se signèrent. Goldman fit de même, lui qui pourtant n'était pas chrétien ni même croyant. Il était à fond dans le jeu, immergé jusqu'aux oreilles. L'effet relief des lunettes 3D était, au sens propre, hallucinant. Le son était parfait et son cerveau à ce point leurré, que même ses autres sens apportaient leur touche au spectacle. Le soldat Goldman grelottait de froid, comme s'il avait été réellement arrosé par l'eau de mer. Il sentait les odeurs comme s'il y avait été, celle du vomi et celle des embruns, en un mélange écœurant. Et dans la bouche, il avait déjà le goût du sang…

Le pilote de la barge annonça tout à coup l'approche du Terminus. Alors commença le tumulte de la bataille d'Omaha Beach, un brouhaha infernal d'explosions de mortiers, de trépidations de mitrailleuses, de grondements du moteur diesel des autres barges… Une formidable déflagration se produisit à bâbord. Elle fit jaillir un geyser d'eau de mer et bouscula le contingent d'hommes parmi lesquels trépignait Goldman. Le jeune homme fut déséquilibré, tomba à genoux et se releva, aidé d'un camarade. Mais la moitié des hommes étaient encore au sol.

– Debout ! Debout ! hurlait le capitaine. La porte va basculer !

Et soudain, un grand éclat blanc illumina le soldat Goldman, qui crut sur l'instant avoir été touché. Ce n'était que la rampe de débarquement qui avait basculé dans l'eau, à plus de dix mètres de la plage ! Mais déjà les premiers G.I. s'élançaient en hurlant. Les yeux exorbités en attendant son tour, Goldman eut le temps de découvrir leur objectif, un énorme blockhaus de béton gris, planté au sommet d'un formidable talus. Vingt mètres en contrebas, le sable était parsemé de tripodes constitués de poutres métalliques entrecroisées. La bouche obscure du blockhaus s'illuminait d'éclats de lumière blanche. C'était l'ennemi qui dégommait à tout va, ravageait en masse, massacrait avec des mitrailleuses de gros calibre, dont une seule balle était capable de sectionner une jambe. Enfin, Goldman sauta à l'eau, sous les sifflements brefs et les chocs métalliques des balles qui s'écrasaient contre les parois de la barge ou les dispositifs antidébarquement, et parfois perçaient le casque d'un assaillant. Finalement, songea-t-il avec un esprit d'analyse incongru en la circonstance, ces poutrelles d'acier entrecroisées constituaient des abris providentiels, qui sauvèrent de nombreuses vies, hélas souvent provisoirement. Et il monta à l'assaut de la forteresse France…

Ainsi commença le jour J du soldat Goldman.

Comme il pouvait s'en douter, il ne fut pas tué dès les premières minutes de l'assaut. Pas même blessé ! Il courait, du moins faisait-il semblant en sautillant sur place entre son canapé et sa table basse. Mais c'était sans importance, car il n'en avait même plus conscience puisqu'il était réellement sur cette plage de Normandie, en ce matin du 6 juin 1944. Corps et âme !

Il éprouva tout de même une petite déception, car il n'avait pas encore eu l'opportunité de tirer. Mais cela n'allait pas tarder puisqu'il finit par atteindre le bas du talus sablonneux. Sur la ligne de crête, les Allemands avaient installé leurs postes de combat, creusé leurs tranchées de défense et, à intervalles réguliers, édifié leurs monstrueux blockhaus. Il décida qu'il était temps pour lui d'apporter sa contribution active à la bataille. Il se positionna de manière à mettre dans sa ligne de mire l'un des postes de tir ennemis protégés par un parapet de sacs de sable.

Allongé sur le ventre, il colla l'œil droit dans la lunette de visée, fixée sur son fusil. Il se concentra, oublia le vacarme infernal autour de lui… et tira ! La détonation fut si puissante que ses oreilles se mirent à siffler. Le soldat allemand qu'il visait partit en arrière en levant les bras. Jérôme n'en crut pas ses yeux. Il venait de tuer son premier Boche ! Mais il ne savoura pas davantage sa victoire, car il y avait d'autres ennemis à abattre, plein d'autres. Il en aligna un qui venait de lancer une grenade…

– Zut !

Le malotru s'était baissé avant qu'il ait eu le temps de bien l'ajuster. Grâce à sa lunette grossissante, le joueur pouvait voir distinctement les petits dômes de fer des casques allemands, qui se déplaçaient au ras du muret de sacs de sable. Il repéra soudain quelque chose qui l'intrigua. C'était une ouverture dans le parapet, semblable à une petite meurtrière. Il comprit tout à coup que derrière se tenait un homme, sans doute un sniper, comme lui. Il sourit. Un duel de tireurs d'élite, comme dans le film *Stalingrad* de Jean-Jacques Annaud, voilà qui n'était pas fait pour lui déplaire. Il régla sa visée sur son fusil, se colla à nouveau l'œil dans la lunette… Un bref éclat lumineux éclaira la meurtrière.

– Oh !

L'Allemand avait tiré une fraction de seconde avant lui.

D'un coup, tout s'arrêta : les images de guerre, le fracas des bombes et des tirs, les cris des hommes… Les écrans des téléviseurs affichaient désormais un uniforme fond gris. Après quelques secondes, se formèrent deux mots en lettres rouges : GAME OVER.

# 2
# Un petit bout de papier change de main

Le commandant de police Bourdier pénétra dans l'appartement de Jérôme Latour. Il salua d'un signe de tête une collègue en tenue, jeta un regard circulaire dans l'entrée, puis passa au salon. Assise sur une chaise de la salle à manger, à gauche, une femme d'une soixantaine d'années pleurait, un mouchoir sous le nez.

– C'est la mère, je suppose ? demanda-t-il à un jeune policier de sa brigade qui faisait le pied de grue près de la porte.

– Oui, commandant. C'est elle qui a trouvé le corps.

– Suicide ?

– Je dirais plutôt mystère et boule de gomme. La porte d'entrée était verrouillée, les volets fermés, aucune trace d'effraction…

– Alors pourquoi ce mystère et boule de gomme ?

Pour toute réponse, le jeune flic n'émit qu'une profonde inspiration dubitative. Son officier considéra l'autre partie de la pièce d'un œil intrigué et un brin envieux :

– J'aimerais bien posséder un home cinéma comme celui-là, marmonna-t-il.

Après s'être rapidement présenté à la mère éplorée, il se rendit près du corps d'un homme gisant sur le ventre, costumé en G.I. américain du siècle dernier. Son casque avait roulé sur le côté. Sa tête reposait sur une arme ancienne, un fusil à lunette, tempe droite sur la crosse. Bourdier fit le tour du mort, se pencha…

– Ben, ça alors ! souffla-t-il.

Le jeune homme avait connu une mort instantanée qui lui avait laissé les yeux grands ouverts, sous des lunettes extravagantes, aux verres transparents paraboliques, et dont les branches étaient d'une épaisseur tout à fait inhabituelle. Du sang avait coulé en abondance de ses narines. Au front, il portait une marque ronde, une bizarre boursouflure rouge de la taille d'une pièce de dix cents, pouvant laisser penser qu'il avait été frappé par un objet de la taille d'un gros crayon. C'était sans doute pourquoi la mère de ce pauvre garçon avait crié à l'assassinat. L'autopsie le confirmerait, ou plus sûrement l'infirmerait, pensa le policier.

La fouille de l'appartement ne révéla strictement rien d'intéressant. Seule une vignette publicitaire sur la table de nuit du suicidé attira l'attention du commandant. Elle l'intrigua moins par son aspect général que par sa sobriété. C'était un simple carré d'un rouge assez criard, qui portait pour toute inscription un slogan en lettres argentées : *Devenez ce héros dont vous rêviez*. En dessous était indiquée l'adresse d'un site Internet, heros.com. L'officier le glissa machinalement dans la poche de sa veste de cuir, puis quitta les lieux.

***

Une fois dans la rue, il s'efforça de penser à autre chose qu'à cette affaire qui n'aurait dû concerner que les pompiers, bien qu'il en reconnût la singularité. « L'humanité ne cessera jamais de m'étonner », songea-t-il.

Tout en marchant vers sa voiture, il plongea la main dans la poche extérieure droite de sa veste, en retira le mini-prospectus rouge qu'il considéra quelques secondes dans sa paume droite. Haussant les épaules, il la remit dans sa poche sans s'apercevoir que le prospectus s'était malicieusement échappé et qu'il voletait comme un papillon jusqu'au trottoir sur lequel il se posa doucement, face imprimée vers le ciel.

Un passant chaussé de gros rangers s'arrêta devant cet insignifiant bout de papier. Il le ramassa pourtant, l'examina, le retourna, puis l'enfouit dans la poche droite de son ample manteau de cuir noir.

# 3

# Catcheur K.O.

De retour chez lui, après une nouvelle et pesante journée de travail, l'homme au trench-coat de cuir noir, type *Matrix*, jeta les clés de la porte d'entrée de sa maison sur la table de la salle à manger, puis il alla s'affaler dans son canapé. Après un moment de léthargie un peu exagérée, simulant le mort de fatigue, au sens propre du terme, il se secoua puis se contorsionna en grimaçant pour se débarrasser de son manteau. Cela fait, il se débattit dans son sweat-shirt aux armes des *Serious Killers*, un groupe rock gothique. Et pour être tout à fait à l'aise, il ôta son tee-shirt marron imprimé d'une chaumière de hobbit. Il se leva puis, tel le chanteur des *Serious Killers* en concert, le fit tourner au-dessus de lui avant de le jeter en pâture à une fictive foule en délire. Poings levés et bras tendus vers un ciel glorieux, il émit un beuglement de rocker en rut.

Tout aussi brusquement qu'il s'était excité, il se calma. D'un geste machinal, il ajusta l'énorme bague tête-de-mort qu'il portait à l'annulaire gauche, côtoyant au majeur son précieux anneau doré, réplique parfaite de celui du *Seigneur des anneaux* et faisant écho à la chevalière elfique du majeur de sa main droite. Il retraversa son salon, dont l'abondante décoration, à l'instar de ses tenues vestimentaires, relevait du style *heroic fantasy*, tendance gothique, avec un soupçon de féerique mâtiné de science-fiction. C'était un véritable petit musée-capharnaüm de figurines de toutes tailles, d'épées et autres éléments d'armures médiévales, de tableaux, posters et dessins originaux d'artistes de *fantasy*. Et il y avait aussi toutes sortes de produits dérivés, tirés de ses films fantastiques préférés, exposés dans des vitrines ou sur des étagères regorgeant par ailleurs de livres appartenant tous ou presque au genre *grand imaginaire*. Au fond, acquis dernièrement grâce à ses premiers salaires d'informaticien dans une compagnie d'assurances, trônait un téléviseur ultraplat de dernière génération, un 90 pouces rutilant, dont il n'était pas peu fier.

Dans la cuisine, il ôta le catogan qui retenait en queue-de-cheval sa longue chevelure châtain, puis s'ébouriffa à deux mains. Il se courba brusquement en deux, mimant quelque personnage de son gigantesque panthéon imaginaire… un troll, peut-être, ou un orque de Saroumane. C'est en grognant et en émettant d'inquiétants *chlurp !* qu'il sortit une bière du frigo, et du placard au-dessus un pot de Nutella ainsi qu'un paquet de pain aux céréales.

De retour sur son canapé, il commença à se confectionner avec un soin gourmand une tartine de pâte chocolatée. Il décapsula sa bière, dont la première gorgée lui procura un minuscule plaisir.

– Haam ! C'est bon, la vie !

C'était ainsi, par une bière et une tartine de Nutella, que Clotaire Morin se récompensait de chaque journée de travail.

***

Souvent, ce grand garçon un peu dégingandé de vingt-trois ans se demandait comment ses parents avaient osé adjoindre à un nom aussi banal, un prénom aussi extravagant. Banal et extravagant, tel était d'ailleurs son quotidien de jeune homme « pas tout à fait cuit », selon son propre avis. Même pas brillant, même pas déjanté, aux comportements jamais aussi audacieux que son look gothique. Ses parents avaient tenu toute leur vie un magasin d'électroménager, jusqu'à ce qu'un orage apocalyptique les noie dans leur caravane, lors d'un séjour en camping. D'eux, il n'avait gardé que la petite tête rieuse, le nez blanc, le respect du client et cette gentillette maison d'un quartier résidentiel des Pavillons-sous-Bois. Il habitait là depuis sa naissance, désormais seul, orphelin, ni heureux ni malheureux, mais libre de vivre vraiment libre ! Le côté extravagant de sa personnalité était tout entier exposé autour de lui. C'étaient ses livres fantastiques, ses films dix fois visionnés pour certains, ses collections et bien sûr ses jeux vidéo. Clotaire Morin était, côté jour, un Français atrocement moyen ; côté nuit, mille et un héros de l'imaginaire humain[1].

Tout en léchant des traces de Nutella sur ses doigts, il se souvint tout à coup de sa trouvaille, sur le trottoir. Il s'extirpa du canapé pour la récupérer dans son manteau, étalé sur la moquette telle l'enveloppe d'un vampire fraîchement réduit en poussière.

– Héros point com, lut-il à voix haute, tout en lorgnant ce papillon publicitaire qui luisait comme un objet de convoitise. Allons voir ça.

Il s'installa au milieu de son volumineux canapé disposé avec précision face au téléviseur, à la distance de confort idéale, puis se pencha pour tirer de dessous un ordinateur portable qu'il s'empressa d'ouvrir et d'allumer. Avant peu, il était branché sur le site Internet heros.com. En quelques clics, il découvrit qu'il s'agissait d'une société proposant un seul jeu vidéo dont le titre, *Héros*, suivi de « Devenez ce héros dont vous rêviez », était fort alléchant, bien qu'un peu restrictif pour un garçon qui changeait de peau trois à dix fois par semaine, lors de parties de jeux de

1. L'auteur précise *humain*, car Clotaire croyait aux extra-terrestres et n'excluait nullement l'existence de mondes parallèles.

rôle vidéo endiablées. D'un œil connaisseur, il jugea le design convenu mais de qualité, surtout les mini-vidéos en images de synthèse qui s'agitaient dans des vignettes un peu partout sur l'écran. Il s'agissait pour les concepteurs de montrer la diversité des possibilités de leur création. Apparemment, déduisit Clotaire, c'était une sorte de *Second Life*, version aventure.

– Mouais, fit-il, peu convaincu.

Le seul aspect qui l'intriguait vraiment était la finesse des animations offertes en démonstration, conçues avec un logiciel 3D maîtrisé à la perfection. Sa curiosité étant piquée, il voulut savoir combien coûtait « la bestiole ».

– Ouf ! Rien que ça !

Deux mille euros, ce n'était pas seulement exorbitant, c'était loufoque ! Un divertissement à ces conditions devait être forcément et diaboliquement intrigant.

– À ce prix-là, dit-il, j'espère qu'ils fournissent les esquimaux et le séjour aux Baléares.

Et il pensa : « Et la jolie fille pour courir sur la plage. » Il cliqua sur l'icône proposant une version d'essai… de trois minutes ! Cela aussi, c'était du jamais vu. Trois minutes pour se faire une idée sur un jeu vidéo, il fallait vraiment que les vendeurs soient sûrs d'eux. Il remplit une fiche assez complète, voire indiscrète, s'amusant à donner des renseignements fantaisistes du genre :

Nom : Le Hobbit

Prénom : Bilbon

Profession : Héros légendaire

Il valida. Une fenêtre apparut au centre de l'écran, dont le message le fit sourire, sur le coup, écarquiller les yeux, ensuite : « Attention. Pour cette version d'évaluation, la fiabilité des informations que vous fournissez au site est sans incidence. Sachez cependant qu'en cas d'achat de la version complète…

– Ça risque pas, mon vieux, grommela Clotaire.

… vous devrez répondre avec sincérité à chacune des questions. Une seule information erronée rendrait impossible la conclusion de l'achat. » Il fit disparaître l'avertissement, qui fut aussitôt remplacé par une page indiquant la configuration minimale requise, en cas d'acquisition de la version complète. Là encore, c'était de l'inouï : trois écrans plats disposés en parabole, de 70 pouces chacun au minimum, un ordinateur d'une configuration quasi professionnelle, une webcaméra 3D à deux objectifs, des lunettes pour la vision relief à commander sur le site uniquement, des écouteurs et un micro-branche wi-fi, une connexion ADSL ultrarapide… À la louche l'investissement approchait les six mille euros. Clotaire faillit rabattre le couvercle de son portable, comme on claque la porte au nez d'un représentant qui essaie de vous vendre une vessie en vous racontant que c'est une lanterne. Mais il n'en fit rien et choisit d'aller jusqu'au bout de la démarche. Que risquait-il, puisque la version d'essai ne nécessitait pour lui aucun achat matériel ? Ne lui manquait que la caméra à double objectif. Mais il pouvait se vanter de posséder les lunettes multimédias permettant à la fois une vision en relief de son écran, grâce à leurs verres polarisants, et un affichage en surimpression d'images en 3D stéréoscopique. Certes, elles étaient d'une sophistication inférieure à celles requises pour la version complète, mais pour trois minutes de rigolade gratis, elles sauraient bien suffire.

Il acheva la procédure de commande et reçut, en même temps qu'un énorme fichier par Internet, une série d'instructions dignes d'un astronaute en partance pour Mars. Ce n'était pas fait pour lui déplaire, et cela prouvait surtout qu'il avait affaire à des pros qui ont le sens du détail. Cela ne l'empêcha pas d'en zapper la plupart, ne retenant que les instructions techniques concernant le branchement de son ordinateur portable sur son téléviseur.

Une fois équipé, c'est-à-dire lunettes 3D sur le nez, micro-branche devant la bouche et oreillettes dans les oreilles, il lança la démo. Ensuite, il vint se planter debout, poings sur les hanches, devant son téléviseur qui déjà affichait l'écran d'accueil, c'est-à-dire le titre en lettres de fer identiques au prospectus. Bizarrement, aucune musique ne vint créer l'ambiance sonore indispensable à la mise en condition.

– Ça commence mal, grommela le jeune informaticien.

Un homme apparut enfin, en costume anthracite trois-pièces, chemise et cravate grise, la cinquantaine grisonnante, rasé de frais, le coup de peigne parfait… une caricature de cadre supérieur comme Clotaire en croisait tous les jours dans les couloirs de sa compagnie d'assurances. Pour un peu, il aurait senti son after-shave musqué, d'autant que l'illusion de relief était exceptionnelle.

Sans un sourire, le personnage prit la parole :

– Monsieur Le Hobbit, bonjour.

Clotaire éclata de rire.

– Nous vous remercions d'avoir eu la curiosité de tester les incroyables potentialités de notre jeu, dont vous serez l'acteur principal et, espérons-le, le client conquis. Répondre à notre offre, c'est comme répondre à un appel du destin. Vous souhaitiez vivre une expérience inhabituelle, inoubliable, troublante… vous serez servi au-delà de vos plus folles espérances. Nous pouvons même prendre l'engagement que votre vie réelle en sera à jamais bouleversée. Mais nous n'en sommes pas encore là. D'après les renseignements que vous nous avez fournis lors de votre inscription, vos goûts vous portent vers des aventures plutôt musclées, voire violentes. Vous êtes sans doute amateur de sports de combat. Très bien. Nous allons vous donner un aperçu, disons… percutant de ce que notre jeu est capable de vous apporter. Nous tenons cependant à vous informer que, malgré cela, tout ne nous est pas réalisable. Par exemple, si vous souhaitiez incarner un personnage non humain ou de sexe opposé au vôtre, nous ne pourrions vous donner satisfaction.

De même, si vous souhaitiez être transporté dans un monde qui n'existe pas ou n'a jamais existé, cela non plus ne pourrait se faire.

L'homme était d'une froideur presque inquiétante, sans la moindre humanité dans le regard. Il reprit, sur le même ton clair et neutre :

– Nous n'en sommes pas encore à l'heure des choix. Ce que nous vous proposons dans l'expérience qui va suivre est d'incarner un personnage tout en muscles et testostérone, autrement dit un catcheur.

Clotaire écarquilla les yeux.

– Où est-ce qu'ils sont allés chercher une idée pareille ?

Pour autant, il n'était pas prêt à abandonner l'expérience, car à bien fouiller dans les recoins de sa mémoire, il devait admettre conserver un fantasme d'enfance où il se voyait ficher une raclée à la récré aux grands abrutis dont il était le souffre-douleur...

– Voici quelques informations pratiques concernant le déplacement de votre avatar auquel, pour ce test, vous n'aurez pas à donner de nom. Pour courir, sautillez sur place en balançant ainsi les bras... comme si vous couriez réellement.

Avec effarement, le jeune homme vit son interlocuteur en costard-cravate singer un coureur de fond patinant dans la semoule. Le niveau de ridicule était tel que cela ne lui donna même pas envie de sourire.

– Pour changer de direction, il vous suffit de désigner celle-ci de la main, ou simplement de l'index.

Par exemple, un mouvement rapide de ce type… se traduira instantanément par la volte-face de votre avatar. Comme vous verrez toujours à travers ses yeux, ne soyez pas surpris si vous éprouvez des vertiges ou des instants de désorientation. Avec la pratique, cela passe rapidement.

Le démonstrateur se tut quelques secondes, puis conclut :

– Bonne chance, monsieur Le Hobbit.

Son image s'effaça. Clotaire s'attendait à voir apparaître le lieu de la démo, en l'occurrence un ring, mais ce fut d'abord dans ses écouteurs que cela commença. Une voix suave de jeune femme lui expliqua :

– Avant votre immersion dans votre personnage, nous allons procéder à quelques tests sonores et visuels. Il s'agit d'une procédure d'ajustement de certains paramètres techniques que nous appelons *phase de synchronisation*. Il est réellement important que vous accordiez toute votre coopération à cette étape préparatoire.

Ainsi commença toute une suite de recommandations et d'explications, agrémentées d'animations en relief qui au final ne se révélèrent ni ennuyeuses ni désagréables, juste un peu longues. Et puis enfin, ce fut le début de l'expérience.

Clotaire fut tout à coup plongé dans la réalité virtuelle d'un couloir sombre, menant à une lumière éblouissante. Un brouhaha de foule en délire en provenait, qui résonnait dans les écouteurs avec une netteté assourdissante. Ses yeux s'habituant à cette luminosité agressive, le jeune homme se rendit compte que le tunnel menait à une arène, au centre de laquelle se dressait un ring étincelant sous le feu d'énormes projecteurs suspendus en aplomb. Son cœur se mit à battre un peu plus vite, ce qui lui tira un sourire en coin, un sourire moqueur envers lui-même, car le jeu était à peine commencé que déjà il éprouvait une émotion. Soudain, un manager qu'il dominait de trois têtes se dressa devant lui, une serviette sur l'épaule.

– Tu me l'écrabouilles, hein ? Tu le piétines, tu le bouffes, tu le réduis en charpie… Je veux juste que tu me gardes ses couilles, pour m'en faire un collier. D'accord, mec ?

Clotaire ne répondit pas.

– D'accord, mec ? Tu te réveilles, oui ?

– Ouais, beugla Clotaire.

La réponse parut convenir au manager, puisque celui-ci approuva de la tête. Lui adressant un clin d'œil et lui donnant un coup de poing dans la poitrine, il l'invita à le suivre vers la gloire. Clotaire sursauta en portant la main à son pectoral gauche, car il avait senti le coup, comme s'il avait été réel. Cela lui permit de se rendre compte qu'il possédait une impressionnante poitrine de *body-builder*.

– Qu'est-ce que tu fiches, Bilbon ? le pressa le manager.

– J'arrive ! fit Clotaire en se donnant la voix rocailleuse de Silvester Stalone, alias Rocky Balboa.

Comme lui dans le film *Rocky*, il se mit à sautiller sur place en balançant les bras. Le couloir avança, et il finit par déboucher dans la salle en liesse. Pris au jeu, il salua, se fit acclamer, progressa jusqu'au ring sur lequel il grimpa et rejoignit son adversaire qui l'y attendait déjà. Un catcheur… non, un troll catcheur dont la petite tête était enveloppée dans une cagoule noire zébrée d'éclairs roses.

– Wouahou ! lâcha Clotaire, alias Bilbon la Terreur.

Pour ne pas paraître lâche, il commença à le défier et à l'injurier. Le monstre éclata de rire, faisant tressauter ses pectoraux hypertrophiés comme s'il conduisait un tracteur dans un champ de betteraves. Bilbon n'en menait pas large, mais il se souvint que ce n'était qu'un match virtuel et qu'il n'avait que trois minutes pour en profiter. Alors il redoubla d'invectives, à la grande satisfaction du public en délire :

– Prépare les pansements, mon gros, voilà la concasseuse-broyeuse ! Je vais te les briser menu, tes coucouilles d'écureuil…

La réplique ne fut pas verbale. Le troll catcheur devança le gong en se jetant sur l'avatar de Clotaire dont il saisit la tête à deux mains, puis qu'il gratifia d'un coup de tête qui fit hurler de joie le public. Il lui écrasa le coude dans la figure, et de l'autre lui enfonça l'estomac. L'avatar fut soulevé à bout de bras comme un vulgaire sac de noix, avant d'être jeté au sol sur lequel il rebondit. Clotaire émit un râle et cligna des yeux comme s'il était groggy. Il avait vu virevolter la foule et les projecteurs, puis s'était réellement retrouvé allongé sur le dos. Mais ce n'était pas fini, la brute lui tomba dessus à bras raccourcis, avant de le balancer par-dessus les cordes sur la première rangée de spectateurs. Le joueur fut projeté contre son canapé et bascula en arrière avec lui. Une minute seulement du test était passée, mais il n'eut pas le loisir de profiter des deux suivantes, puisqu'il était déjà K.O. bras en croix au milieu de son salon, ses lunettes 3D en travers de la figure.

***

À sept heures le lendemain, Clotaire fut réveillé par les petits oiseaux de son téléphone mobile. Il souleva la paupière droite. Quelque chose empêchait l'autre de fonctionner. Il y porta la main, grimaça de douleur en tâtant l'énorme enflure dont était affublée son arcade sourcilière. Il se redressa péniblement, le cerveau alourdi par une migraine affreuse, jeta un regard circulaire et se trouva tout étonné d'être sur son lit. Il n'avait pourtant pas le souvenir d'avoir fait des abus de bière. En même temps que la mémoire lui revenait sur son expérience « percutante » de la veille, il réalisait que ce n'était pas la sonnerie du réveil qui venait de retentir dans son téléphone, mais celle de la réception d'un SMS. La lecture de celui-ci le fit hurler :

– Merrrde !

C'était son chef de service qui s'étonnait de ne pas le voir arriver au bureau. Sa montre Dracula indiquait neuf heures trente. Effondré, il se laissa retomber en arrière sur son traversin, mais n'y resta pas longtemps. Il sauta dans ses pantoufles Marsupilami, puis se rendit à la salle de bains, en traînant les pieds et se tenant les reins, tel un vieillard perclus de rhumatismes.

– Mais qu'est-ce qui m'est arrivé ? s'interrogea-t-il en considérant dans la glace, au-dessus du lavabo, sa tête tuméfiée.

Il se pansa comme il put, puis descendit au rez-de-chaussée, son mobile collé à l'oreille.

– Allô ? Chef ? Oui, c'est moi… Qu'est-ce qui m'arrive ? Ben… je me suis fait dérouiller… Oui, on peut dire ça comme ça, sauf que c'était un catcheur… Non, non, je ne rigole pas. Je vais vous envoyer une photo de ma tronche au carré, vous verrez si c'est une blague…

Il entra dans le salon et resta bouche bée sur le pas de la porte. Son beau canapé en cuir noir était renversé, quelques gouttes de sang, de SON sang avait taché le tapis beige, ses lunettes et son micro-branche gisaient un peu plus loin sur le parquet…

La voix du chef de service résonna dans le téléphone :

– *Clotaire ? Ça va ? Je ne vous entends plus.*

– Oui, oui, répondit distraitement le jeune homme. Je crois que je ne vais pas venir travailler aujourd'hui. Désolé… D'accord, on s'appelle plus tard. La bise aux collègues.

Perturbé, il alla relever son canapé, s'y assit, puis commença une longue séance de méditation destinée à résoudre cette énigme : Mais qu'est-ce qui m'est arrivé ?

# 4
# Lucile, alias Luciole

Lucile Hatias était en retard, comme d'habitude. Elle enfourna dans son cartable d'écolier ses cours, réfléchit deux secondes pour s'assurer qu'elle n'oubliait rien, puis le referma d'un geste vif. Elle posa ensuite à côté, sur la table de la salle à manger en bois vernis, son sac à main qu'elle avait choisi assez large pour y faire tenir son iPad. Elle émit un soupir, puis murmura :

– Quand donc cela finira-t-il ?

Elle ne pensait pas à son métier de professeur de français, qu'elle adorait, ni à ce jeu vidéo incroyable qui avait réussi à la harponner alors qu'elle détestait ce genre de distraction abrutissante. Elle faisait juste allusion à sa vie de célibataire endurcie et subie, monotone à mourir, et plus globalement à la stupidité des êtres humains qui massacrent, pillent, gaspillent... bref, détruisent tout ce qu'ils touchent. Elle était dans sa période ras-le-bol et révolte. Ras-le-bol de devoir sans cesse répéter à sa mère que, si elle ne se mariait pas, ce n'était pas parce qu'elle était lesbienne, ou malade, ou trop moche... Quoique ? Elle commençait à avoir des doutes à ce sujet. Ras-le-bol aussi de rabrouer les copines et autres bonnes âmes bien intentionnées, qui voulaient se charger de lui trouver l'homme de sa vie... parce que ce n'était pas à elles de le faire, zut à la fin ! Et marre encore de demander à ce demeuré de prof de gym qu'il cesse de la charrier sur sa virginité présumée... hélas réelle.

– Un jour, celui-là, je lui ferai voler ses attributs de macho d'un coup d'escarpin.

Quand elle était seule avec elle-même, elle était capable de prononcer les pires horreurs, ce dont elle s'excusait aussitôt après auprès du Seigneur, puisqu'elle était croyante, et libre-penseuse ! Elle y tenait.

Une fois le contenu de son sac à main vérifié et fermé, elle jeta un coup d'œil à son mur de trois téléviseurs à leds, qui trônaient depuis peu dans son salon. Une folie !

– Oui. Je crois que je deviens folle, déclara-t-elle. Je parle toute seule, j'ai vidé mon livret de Caisse d'Épargne pour acheter un matériel de drogué de jeux vidéo, et voilà que je deviens schizophrène.

Son avatar dans *Héros* s'appelait Luciole. C'était une espèce – rare ! – de superwoman, spécialisée dans la sauvegarde de la nature. Elle appartenait à une organisation secrète baptisée les Sentinelles de Gaïa.

Jusque-là, elle n'avait pas fait grand-chose, puisqu'elle n'était qu'au tout début de l'aventure. Elle avait subi quelques entraînements physiques, d'ailleurs des plus salutaires puisqu'elle avait perdu un kilo de « mauvaise viande », mais encore insuffisants pour être engagée dans des missions même basiques. Cela dit, elle se tenait prête, ainsi qu'il le lui avait été recommandé par le Maître du jeu. La vision de ce bel homme glaçant, en costume sombre et chemise-cravate grises, lui traversa l'esprit. Ce n'était sûrement pas le genre de mâle qu'elle espérait conquérir.

Elle consulta sa montre.

– Oh, mon Dieu !

Et elle fila au boulot au triple galop.

***

Pour sa première heure de la journée au collège Jacques-Prévert, Lucile Hatias retrouva ses troisièmes préférées. Des jeunes gens certes un peu turbulents et insolents, mais attachants et pas si nuls qu'ils voulaient parfois s'en donner l'air. Ce qui la perturbait le plus, ce n'était pas tant leur comportement ou leurs difficultés à se concentrer jusqu'à la fin du cours, que leur taille. Ils la dominaient presque tous d'une ou deux têtes au minimum, même les filles ! qui, certes, étaient avantagées par leurs talons hauts.

Le jeune professeur attaqua avec un exposé magistral sur l'œuvre théâtrale d'Edmond Rostand, provoquant, non sans un certain agacement, les premiers bâillements. Et pourtant, *Cyrano de Bergerac*, ce n'était quand même pas un somnifère culturel ! Elle s'interrompit pour émettre un soupir de lassitude, ce qui réveilla les somnolents. Un garçon au fond de la classe crut bon de la rassurer :

– On vous écoute, m'dame, vous pouvez continuer.

– Merci. Je disais donc…

À cet instant, dans son sac à main XXL posé sur le bureau derrière elle, s'éleva une petite musique de nuit – celle de Mozart. Elle se figea, fixant sa classe comme si elle venait elle-même d'émettre un bruit insane. La première flèche ne tarda pas à lui être décochée :

– Confisqué ! lança un garçon sur sa droite, en pouffant.

Et un second à gauche d'enchaîner :

– Eh, m'dame, je croyais que les portables devaient être éteints dans les classes ?

Riposte instantanée de l'enseignante :

– Je sais, mais je vis un grave drame familial en ce moment, expliqua-t-elle en prenant un air tragique, ce qui m'oblige à rester branchée…

– Ah, désolé, s'excusa l'élève.

– Mon poisson rouge fait de l'aérophagie et je suis très inquiète, termina-t-elle en gagnant son bureau, non pour consulter le message, mais pour éteindre ce maudit mobile.

La classe se détendit et l'on entendit quelques rires. Mais à nouveau les expressions s'assombrirent.

En découvrant le contenu du SMS qu'elle venait de recevoir, Mlle Hatias avait blêmi et chacun se rendit compte que, cette fois, c'était du sérieux.

– Une mauvaise nouvelle, madame ? demanda une fille.

Lucile hocha négativement la tête sans parvenir à détacher le regard de son mobile. Puis elle lâcha, la voix nouée d'émotion :

– Ce n'est rien. Reprenons.

Mais que cette reprise fut difficile ! Et l'heure de cours longue, longue... plombée par ce mystère qui déjà dans les têtes inspirait les plus extravagantes hypothèses, qu'on s'échangerait à la récréation. Lorsque celle-ci fut annoncée par le carillon du collège, les élèves de Mlle Hatias eurent l'effarement de voir leur professeur de français se jeter littéralement sur ses affaires, puis déguerpir, sac sous le bras, cartable sur la poitrine, en lançant un laconique « à demain ! ». La classe resta interdite quelques secondes.

– Moi, je dis que son poisson, il est mort, lança un jeune.

***

Mi-marchant mi-trottinant, esquivant tel un matador les élèves un peu pressés, et marmonnant : « C'est pas possible. Je rêve. Comment ont-ils su... ? », l'enseignante se hâtait à travers le collège bruissant comme une fourmilière. Son objectif : la loge.

– Madame Dutord, est-ce que quelqu'un a apporté quelque chose pour moi ? demanda-t-elle en passant la tête dans le local d'accueil de la conciergerie.

– Ah oui ! Justement, je l'ai confié à Mme Lagoutte qui vous l'a apporté en salle des profs. J'ai bien fait, hein ?

– Je vous dirai ça tout à l'heure. Merci !

De nouveau, elle fendit la foule d'adolescents au petit trot pour gagner la salle des professeurs où sa collègue était justement en train de lorgner, telle une pie une pièce d'argenterie, ce gros colis enveloppé dans un banal papier kraft.

– Ah tiens, Lucile, tu tombes bien !

– Je sais. On ne touche pas, on s'écarte, pardon, pardon…

La petite prof de français écarta les curieux, s'empara de son paquet puis l'emporta serré contre elle. Elle s'assit à l'écart sur une chaise, et prit le temps d'observer « la chose », se demandant ce qu'elle pouvait contenir. Certainement pas une bombe… Quoique… Au point où elle en était de la bizarrerie, tout lui paraissait possible. Et la pensée horrible lui traversa l'esprit que, si c'était le cas, elle se trouvait au milieu de nombreux collègues. Elle ferma les yeux et prit une inspiration lente et profonde, afin de maîtriser la circulation de ses flux énergétiques, ainsi qu'on le lui avait appris au club de taekwondo.

– Alors, tu l'ouvres, ton cadeau ? la fit sursauter une voix masculine.

Le Demeuré ! Branle-bas de combat, il fallait fuir !

– Oui, oui, ça va. Bonjour, au revoir.

Tout était dit, et elle vida en hâte ces lieux trop exposés pour gagner la salle de classe de son cours suivant. Là au moins, elle serait tranquille puisqu'elle avait la clé de la salle.

Enfin seule, elle put s'attaquer au mystère. Tout en déchirant l'emballage, l'idée amusante lui vint qu'il pouvait s'agir d'une panoplie de superwoman. Elle découvrit une mallette de cuir bordeaux, fit sauter les fermetures, souleva le couvercle… et le referma vivement, blême.

– Oh mon Dieu !

Ce n'était pas la panoplie complète de Luciole, juste son armement ! Lucile s'enhardit à examiner le contenu de la valisette : une arme de poing et ses accessoires. Elle la sortit de son logement de mousse. C'était un Taser noir, certes en matière plastique, mais un vrai, avec diode et visée laser. L'alimentation et la notice d'utilisation étaient jointes. Elle brandit l'engin à bout de bras, ce qui lui procura une curieuse sensation, presque jouissive. C'était lourd, c'était gros, c'était froid… c'était un pistolet électrique qui avait toutes les apparences d'une arme véritable. Ensuite, visant un ennemi imaginaire, elle joua aux Tontons flingueurs :

– Toung ! Toung !

À cet instant, quelqu'un poussa la porte qu'elle avait omis de verrouiller.

# 5

# Dialogue avec le Maître du jeu

Des heures durant, Clotaire Morin fut dévoré, rongé, torturé par l'indécision. Un argument finit par le faire basculer : « Si je ne le fais pas, je ne pourrai plus dormir. » Alors, il le fit. Profondément enfoncé dans son canapé, l'ordinateur portable sur les genoux, carte bancaire en main, il valida sur son ordinateur portable l'achat, moyennant deux mille euros, du jeu *Héros*. Il songea avec ironie qu'il n'avait pourtant jamais souhaité devenir un pigeon prêt à plumer. Le pas étant franchi, il éprouva un brusque relâchement de tension nerveuse. Et déjà l'excitation commençait à lui chatouiller le creux du ventre. Elle fut cependant vite douchée par le message qui apparut sur l'écran : « Merci pour votre achat. Vous recevrez dans les prochaines minutes, par courrier électronique, votre code d'accès ainsi qu'un logiciel de connexion que vous installerez sur votre ordinateur. Votre aventure sera entièrement gérée par notre plate-forme technique. Vous allez devoir remplir le questionnaire que vous connaissez déjà. Mais auparavant, nous vous indiquons précisément la configuration dont vous aurez besoin pour profiter pleinement de votre aventure. »

Dessous était listé le matériel en question. Un rapide calcul, les yeux fermés, sur ce qu'il allait devoir se procurer pour compléter son installation, fit émettre à l'heureux acquéreur un douloureux gémissement. Soudain, comme piqué aux fesses, il se leva, sauta dans son pantalon, ses chaussettes et ses chaussures, jeta dans son sac à dos son portefeuille, puis s'en alla à grands pas faire ses courses.

***

En fin d'après-midi, tout était à la maison, installé, configuré, prêt à être utilisé. Il avait répondu avec sincérité et précision aux nombreuses questions, parfois très intimes, du questionnaire, qui se révéla en effet bien plus complet que celui du test. Il ne rechigna pas à répondre, même lorsqu'on lui demanda s'il avait déjà commis des actes délictueux et lesquels. Ses seuls forfaits étaient d'être parvenu deux fois à semer des policiers à VTT, qui tentaient de l'arrêter après qu'il eut grillé un feu rouge sur son vélo – le troisième, où il avait répondu à un coup de sifflet de la maréchaussée par un doigt d'honneur, il n'avait pas eu la même chance... ceux-là étaient à mobylette.

Le Maître du jeu, digne et froid dans son beau costume anthracite, apparut sur l'écran central, sur un fond gris clair uniforme. Clotaire émit un « Wouahou ! » d'enthousiasme, car avec son matériel haut de gamme, l'impression de relief était plus saisissante que jamais.

– Bonjour, monsieur Morin. Je suis ravi de vous retrouver et de guider vos premiers pas dans ce monde à la fois virtuel et réel. Je vous propose que nous nous asseyions pour converser plus confortablement.

Il prit place dans un fauteuil de cuir brun qui apparut soudain derrière lui, tandis que Clotaire, lunettes 3D sur le nez, écouteurs dans les oreilles et micro-branche devant la bouche, faisait de même dans son canapé. Par habitude, il avait préparé un carnet et un crayon pour prendre des notes.

– Je vais donc vous édicter les quelques règles que vous devrez absolument respecter, reprit l'homme. Il n'est pas nécessaire que vous les écriviez, puisque tout ce que vous avez à savoir est accessible sur notre site.

– Vous me voyez, là ? demanda Clotaire en se désignant.

– Je vous rappelle que vous venez d'entrer dans une réalité, certes fictionnelle et ludique, néanmoins tout à fait réelle, si vous voulez bien me pardonner ce pléonasme.

– C'est dingue ! Et vous êtes basé où ? Vous ne pouvez quand même pas répondre à plusieurs joueurs en même temps ?

Sans se troubler, le Maître du jeu enchaîna :

– La règle numéro un, que vous devrez absolument retenir, est que vous devez respecter toutes les règles de ce jeu, notamment celles que nous qualifierons de « vitales ». En effet, si les autres ne donnent lieu, au mieux, qu'à des rappels à l'ordre, au pire, à des sanctions, la violation d'une règle vitale vous condamne à l'élimination. Cette sanction ultime n'est bien sûr que rarement prononcée, car elle revient à une condamnation à mort.

Clotaire esquissa un sourire acide.

– De toute façon, je suis contre la peine de mort, marmonna-t-il.

– Pas nous, lâcha d'une voix neutre le Maître du jeu, provoquant un malaise et même un léger frisson de peur chez son vis-à-vis.

Après un court silence, l'homme reprit :

– D'abord, il me faut vous expliquer mon rôle. Je suis le Maître du jeu, celui qui établit, expose et fait respecter les règles du jeu.

– Comme dans *Donjons et dragons*.

– Je n'ai aucune espèce d'affectivité, pas d'émotionnel, aucun attachement culturel ni cultuel… en résumé pas la moindre humanité. Cela m'évite toute faiblesse dans mes jugements. La neutralité est mon credo, les lois du jeu mes seuls référents. Inutile donc de protester ou d'argumenter une fois le verdict énoncé. Vous pouvez m'appeler Maître ou Juge, comme il vous conviendra.

– Vous n'avez donc pas de nom ?

– …

– Et en vrai, c'est quoi votre prénom ?

Un nouveau silence éloquent répondit au joueur, lui faisant comprendre qu'il avait effectivement affaire à un robot et non à un être humain.

– Parlons de vous maintenant, poursuivit le Maître. Contrairement aux jeux de rôle que vous avez pratiqués dans le passé, vous ne choisirez pas les caractéristiques du héros que vous incarnerez. C'est nous qui nous en chargerons, le sélectionnant après analyse de vos réponses à notre questionnaire de personnalité…

– Ah non ! Je ne suis pas d'accord ! protesta Clotaire. Je paie, je choisis !

– Je comprends votre réaction, monsieur Morin, mais c'est déjà fait. Dans le jeu, vous serez un agent secret d'une catégorie un peu particulière.

– Un agent secret, grommela l'intéressé. Et pourquoi pas Max la Menace ?

En son for intérieur, il n'était pas contre cette option, mais il se serait plutôt vu en Arnold Schwarzenegger, dans *Conan le Barbare* ou *Terminator*.

– Vous appartenez à une organisation secrète, non gouvernementale, qui porte le nom de Sentinelles de Gaïa. Ce sont des activistes, défenseurs de la nature, qu'on ne voit jamais dans les manifestations brandir des pancartes. Ils agissent en soldats d'une armée des ombres, limités dans leurs actions par une éthique, une sorte de code de chevalerie d'une grande rigueur.

– Des chevaliers verts, il ne manquait plus que ça !

– Ces hommes et ces femmes revendiquent avoir choisi de servir dans ce qu'ils nomment « le camp de la vie ». Il en existe de différentes catégories. La vôtre est celle où l'on trouve l'effectif le plus réduit. Il s'agit de la Compagnie des Protectueurs.

– Pardon ?

– J'ai bien dit les Protec-tueurs. Cela permet de ne pas se tromper sur leur rôle. Ils interviennent uniquement pour protéger les Sentinelles de Gaïa en mission ou lors de leurs déplacements à travers le monde. Nombreux sont les ennemis de cette organisation : les Loups de Baphomet, les Saigneurs des bas-fonds, les Glauques-Men et bien d'autres groupuscules plus ou moins redoutables. La compagnie, dont vous faites désormais partie, dispose pour ainsi dire de tous les droits, le plus important étant le permis de tuer…

– Comme James Bond.

– Nous pourrions comparer votre confrérie aux Templiers, qui avaient reçu du pape, donc de Dieu, l'autorisation de combattre à l'épée et de tuer si nécessaire.

– Alors me voilà moine soldat. C'est trop drôle…

– Je vous suggère de trouver dès maintenant votre pseudonyme, qui commencera forcément par « compagnon »... Allez-y. Prenez votre temps, je ne suis pas pressé. Je ne le suis d'ailleurs jamais.

Le Maître se tut et ne bougea plus, comme si l'image s'était figée. Clotaire remarqua avec effarement que ses yeux ne clignaient plus et qu'il ne semblait plus respirer, ce qui était encore plus troublant.

– Pourrais-je en changer si l'envie m'en prenait ? demanda-t-il.

– Une fois enregistré, votre pseudonyme ne peut être modifié, répondit le Maître.

Clotaire ferma les yeux, tenta de se concentrer, d'imaginer quelques noms qui sonnaient bien. Naturellement, les plus farfelus lui traversèrent l'esprit : Jimmy Bond, Mister Muscles, Calamity Clotaire, l'abomifreux homme des Verts... et soudain il pensa à une pierre qui n'en était pas une, à la fois douce et dure, une pierre de soleil, l'ambre.

– Compagnon d'Ambre, murmura-t-il pour en tester la sonorité.

– C'est enregistré, fit le Maître.

– Hé ! Attendez, j'ai pas dit que...

Mais déjà le *robot* enchaînait :

– Le monde dans lequel vous évoluerez, à travers les yeux de votre avatar, sera celui dans lequel vous vivez. Il pourra s'agir de cette ville, ou de n'importe quelle autre sur la Terre, mais toujours un lieu réel. Vous ne pourrez vous y rendre qu'à pied, en métro, en voiture ou encore en avion, car les Sentinelles de Gaïa ne volent pas, ne traversent pas les murs, ne se téléportent pas. De même, elles peuvent être blessées, voire tuées. Vous devrez donc être aussi prudent en traversant une rue qu'en affrontant un ennemi dangereux.

Il marqua une courte pause, sans doute pour laisser le temps à Clotaire d'assimiler ce qu'il venait d'entendre, puis il reprit :

– Voici quelques-unes des lois que vous devrez respecter, parmi les plus importantes : tout ce qui concerne votre participation au jeu *Héros* doit rester absolument secret. Vous aurez désormais une double vie et vous seul le saurez. Il serait absurde et préjudiciable d'aller vous vanter auprès de vos amis, ou pire sur un blog, de ce qu'a fait ou va faire le compagnon d'Ambre. Une autre règle doit être absolument respectée, une règle de la catégorie vitale, donc impérieuse, il s'agit de l'interdiction faite à tout joueur de chercher à prendre contact avec un autre joueur en dehors du jeu. Seuls les avatars peuvent se lier. Il n'existe de limite que celle du bon sens et de l'intérêt de la cause que vous défendrez. Il faut entendre par là que le Maître du jeu est indifférent aux bonnes mœurs, croyances religieuses, pratiques sexuelles ou quoi que ce soit d'autre qui relève de la personnalité des joueurs. C'est l'univers dans lequel vous évoluerez qui dictera les principes moraux et légaux que vous devrez respecter.

– Qu'est-ce qui se passe quand on est mort ? demanda Clotaire.

– En cas d'élimination, le jeu s'arrête, tout simplement…

– Je veux dire que si mon avatar meurt au tout début, je pourrai quand même rejouer une partie ?

– … et définitivement. Nous pouvons comparer cette loi à la boxe ; un K.O. dès la première minute exclut de refaire le combat et pour le public d'être remboursé.

– Non ? Attendez, dans ce cas vous me rendez au moins une partie de mes deux mille euros ?

– …

Clotaire se passa une main dans les cheveux en soupirant.

– La vache, si j'avais su… Et si je veux tout arrêter ?

Le Maître resta immobile et silencieux, le regard fixe, impavide. Le silence semblait être la réponse type à une question gênante.

– Maintenant, annonça-t-il, je vais vous présenter votre avatar, le compagnon d'Ambre.

Il se leva, et inconsciemment Clotaire l'imita. Son cœur se mit à battre plus vite. Quel trac étrange alors que tout cela n'était que comédie ! Quand il se vit, en Sentinelle de Gaïa, ce fut comme s'il recevait un coup au foie.

# 6

# Inquiétude sur la santé mentale du compagnon d'Ambre

Clotaire Morin eut un hoquet de stupeur. Avec son arcade sourcilière gauche tuméfiée et ses douleurs aux côtes qui l'obligeaient à se tenir légèrement voûté, il se sentit Quasimodo planté devant Phœbus, le beau Phœbus de Châteaupers, capitaine de la garde dans le roman de Victor Hugo *Notre-Dame de Paris*. Et aussitôt, il se demanda à quoi ressemblait Esméralda.

– Pas mal, souffla-t-il.

Le jeune homme que lui présentait le Maître avait son âge, sa taille, ses yeux (avant un match de catch)… La comparaison s'arrêtait là. Car au reste, cet avatar était élégant, musclé mais point trop, avait un visage viril avec un soupçon de féminité, dû au satiné de sa peau. Il était très brun alors que Clotaire était plutôt d'un banal châtain. Sa chevelure était souple et assez courte, un peu façon George Clooney… Oui, c'était tout à fait cela ! s'exclama en pensée le joueur. Un George Clooney aux yeux verts. L'homme qu'il aurait rêvé être. Il en éprouva une telle émotion, que les larmes lui vinrent aux yeux.

Son avatar était vêtu d'un ensemble noir très classe, pantalon et veste souple marquée d'une petite pochette blanche, pull léger gris clair sur chemisette blanche à col rond… Clotaire tiqua, son double avait l'air aussi ému que lui. Le Maître restait bien sûr de marbre.

– Cela vous convient-il ? eut-il la politesse de demander.

– Euh… oui. Merci, c'est… ouf ! inattendu. Je vous promets d'en prendre soin.

– Nous pouvons nous rasseoir, je vais maintenant vous exposer votre programme d'activité pour les prochains jours… Juste un point de définition avant cela, retenez que nous appelons le joueur *modèle-source*. Clotaire Morin est donc un modèle-source et le compagnon d'Ambre son avatar.

Le Maître détailla ensuite comment le joueur devait « entretenir » son avatar, par des exercices physiques réguliers et bien équilibrés, des entraînements aux sports de combat, au tir, et à l'endurance à la douleur. Il lui expliqua ensuite comment il devrait exercer sa mémoire et son intelligence déductive. Clotaire s'efforçait d'écouter, mais son esprit était ailleurs, dans ce corps *Clooneysque* qui se dressait à gauche du Maître, immobile et droit, un subtil sourire au coin des lèvres. L'effet de relief était tel qu'il avait l'impression qu'il lui suffisait d'étendre le bras pour le toucher. Il se retint à grand-peine de le faire. Il serra les poings et prit une profonde inspiration ; ce qu'il serait dans le jeu le faisait par avance vibrer de jubilation. C'est alors que l'entretien fut brusquement interrompu par le carillon de la porte d'entrée. Le Maître se tut. Le jeune informaticien se redressa d'un bond dans son canapé en s'exclamant :

– C'est pas vrai ! Quelle heure est-il ? Sept heures ! P… déjà !

Il se mordit la lèvre inférieure, celle qui n'était pas enflée. Puis il expliqua au Maître :

– J'ai invité quelques copains pour une soirée jeu. J'avais complètement oublié, je suis désolé.

– …

– On va continuer, c'est pas grave, décréta Clotaire en se levant. Ne bougez pas, je reviens.

Il se précipita dans le couloir pour aller ouvrir la porte d'entrée, sans penser à ôter ses lunettes paraboliques et son équipement audio.

– Ah ! Un extraterrestre ! s'écria son copain Hugues, en reculant sur le pas de la porte.

Il s'esclaffa, puis demanda :

– T'étais en train de jouer à quoi ?

– À un truc dingue, je t'expliquerai. Alex n'est pas avec toi ?

– Il gare la voiture, y'a plus une place dans ta rue. Clarisse est venue, ça ne t'ennuie pas ?

– Bien sûr que non ! Entre.

Le garçon, un petit brun ébouriffé, fronça les sourcils en découvrant le hall de la maison encombré de cartons de téléviseurs et d'accessoires vidéo. Et quand il vit la piteuse face bosselée de son hôte, il siffla :

– La vache ! Qui est-ce qui t'a fichu cette tête de bouledogue ? Tu t'es battu avec ton chef de service ?

– Non, avec un catcheur poids lourd.

Le copain écarquilla les yeux d'incrédulité.

– Tu t'es pris un poids lourd en pleine tronche ?

– Écoute, je te laisse quelques secondes, éluda Clotaire, j'ai un truc à finir au salon. Tu fais comme chez toi : tu vas à la cuisine, tu te prends une bière et...

– T'as pas du whisky ?

– Non, on l'a fini la dernière fois. Bon, je te laisse.

Clotaire planta là son copain pour regagner au plus vite son home cinéma. Il eut la désagréable surprise de constater que les trois écrans de l'installation étaient noirs. Il tenta de relancer la connexion sur le site, sans succès. Le Maître du jeu semblait avoir décidé d'interrompre la partie, sans doute tant que des intrus étaient susceptibles d'y assister.

– Merde, c'est con, maugréa Clotaire.

Ce black-out inattendu eut la vertu de l'inciter à ne pas toucher un mot de sa découverte à ses invités. Il lui fallut tout de même inventer un gros mensonge pour expliquer ce qui avait motivé son investissement colossal dans un matériel surdimensionné, même pour le toxicomane des évasions virtuelles qu'il était. Il ne trouva rien de mieux à inventer qu'un « C'est pour voir la coupe du monde de foot en relief ». Il ignorait juste qu'il lui faudrait attendre trois ans. Ses copains n'insistèrent pas, d'autant que leur hôte avait vraiment l'air « bizarre », « ailleurs », « flippé », commentèrent-ils... Leurs tentatives pour obtenir des détails restant vaines, ils décidèrent qu'il valait mieux écourter la soirée.

– On va te laisser, suggéra l'ami Hugues, dès sa crème dessert en boîte avalée.

Et Alex de s'inquiéter :

– T'es sûr que ton catcheur t'a pas fichu une hémorragie cérébrale ?

Clotaire blêmit. La réflexion n'était pas si idiote. Un tel accident de santé pouvait très bien provoquer des bouffées hallucinatoires... Une sourde angoisse le saisit, qui le pressa d'accélérer les bonsoirs. Il mit littéralement ses invités dehors, leur promettant, avant de claquer la porte, qu'il irait demain à l'hôpital se faire scanner le cerveau. Sitôt seul, il retourna dans son salon.

– Aïe ! Là, c'est sûr, j'ai un caillot dans la cervelle.

Les trois écrans étaient allumés et le Maître du jeu, tranquillement installé dans son fauteuil, occupait celui du centre. L'estomac encore noué d'anxiété, Clotaire rechaussa lunettes et autres accessoires d'immersion, puis reprit sa place dans le canapé. Le moral n'y était plus, mais le Maître s'en fichait... complètement !

– Reprenons, dit-il. À tout instant, même si physiquement vous ne vous sentez pas prêt, vous pourrez être sollicité pour partir en mission. En fait, vous concernant, cela dépendra de vos frères et sœurs Sentinelles et des missions qui leur seront confiées. Votre code de contact sera votre nom de Protectueur que nul ne doit connaître hormis vous et, bien entendu, les avatars de votre camp dont vous assurerez la protection. Dès ce signal reçu, vous devrez vous hâter de rejoindre votre poste de jeu, ici même. Lors de votre connexion, une carte et un menu déroulant vous indiqueront où vous vous trouvez précisément dans le jeu, et ce que l'on attend de vous. Vous utiliserez pour cela votre télécommande à infrarouge. Retenez bien que, dès que vous verrez à travers les yeux du compagnon d'Ambre, vous serez le compagnon d'Ambre. Je répète : dans le jeu, vous *êtes* le compagnon d'Ambre. Pour bouger, avancer, agir en somme, vous savez comment faire.

– Pour courir, je patine dans la semoule, pour tourner je fais comme à vélo, pour faire volte-face, je...

– Continuons, l'interrompit le Maître. En fait, nous avons presque terminé. Il ne vous reste plus qu'à recevoir votre équipement de Protectueur.

– Attendez, ne me dites pas que je vais devoir à nouveau casquer ?

– Il est compris dans le droit d'inscription que vous avez déjà réglé.

– J'aime mieux ça. Est-ce que je peux savoir comment je vais le récupérer ?

L'homme se leva de son siège qui derrière lui s'évapora.

– Nous nous retrouverons, dès lors que ma présence sera indispensable.

Clotaire n'aimait pas du tout cette façon d'éluder certains sujets, mais il avait d'autres questions, plus importantes :

– Si on a besoin de vous, on fait comment ?

– Vous pourrez m'appeler à tout moment. Je ne serai jamais loin, en fait toujours là, tel un arbitre sur un terrain de jeu. Bonsoir, monsieur Morin.

– Hé ! Attendez ! J'ai encore des questions...

L'homme en costume ainsi que son environnement gris disparurent simultanément des téléviseurs, qui affichèrent des images mouvantes, abstraites, telles celles qui étaient projetées lors de la phase dite de synchronisation. La voix d'hôtesse de l'air du jeu emplit les écouteurs pour expliquer comment un modèle-source devait se déconnecter et pour lui donner quelques conseils pratiques que Clotaire n'écoutait que d'une oreille distraite, trop préoccupé qu'il était par ses questions restées sans réponse.

Le carillon de la porte d'entrée le sortit brutalement d'un sommeil agité. Il se redressa, se frotta les yeux. Les téléviseurs devant lui affichaient le bureau de Windows, dont le fond d'écran habituel montrait une scène d'*heroic fantasy* en image 3D, avec donjon, dragons, elfes et superbes effets de lumière. Persuadé que ses copains revenaient l'importuner, s'inquiétant de savoir s'il était encore vivant, il alla ouvrir.

– Bonjour, monsieur... euh, d'Ambre ? Compagnon d'Ambre ?

Le coursier, coiffé d'un casque rouge, aurait lu sur le colis le nom de Sa Sainteté le pape, qu'il n'en aurait pas été moins perturbé. Le destinataire l'était bien davantage. Ce dernier lâcha un « Oui, c'est ça » à peine articulé. Il signa mécaniquement le reçu sur un appareil électronique, puis le coursier lui déposa dans les bras, plié dans un simple papier kraft, un colis gros comme une petite valise.

– Voilà. Bonsoir, monsieur, le salua le garçon en faisant volte-face pour rejoindre son scooter.

– S'il vous plaît, vous... vous travaillez si tard d'habitude ?

– D'habitude non, mais là c'est un extra... plutôt bien payé, répondit le jeune homme avec un petit sourire entendu.

– Comment était l'homme qui vous a... enfin, votre client ?

Le coursier fit mine de réfléchir.

– Un grand type en costard noir, ou gris, je ne sais plus. Super-chicos, peigné comme un PDG, froid comme une limande... euh, non, on dit pas ça. Froid comme quoi, déjà ?

– C'est bon. Merci. Au revoir.

Clotaire referma la porte.

– Soit je deviens vraiment fou, murmura-t-il, soit je perds la raison. En tout cas, y'a quelque chose qui ne tourne pas rond.

Il n'était pas au bout de ses surprises. En dépliant son colis sur la table du salon, il découvrit une mallette d'un luxueux cuir bordeaux. Il l'ouvrit et étouffa un cri ; elle contenait deux pistolets, avec chargeurs, boîtes de balles et holsters. Il y avait même un silencieux, pareil à ceux des barbouzes dans les polars les plus classiques.

# 7
# L'appel de Luciole

Une dizaine de jours s'écoula sans que rien ne vînt perturber le quotidien de la Sentinelle de Gaïa Luciole, et du Protectueur compagnon d'Ambre. Chacun de son côté trouvait très distrayants et utiles leurs entraînements d'agent secret, en relief, dans leur salon, bien qu'il leur fût difficile de s'habituer à l'étrangeté de cette nouvelle vie parallèle dans laquelle, par moments, ils se sentaient un peu piégés. Ils avaient fini par cesser de se poser des questions, se disant qu'à la fin il y aurait forcément une explication, comme dans tout bon thriller… à la condition qu'ils soient encore de ce monde pour en prendre connaissance.

Clotaire était le moins anxieux. Pour lui, se déplacer dans un environnement, non pas reconstitué en images de synthèse, mais aussi réaliste et net que le monde réel, dans le corps séduisant d'un agent secret de film d'espionnage, valait bien qu'il en oublie toutes les sages raisons de mettre fin à la comédie.

Lucile était pareillement satisfaite de son avatar et de ses mensurations de star hollywoodienne qui la faisaient chavirer chaque fois qu'elle se contemplait dans une glace, surtout nue dans les vestiaires de la salle de sport que le Maître du jeu lui avait conseillé de fréquenter. Les « copines » qu'elle s'y était faites étaient vertes de jalousie devant cette plastique parfaite. Et elle impressionnait les hommes au point qu'ils n'osaient pas la draguer. Il était vrai que les plus audacieux n'avaient pas tort de garder leurs distances, car Luciole était capable de leur décocher un enchaînement manchette-surprise-écrase-glotte/talon-aiguille-au-foie redoutable. Son maître de karaté en avait fait l'amère expérience, alors qu'il lui suggérait de ne pas feindre une réaction de défense lors d'une agression sexuelle simulée. Lucile aurait pu ne pas en dormir de la nuit, si elle n'avait gardé à l'esprit que tout cela était fictif. Elle en rêva quand même... Ces entraînements avaient fini par lui forger un moral d'acier, doublé d'une confiance en béton armé qui commençait à déteindre sur son quotidien. Ses élèves, qui devaient le sentir, étaient devenus singulièrement sages, voire craintifs, comme si inconsciemment ils savaient qu'en cas de conflit ils pouvaient goûter aux prises de jiu-jitsu de leur prof de français soudainement métamorphosée en Mme Hulk.

Tout allait pour le mieux, donc, hormis l'impatience qui commençait à la tarauder.

***

C'est au douzième jour, en fin d'après-midi, qu'enfin l'aventure entra dans une phase plus concrète. Lucile accompagnait sa mère à la supérette, quand soudain, entre le rayon des poires et celui des fromages, la petite Musique de nuit de Mozart s'éleva dans son sac à main XXL. Son cœur se serra. Elle s'empara de son mobile, mais bizarrement se mit à le contempler, plutôt que de lire le message qui venait de lui parvenir.

– Tu ne réponds pas ? l'interrogea Mme Hatias mère.

– Si… Enfin, non, c'est un SMS.

Lucile se décida à l'afficher. Ce qu'elle redoutait et espérait follement se confirma. Le message disait ceci : « Luciole. Il est temps d'entrer en scène. De toute urgence. » Lucile avala sa salive.

– Qui est-ce ? s'enquit sa maman, sur un ton faussement détaché.

– Un copain. Enfin, un ami… un collègue quoi ! Écoute, maman, je dois te laisser. Je t'appelle tout à l'heure, ou demain. Oui demain, ce sera bien. À demain !

Elle l'embrassa, lui confia le guidon du panier roulant, puis s'enfuit en courant. D'abord effarée,

Mme Hatias mère esquissa ensuite un sourire en coin, imaginant que sa fille volait vers son futur fiancé. Au même instant, Lucile pensait à ce que sa mère devait penser, à une nuance près : « Si elle savait… »

***

De retour dans son appartement, Lucile jeta son sac sur la table de la salle à manger, puis son imperméable vert sur le dossier d'une chaise. Le reste vola derrière elle, tandis qu'elle gagnait sa chambre. Elle en ressortit métamorphosée en Sentinelle de Gaïa. Décidée à jouer le jeu à fond, elle avait demandé à sa couturière de lui confectionner une tenue spéciale mission, inspirée de celle de Catwoman. Certes, elle était moins cuir et moins moulante, mais assez singulière pour qu'elle n'osât pas la porter en public, sauf en Luciole. Car sur son avatar, qui l'avait aussitôt adoptée, cela ne donnait pas du tout le même résultat. La Sentinelle de Gaïa était une panthère à la démarche souple, sculptée comme une Vénus, alors qu'elle… Elle préféra ne pas pousser la comparaison.

Afin de pouvoir marcher dans les rues sans provoquer une émeute ou, pire, se faire arrêter pour attentat à la laideur, plus sérieusement pour port d'armes, elle avait enfilé, par-dessus sa combinaison de toile denim élastique noire, un manteau mi-long de cuir vert sapin très seyant. Cela lui permettait de dissimuler le pistolet électrique qu'elle portait sur la cuisse droite, dans un étui adapté. Pour fabriquer ce dernier, elle s'était inspirée de celui que portait Lara Croft, dans la série de jeux vidéo *Tomb Raider.* Ainsi costumée, elle se sentait réellement une autre femme… Elle rectifia en pensée : pas une femme, une héroïne !

Après avoir allumé son ordinateur, puis lancé la connexion avec le site du jeu *Héros*, Lucile se planta devant son mur d'écrans, puis attendit ses instructions, lunettes polarisantes sur le nez, équipement audio en place.

« Si maman entre et me voit, elle fait une crise cardiaque, pensa-t-elle. Il faudra absolument que je change les serrures. »

Le Maître du jeu, toujours impeccable, toujours aussi froid et net sur fond gris, apparut en relief dans l'écran central. Il avança, donnant l'illusion toujours très troublante qu'il se tenait réellement devant elle, planté sur le tapis persan de son salon.

– Bonjour, agent Luciole. Les Sentinelles de Gaïa souhaitent vous confier votre première mission. Il s'agira d'une opération de renseignements, dont les risques seront limités mais pas nuls. C'est pourquoi vous aurez la possibilité de vous faire assister par un Protectueur.

– Pour une première mission, j'accepte la protection.

– C'est enregistré. Votre mission consiste à assister à une transaction entre un trafiquant d'animaux exotiques protégés et un acheteur. Vous devrez noter un maximum d'informations sur ces hommes, de façon à ce qu'ils puissent être facilement identifiés et fichés par l'organisation. Cela fait, vous transmettrez vos notes à l'adresse de courriel qui s'affiche au bas de votre écran…

Lucile nota « sentinelle@gaia.org » sur un calepin qu'elle emportait toujours avec elle dans son manteau de Luciole.

– Dans quelques instants apparaîtra la carte qui vous permettra de situer votre objectif. Pour cette première mission, votre avatar est déjà sur les lieux, dans sa voiture qui est aussi la vôtre…

– Ma Twingo jaune ? C'est trop drôle !

– Sachez qu'en cas de déconnexion, volontaire ou non, vous retrouverez toujours votre avatar à l'emplacement exact où il se trouvait alors et ce, quelle que soit la durée de votre absence dans le jeu.

Le Maître se tut mais ne disparut pas, ce qui fit déduire à Lucile qu'elle pouvait et devait demander des informations supplémentaires.

– Où la transaction doit-elle avoir lieu ?

– Dans un entrepôt appartenant à l'un des protagonistes. Son portail de métal gris sera à une centaine de mètres, devant vous, sur la gauche.

– Sait-on si ces individus sont armés ?

– C'est possible, surtout le vendeur qui pourrait n'être qu'un intermédiaire mafieux.

– Sera-t-il seul ?

– Nous ne disposons pas de cette information.

– L'entrepôt est-il vide ?

– Nous ne disposons pas de cette information.

– Le Protectueur est-il déjà sur place ?

– Non.

Lucile réfléchit quelques secondes à une éventuelle autre question mais, n'en trouvant pas, elle donna le signal du départ :

– Je suis prête.

– Bonne chance, Sentinelle Luciole.

La jeune femme acquiesça d'un hochement de tête. Elle était tendue comme jamais et, contrairement à ce qu'elle venait d'assurer, ne se sentait pas du tout prête.

Le Maître s'évapora et fut aussitôt remplacé par un plan de ville au centre duquel clignotait un L lumineux rouge. Lucile mémorisa rapidement les rues autour de celui-ci puis, d'un geste de la main, ordonna l'effacement du plan. Dès cet instant, la mission commença...

# 8

# Le compagnon d'Ambre entre en jeu

Clotaire Morin était encore au bureau à plus de dix-neuf heures. Il avait une semaine d'arrêt de travail à rattraper et se demandait s'il n'allait pas « péter un câble », ainsi qu'il était en train de se le répéter en boucle ce soir-là, mi-grommelant mi-chantant :

– Je vais péter un câble. Je vais péter, péter, péter un câââble !

Car le programme sur lequel il transpirait depuis deux jours était encore truffé de bugs.

– Mais je vais y arriver, chantonna-t-il ensuite. Je vais, je vais, y arriver-éééé !

Il était à la fois d'une humeur massacrante et en pleine forme, dans tous les sens du terme. Car depuis qu'il suivait les exercices de musculation de son avatar, il avait perdu cinq kilos de mauvaise graisse, remplacés par autant de bon acier musculaire. Même ses collègues de bureau avaient été impressionnés. Le must avait été le compliment de la jeune comptable, Agathe, qui avait lâché en le croisant dans un couloir : « Bonjour, Clotaire, Clotaire Schwarzenegger ! » Elle le charriait, certes, connaissant son admiration pour le *sculptissime* culturiste américain, mais la petite lueur de concupiscence dans les prunelles de cette jolie poupée ne lui avait pas échappé. Il n'était certes pas encore le George Clooney de ses rêves, mais si ça continuait ainsi...

– Ah tout de même ! s'exclama-t-il, voyant enfin validée sans erreur une complexe procédure informatique.

Il se détendit, songeant qu'il était peut-être temps de rentrer à la maison. C'est à cet instant précis que son téléphone mobile, posé à droite du clavier, entonna les premières notes de la musique du film *Star Wars*. Cela annonçait l'arrivée d'un SMS qu'il afficha d'un geste las, persuadé qu'il provenait d'un de ses copains. Son sang se glaça en découvrant le texte : « Compagnon d'Ambre, il est temps d'entrer en scène. Une Sentinelle de Gaïa a réclamé votre protection. Hâtez-vous ! »

– Mince alors ! jura-t-il, comme s'il s'agissait d'une catastrophe. Nous y voilà.

Il se secoua, se leva d'un bond, rangea ses affaires à toute vitesse, non sans renverser quelques dossiers, ce qui accentua son énervement. Il attrapa son blouson, fila, revint chercher son mobile oublié sur son bureau, retraversa le plateau de bureaux au pas de course, descendit jusqu'au parking où il récupéra son vélo, grilla vingt-cinq feux rouges, se fit klaxonner cent fois… jusqu'à ce qu'enfin, hors d'haleine, il ferme derrière lui la porte d'entrée de sa tranquille maisonnette des Pavillons-sous-Bois.

– Ouf ! On se calme. On est un compagnon Protectueur. Maîtrise zen et regard revolver.

Le pas ample et décidé, il gagna son salon où trônait le portail magique à trois battants de son autre existence, celle d'un monde parallèle où il avait l'impression d'être encore plus vivant que dans « le vrai-monde-où-l'on-s'ennuie », ainsi qu'il se plaisait à le nommer. Sans précipitation mais terriblement fébrile, il s'apprêta pour sa mission : jean, tee-shirt et blouson de toile, noirs pour n'être qu'une ombre parmi les ombres. Il ajusta sous ses aisselles les étuis contenant ses « armes de service », serra les courroies sur sa poitrine afin qu'ils restent collés à son corps, même s'il devait courir ou sauter. Par précaution, il vérifia chacun de ses pistolets. C'était parfaitement inutile puisqu'ils n'étaient pas chargés, mais cela faisait partie du jeu qu'il avait, tout autant que Lucile Hatias, décidé de jouer jusque dans ce genre de détail. Cela ne l'empêcha pas de penser qu'il était un vrai gosse. « Mais c'est si bon ! » se justifia-t-il en pensée.

– Je suis prêt ! annonça-t-il enfin.

Il mit son installation en fonction, subit la longue litanie des recommandations et tests de synchronisation, en s'efforçant de maîtriser son impatience, puis il écouta attentivement le Maître du jeu, alias *le Robot*, lui expliquer ce qu'il aurait à faire, quand et où. Le Maître termina par une curieuse remontrance :

– Vous vous apprêtez à partir en mission avec des pistolets non chargés. Cela n'est pas conforme au règlement du jeu. Vous devez engager les chargeurs dans les crosses, ainsi que vous l'avez lu dans les notices d'emploi. De même, avant chaque départ en mission, vous devrez vous assurer du bon état de fonctionnement de tous vos équipements et accessoires, notamment vos armes qui devront toujours être propres et leurs chargeurs pleins.

– Je veux bien, mais je ne tiens pas à envoyer une bastos dans mon beau matos tout neuf ! objecta Clotaire, qui ne prenait pas très au sérieux ces injonctions.

– Examinez vos pistolets.

Perplexe et vaguement inquiet, Clotaire prit en main le plus gros. C'était un Vector SP1, semi-automatique, de calibre 9 millimètres.

– En haut de la crosse, côté pouce, vous trouverez un clip de sécurité. Il peut marquer trois positions – notez qu'elles sont inversées sur les armes de votre avatar. En haut, l'arme est prête à faire feu. Au milieu, le percuteur est bloqué. En bas, il s'agit de la position jeu, que vous utiliserez lors de vos missions. Elle correspond à la position permettant le tir du pistolet de votre avatar. De la sorte, si vous pressez la détente, le percuteur fonctionne en apparence normalement pour vous, mais la cartouche n'est pas réellement frappée. Pour votre avatar, en revanche, le coup part. Faites un essai, je vous prie.

Clotaire s'exécuta, s'amusant à viser le Maître entre les deux yeux.

– C'est bon, j'ai compris, dit-il.

– Est-ce que tout est clair, monsieur Morin ? demanda le Robot pour finir.

– Vous pouvez m'appeler Clotaire ou, mieux, Compagnon.

Le personnage ne releva pas et attendit d'éventuelles questions. En vain, car il ne vint même pas à l'esprit de l'informaticien de demander des détails. Du coup, le Maître lui souhaita bonne chance et disparut. À sa place se forma une rue déserte, quelque part en banlieue sud, bordée de modestes maisons individuelles, que la lumière déclinante du jour rendait encore plus ternes. Clotaire jeta un regard par la fenêtre de son salon. Il avait oublié de fermer les volets, ce qui n'était pas trop grave dans ce crépuscule grisâtre. Il nota au passage qu'il était identique à celui qu'il voyait par les yeux de son avatar.

Reportant son attention sur la rue, il se demanda ce qu'il devait faire. Le Maître avait parlé d'un entrepôt où la camarade Sentinelle devait se trouver en cet instant, sans préciser comment il devrait y entrer ni même s'il devait y entrer.

« De toute façon, déduisit-il en pensée, si elle a besoin de moi, je l'entendrai crier. »

En attendant, il devait trouver cet entrepôt, dont l'entrée serait forcément discrète puisqu'il abritait un trafic d'animaux exotiques. Il se posterait au plus près, puis resterait invisible, accroupi derrière l'une des voitures garées le long du trottoir. Jusqu'à ce qu'on l'appelle… si on l'appelait.

***

Luciole était bien là, à moins d'une centaine de mètres, pas peu fière de son exploit. Le portail de la propriété du trafiquant étant trop haut et surtout trop exposé à la vue d'éventuels passants, elle avait eu l'idée de s'introduire dans le jardin de la maison voisine, plus facile d'accès. Elle s'était ensuite hissée sur le mur mitoyen, puis avait sauté dans la grande cour en terre battue, au fond de laquelle se dressait le fameux entrepôt, à briques rouges et toiture en tôle ondulée. La porte coulissante, piquetée de points de rouille, était assez large et haute pour permettre l'entrée d'un semi-remorque, ce qui laissait penser que derrière s'étendait un local beaucoup plus profond qu'il n'était large. Accroupie tout en tension, une main au sol à la manière de Catwoman en observation sur un toit de Gotham City, Luciole avait exploré l'environnement du regard. Le long des murs gisaient des pylônes d'aluminium et des amoncellements de déchets de cuivre, signe que les malfrats avaient diversifié leurs activités de contrebande. Elle avait repéré un gros massif d'hortensias bleus, idéalement placé près de l'entrée. C'était là qu'elle s'était dissimulée, en attendant ses « clients ».

Le premier n'avait pas tardé, au volant d'une fourgonnette blanche qu'il avait garée à l'intérieur du hangar, dont il avait laissé la porte coulissante grande ouverte. Luciole avait profité d'une courte absence de l'homme, parti soulager sa vessie sur l'un de ses trésors de cuivre, pour se faufiler dans sa caverne d'Ali Baba. Elle y avait découvert des monceaux de ferraille de toute nature. Cela allait des panneaux de signalisation aux câbles de réseaux téléphoniques sectionnés, en passant par les plaques d'égout. Il y avait aussi des engins de chantier, probablement volés, et des containers fermés qu'elle imaginait regorgeant de marchandises diverses.

L'espionne au manteau vert sapin avait choisi de se tapir dans l'ombre d'une étroite ruelle, entre deux de ces immenses caisses d'acier. De là, elle disposait d'une vue panoramique sur la partie dégagée de l'entrepôt où les malfrats venaient décharger leurs camions. En attendant que le trafiquant reçoive son client, elle nota sur son carnet tout ce qu'elle croyait utile à l'identification de cet individu.

Après quelques minutes d'attente, un gros 4 × 4 noir vint se garer devant la porte coulissante de l'entrepôt. En descendit un cinquantenaire ventripotent, en costume bleu marine froissé. C'était l'acheteur. Son fournisseur se porta à sa rencontre, un large sourire aux lèvres. Ce dernier, certainement plus jeune que l'autre, paraissait plus vieux en raison d'une calvitie avancée et d'un visage ingrat mal rasé. Pour lui, c'était le style jean-baskets élimés, tee-shirt-pull jaune informes.

« Les deux font la paire », songea Luciole à la vue de ces individus, qu'elle trouvait aussi répugnants d'extérieur qu'ils devaient l'être à l'intérieur.

Et elle se dit qu'elle n'aimerait pas tomber entre leurs sales pattes.

# 9
# Mission accomplie

Dans la rue, dissimulé derrière des véhicules en stationnement, le compagnon d'Ambre avait assisté à l'entrée d'un monstrueux 4 × 4 noir dans une cour ressemblant à celle d'un ferrailleur. Par chance, le visiteur ne referma pas le portail derrière lui. Durant quelques minutes, le Protectueur ne bougea pas, se demandant comment James Bond aurait agi en pareille circonstance. Seule certitude, il ne serait pas resté là à ne rien faire, dos courbé entre deux voitures, tel un enfant jouant à cache-cache. Après réflexion, il jugea que James Bond serait entré dans la cour et se serait débrouillé pour écouter la conversation de ces dangereux mafieux. Aussi s'enhardit-il à quitter son poste d'observation pour tenter une approche de l'objectif, façon 007…

***

Luciole avança la tête à l'angle du container, de manière à pouvoir assister de loin à la transaction. Les deux individus venaient de se serrer la main. Ils échangèrent quelques mots qu'elle ne put comprendre, puis le type en jean alla chercher dans sa fourgonnette une caisse en matière plastique rose qu'il vint déposer aux pieds de son client. La désignant de l'index, celui-ci demanda à voir la marchandise. C'est alors que Luciole commit la première bêtise de sa carrière de soldat vert : elle voulut voir ce que contenait la caisse et, pour cela, décida de prendre de la hauteur. Les containers étaient assez proches les uns des autres pour qu'elle assure ses appuis et grimpe comme dans une cheminée. Ce faisant, la crosse de son Taser cogna contre l'une des parois métalliques. Certes, le *clong* fut atténué par son manteau de cuir, mais cela suffit à faire réagir les deux hommes, qui tournèrent la tête dans sa direction. Elle se laissa doucement retomber, puis se plaqua contre le container de gauche, la respiration bloquée, priant le ciel pour qu'aucun des deux n'ait la curiosité de venir jeter un œil dans ce recoin sombre.

– Vous avez entendu ? demanda le client.

– Hum, acquiesça l'autre.

– Ça doit être un chat.

– Je dirais plutôt une souris. Ne bougez pas.

Luciole comprit qu'elle avait été repérée et dans le même temps qu'elle avait commis la seconde erreur de sa première mission : elle s'était cachée dans un cul-de-sac ! La silhouette du trafiquant se découpa en contre-jour à l'entrée de la ruelle. Il avança d'un pas, grommela un juron, puis demanda d'une voix hargneuse :

– Qu'est-ce que vous fichez là ?

– Miaou !

L'instant suivant, le type partait en arrière, bras en l'air, émettant un curieux beuglement. Il roula à terre, puis se mit à gesticuler et à gargouiller, tel un épileptique en crise. Dans sa poitrine étaient fichées deux minuscules pointes, reliées chacune par un fil métallique à un Taser, brandi à bout de bras par une jeune femme élancée, chevelure brune coiffée à la lionne, en combinaison noire et manteau vert sapin. Tétanisé de stupeur, le gros type leva instinctivement les mains. C'est alors que, dans son dos, une voix masculine ordonna, alors qu'il s'était déjà exécuté :

– Les mains en l'air !

Le client tourna la tête et considéra avec une expression épouvantée l'homme tout de noir vêtu qui entrait dans le hangar, pointant sur lui une arme de poing prolongée d'un silencieux.

– Ne tirez pas, monsieur, je suis juste l'acheteur !

Le compagnon d'Ambre s'immobilisa, fixa Luciole comme s'il s'était agi d'une apparition féerique.

– Ouah, la nana ! balbutia-t-il.

Il en oubliait de garder son pistolet pointé sur le gros homme, lequel tremblait de tous ses membres dans l'écran central.

– Pardon ? demanda ce dernier avec une grimace d'incompréhension.

– Non, rien. Gardez les mains en l'air, s'il vous plaît. Tout va bien, mademoiselle ?

La Sentinelle de Gaïa avait rembobiné les fils électriques dans son Taser, et replacé celui-ci dans son étui fixé à sa cuisse droite.

– Mieux que lui, répondit-elle. J'espère qu'il ne va pas nous faire une crise cardiaque.

Le compagnon d'Ambre se demanda pour lequel des deux individus elle s'inquiétait vraiment, car le gros homme était devenu dangereusement rubicond, tandis que l'autre ne bougeait plus. Du canon de son pistolet, il indiqua à l'acheteur de baisser les bras. Il se produisit alors un événement aussi inattendu que stupide : *toung !* Involontairement, l'agent Protectueur débutant avait pressé la détente de son pistolet et le coup était parti. L'acheteur poussa un cri de douleur en portant vivement la main à son épaule gauche, là où la balle malencontreuse l'avait atteint.

– Oh, pardon ! s'excusa le maladroit, une main sur la bouche. Je suis désolé, c'est… Je n'ai pas l'habitude.

– Vous êtes malade ! Vous avez failli me tuer ! hurla la victime.

Puis elle se mit à geindre. En temps normal, cela aurait heurté la sensibilité du modèle-source du compagnon d'Ambre mais, en la circonstance, il trouva plus approprié de rester de marbre. Après tout, se disait-il, ce n'était qu'un jeu dans lequel il faisait ses premières armes… et ses premières bavures. Forçant un ton autoritaire, il ordonna :

– Fichez le camp ! Allez, oust ! Du vent !

L'acheteur ne se le fit pas dire deux fois. Tout en tenant son épaule ensanglantée, il trotta vers son monstre, monta au volant en grognant de douleur, puis démarra sur les chapeaux de roue.

***

Luciole détailla l'homme qui venait, sans sommation, d'envoyer une balle dans la peau de l'acheteur. Il l'avait fait avec une froideur déconcertante, presque effrayante. Ensuite, il avait simulé le garnement confus, ce qui était pour le moins déconcertant. Sa beauté ténébreuse était en tout cas troublante. Même dans les magazines de mode, Lucile ne se souvenait pas d'avoir vu un aussi bel homme. Elle en serait sûrement tombée sur-le-champ amoureuse si elle ne s'était souvenue que, dans le jeu, elle-même n'avait rien à envier à Pamela Anderson et qu'hélas, dans les deux cas, ce n'était qu'une douce (cruelle ?) illusion. Elle se secoua l'esprit, puis s'approcha de son Protectueur, se disant qu'il ressemblait à un acteur dont le nom lui échappait. Elle se planta devant lui, mains sur les hanches. Adoptant un petit air coquin, elle lâcha :

– Vous avez failli être un poil en retard.

Entre son pouce et son index, elle montra l'épaisseur du retard en question.

– Un poil, ça reste dans la norme autorisée, répliqua-t-il.

– C'est vrai, reconnut-elle avec un sourire retenu.

Ensuite, le fixant de son regard bleu légèrement nuancé de violet, elle se présenta :

– Je suis Luciole, Sentinelle de Gaïa.

– Enchanté. On m'appelle compagnon, compagnon d'Ambre.

– Vous me la faites à la 007. Ça fait un peu cliché, non ?

– Pas du tout ! Je vous offre une vodka-martini mélangée au shaker, pas à la cuillère… disons, au bar du Lutetia ?

– Je préfère le Carlton, mais c'est plus loin.

– Pas pour Ambre 007. J'ai mon Aston Martin volante qui m'attend dehors. Je vous emmène, si vous voulez ?

Elle éclata de rire tout en répliquant intérieurement : « Moi, c'est ma Twingo qui est garée dans la rue. »

– Peut-être une autre fois, déclina-t-elle. Il faut que je termine ma mission.

– La mienne l'est. Enfin, je crois.

– Sans doute. Restez encore un peu. On ne sait jamais, si l'homme que vous avez blessé revenait avec dix gros bras, armés de kalachnikov.

– J'ai de quoi les recevoir, répliqua le Protectueur en ouvrant sa veste pour montrer sous ses aisselles ses deux pistolets dans leur étui.

– Impressionnant, reconnut-elle. Bon, voyons ce qu'il y a dans cette caisse, enchaîna-t-elle en se détournant.

Elle s'accroupit, puis fit sauter les deux attaches du couvercle qu'elle souleva… et soudain un serpent noir attaqua, gueule ouverte ! Luciole fit un bond en arrière en poussant un cri strident. Le compagnon d'Ambre frissonna de la tête aux pieds, car il détestait ce genre de créature.

– Belle bête, dit-il néanmoins. Vous avez de la chance qu'il y ait eu cette plaque de Plexiglas.

La boîte était en effet équipée d'un couvercle intérieur en plastique transparent, percé de trous, contre lequel le reptile était venu buter.

– Heureusement oui, sinon j'étais *game over*, conclut la jeune femme.

Le compagnon d'Ambre l'aida à se relever.

– Merci. C'est un mamba noir, le serpent le plus rapide du monde.

– Comme moi, fit le compagnon d'Ambre.

– Pardon ?

– Euh... Oui, je veux dire, comme moi pour dégommer les petits monstres à grandes dents dans les jeux de baston.

– Vous êtes amateur de jeux vidéo ?

– Un peu... un peu beaucoup, en fait.

– Pas moi.

Le Protectueur dévisagea la Sentinelle avec incrédulité.

– Ah bon, j'aurais parié le contraire.

Ce qui signifiait : alors qu'est-ce que vous fichez là ? Elle interpréta la perplexité du jeune homme et précisa :

– Oui, enfin, cela dépend. Si je tombe sur un jeu vraiment... comment dire ? sensationnel, alors oui, il peut m'arriver de craquer.

– Deux mille euros.

– Beaucoup plus, avec le matériel.

Elle décortiqua du regard le séduisant jeune homme. Le compagnon d'Ambre esquissa un sourire gêné, puis demanda :

– Et maintenant, qu'est-ce qu'on fait ?

– Je pense que nous devrions quitter les lieux.

Elle jeta un œil vers le trafiquant qui se redressait sur son fondement, le front dans une main, se remettant à grand-peine des 50 000 volts qu'il avait pris dans le système nerveux.

– Voulez-vous que je l'achève ? demanda le compagnon d'Ambre.

– Vous le feriez… vraiment ? s'indigna Luciole.

– Dans la réalité, non, mais là…

Il dégaina son pistolet à silencieux, visa le malfrat qui, comprenant que sa vie ne tenait plus qu'à un fil, implora pitié… *Toung ! Toung !*

– Voilà. Il ne vendra plus d'animaux innocents. Et le serpent, qu'allez-vous en faire ? Vous devez le déposer quelque part, j'imagine ?

Choquée par ce à quoi elle venait d'assister, Luciole marqua une hésitation avant de bafouiller :

– Oui, enfin non… Je ne sais pas. Je crois que je vais l'emmener chez moi, puis aviser.

– C'est où, chez vous ?

– Dans le XIII$^{e}$… Dites donc, vous ne seriez pas en train de me faire parler ?

– Moi ? Oh ! Je n'oserais pas !

Il regarda Luciole, puis soudain céda à une tentation qui le dévorait depuis un moment :

– On pourrait peut-être oublier un instant qui on est, je veux dire là dans ce jeu, et faire connaissance. En vrai.

– Chut ! Jusque-là, vous m'étiez sympathique. Si vous commencez à enfreindre les règles du jeu, vous allez vite m'indisposer. Restons-en à ce que nous sommes ici et nous serons les meilleurs collègues du monde.

– Compagnons, je préférerais. Collègues, ça rappelle trop le boulot.

– D'accord, compagnons. J'embarque ce magnifique serpent venimeux et je m'en vais.

– Vous allez le mettre où, chez vous ?

Elle haussa les épaules d'un air perplexe.

– Dans ma baignoire, répondit-elle, par manque d'inspiration. En vérité, je n'en ai pas la moindre idée. Au revoir, compagnon d'Ambre. Je suis sûre que nous nous reverrons, dans ma prochaine mission.

– Entendu, Sentinelle Luciole. Je jure de continuer à veiller sur vous comme sur la prunelle de…

Elle s'éloignait déjà, son corps parfait ondulant comme une Ève à l'aube de l'humanité.

– De vos yeux, soupira-t-il pour finir.

# 10
# Révélation

Luciole déposa la caisse contenant le mamba sur le siège passager, puis s'assit au volant de sa Twingo jaune. Elle se laissa aller contre le dossier de son siège et, se frottant le visage à deux mains, émit un long soupir de lassitude. Elle ôta ses lunettes polarisantes… De nouveau, elle était Lucile, la petite prof de français du XIII$^{e}$ arrondissement de Paris. C'était moins *fun*, mais bizarrement plus rassurant.

Elle était confortablement installée dans le moelleux fauteuil fleuri qu'elle avait disposé face à son installation. Durant un long moment, elle demeura pensive, presque somnolente, partagée entre la satisfaction d'avoir passé un moment délicieusement palpitant et un certain malaise qu'elle attribua à la fatigue. Constatant qu'il était vingt-deux heures passées, elle décida d'aller prendre un bon bain moussant, puis de se mettre au lit avec un roman… un polar, bien sûr. Le pas lourd, l'esprit encore flottant entre les deux réalités de sa nouvelle vie, elle gagna sa salle de bains. Elle poussa la porte, la referma du talon derrière elle, fit voler un à un ses vêtements, puis se mira dans le miroir au-dessus du lavabo.

Et son sang reflua de son visage. Elle n'était pas seule !

***

La nuit de Clotaire Morin fut courte, car il n'avait pu s'empêcher de rester jusqu'à épuisement dans la réalité virtuelle de *Héros*. Il avait parcouru des kilomètres à pied, pris le bus, sans ticket, traversé sans la moindre anxiété une cité HLM quasi déserte, et même discuté avec des jeunes attroupés devant un hall d'immeuble. Lassé de cette déambulation sans but, il avait changé d'activité. Il avait coupé la connexion, puis était monté dans son bureau à l'étage afin de s'exciter les neurones avec un jeu de guerre où il avait mitraillé à tout-va des ennemis en images de synthèse. Le « réalisme inégalé » promis sur la pochette lui parut bien fade comparé à l'autre, celui qui ne quittait désormais plus ses pensées, ni même ses rêves qui furent hantés par la plastique divine de Luciole, mais troublés par la présence menaçante d'un mamba noir particulièrement agressif.

Ce fut les yeux cernés de fatigue, avec l'énergie d'une limace en hibernation, qu'il se rendit ce matin-là à son travail.

– Holà, ça n'a pas l'air d'aller, Morin ! remarqua son chef de service.

– Mouais.

– Je vous laisse la boutique, je suis en réunion toute la matinée. Si on me demande vous dites que je suis…

– Mort ?

Interloqué, le cadre se renfrogna.

– C'est ce que vous souhaiteriez, j'imagine ?

– Non, non. À tout à l'heure, monsieur Lamart.

Le jeune informaticien rejoignit son poste de travail, se disant que, pour une fois, il prendrait son temps avant d'attaquer une journée qui serait forcément émaillée de bugs et de poussées d'adrénaline. Il connecta son écran sur Internet, puis alla sur le site d'un grand quotidien afin de se mettre au courant des nouvelles du jour.

Tout en chantonnant, il parcourut les titres des articles de première page : catastrophe par-ci, attentat par-là, manif hier, grève demain… Rien de vraiment palpitant. Ah si ! « Un receleur notoire assassiné dans son entrepôt ». Clotaire éprouva un déplaisant frisson le long de l'échine. Il cliqua sur le lien. À mesure que sa lecture avançait, son visage se décomposait : « Hier, en fin d'après-midi, Anthony Fraisse, bien connu des services de police pour ses nombreux trafics et combines de petite frappe, a été retrouvé assassiné de deux balles dans la poitrine. » Une photo de la victime était jointe à l'article. Clotaire cliqua dessus pour zoomer. Il se leva, horrifié.

– Oh non, dites-moi que c'est pas vrai ! Je vais me réveiller, c'est sûr !

L'homme qu'il avait abattu la veille, persuadé qu'il ne s'agissait que d'un personnage de jeu vidéo, était un type bien réel, un être humain de chair et de sang.

– Alors là, je suis mal, gémit-il.

Il se rassit et resta un long moment pétrifié devant son écran, incapable de penser, jusqu'à ce que son attention soit attirée par le titre d'une autre information, en page quatre : « Un mamba noir dans la baignoire ». Ce qu'il lut était une brève de quatre lignes, mais elle suffit à lui faire toucher le fond de la piscine de l'enfer. Une enseignante d'un collège du XIII$^{e}$ arrondissement de Paris avait appelé les pompiers pour une intervention aussi insolite que dangereuse, puisqu'il s'agissait de capturer le « serpent venimeux le plus rapide du monde ».

N'étant plus en mesure d'assurer ses fonctions, Clotaire Morin décida de rentrer en urgence chez lui. Il raconta à ses collègues qu'il était victime d'une attaque cérébrale, mais qu'on ne devait surtout pas s'inquiéter pour lui.

– Je maîtrise. J'ai juste besoin de repos.

Ce jour-là, il battit certainement son record de vitesse à vélo sur son trajet habituel du bureau à son domicile. Il ne prit pas une seule seconde pour souffler ; il chaussa son équipement d'apprenti agent secret, puis se connecta au jeu de rôle. À travers les yeux de son avatar, il retrouva l'environnement exact qu'il avait laissé la nuit précédente : il était sur un banc dans un jardin public, dans le sud de Paris. À sa gauche était assis un papy pochtron qui papotait avec un autre étalé sur l'herbe, face à lui, le litron à la main. Les deux hommes sursautèrent, comme si le Protectueur s'était soudainement matérialisé, telle Joséphine ange gardien.

– Ben, d'où que c'est qu'y sort, celui-là ? s'interrogea l'homme à la bouteille.

Trop préoccupé pour s'amuser à répondre, le compagnon d'Ambre se leva et appela :

– Maître ! J'ai besoin de vous ! Maître du jeu !

Émergeant d'un arbuste ornemental, apparut le Robot, égal à lui-même, classe et glace.

– Bonjour, compagnon d'Ambre, le salua-t-il. Que puis-je pour vous ?

– C'était pas prévu, ça…

Le Maître tiqua.

– Qu'est-ce qui n'était pas prévu ?

– Non, pas prévu du tout que ce que je ferais ici, dans cette peau d'agent secret, se réaliserait dans la vraie vie. Est-ce que vous vous rendez compte que j'ai tué un type ? J'ai assassiné un être humain ! Merde, je n'arrive pas à le croire, gémit-il pour finir en se prenant le front dans une main.

Les deux vieillards assistaient avec ahurissement à la conversation. Effrayé, celui qui était assis sur la pelouse jeta sa bouteille de vin, puis suggéra d'un mouvement de tête à son acolyte de s'éclipser discrètement.

– Avez-vous lu votre contrat en entier, monsieur Morin ? demanda le Maître.

– Bien sûr, que je l'ai lu ! Enfin... presque en entier.

– Tout y est écrit, sans la moindre ambiguïté. Je cite : « Le contractant reconnaît avoir lu et approuvé l'intégralité des conditions de réalisation du jeu. Il reconnaît assumer l'entière responsabilité des actes de son avatar, même si ceux-ci devaient avoir des répercussions sur la réalité ou la vie quotidienne du contractant. » Je vous rappelle que *réaliser* signifie « rendre réel ». Si vous avez abusé de votre permis de tuer, il ne faut vous en prendre qu'à vous-même. Nul ne vous obligeait à tirer sur cet homme, d'autant que ni vous ni votre protégée n'étiez en danger.

– Je veux me retirer. J'arrête tout !

– C'est votre liberté.

– Comment est-ce que je dois faire ?

– Il vous suffit de cesser de vous connecter sur le jeu.

– C'est aussi simple que cela, soupira le Protectueur. Et mes deux mille euros ?

– Vos deux mille euros ?

– C'est bon, laissez tomber. Ça m'apprendra à pactiser avec le diable.

À ce mot, prononcé machinalement, le compagnon d'Ambre sentit la chair de poule lui hérisser les poils des bras.

– Vous n'êtes pas le diable, j'espère ? demanda-t-il d'une voix blanche.

– Je suis le Maître du jeu.

– Qui tire les ficelles, alors ?

– Je ne possède pas cette information.

– Vous mentez !

– Cela m'est impossible. Je suis le gardien de la Règle, ce qui m'interdit toute forme de mensonge.

– Bon sang, mais qu'est-ce que je vais faire ? s'interrogea l'avatar.

– Si vous décidez de continuer, ce sera désormais en toute connaissance de cause.

Le compagnon dévisagea le Maître. Une idée venait de germer dans son esprit.

– Pourquoi pas ? Je vous laisse, j'ai quelque chose à faire.

***

Dans son salon, Clotaire fit sauter ses lunettes polarisantes, puis à l'aide de sa télécommande se déconnecta du jeu, zappant du même coup, contrairement au règlement, la phase de désynchronisation. Ensuite, il tira de sous son canapé son ordinateur portable qu'il utilisa pour des recherches sur Internet. Après avoir noté les renseignements dont il avait besoin, il s'empara de son téléphone mobile. Se faisant passer pour un journaliste réalisant un reportage sur la détention d'animaux exotiques, il appela les collèges du XIIIe arrondissement et obtint en trois coups de fil ce qu'il espérait, le vrai nom de Luciole :

– Hatias, Lucile Hatias. C'est noté. Savez-vous à quelle heure elle quitte le travail aujourd'hui… ? Eh oui, bien sûr, je comprends. Je vous remercie, madame. Au revoir.

Un annuaire téléphonique lui donna l'adresse de l'enseignante, dans le XIIIe… Tout concordait, il ne lui manquait que son heure exacte de sortie. De toute façon, réfléchit-il, il y avait de fortes chances pour que ce fût midi, si elle ne déjeunait pas à la cantine, ce qui était probable puisqu'elle habitait non loin de son collège et devait même s'y rendre à pied. Satisfait du résultat de cette enquête éclair, il se prépara à partir à la rencontre de sa complice de jeu, très impatient de voir à quoi elle ressemblait en chair et en os.

Le jeune informaticien se planta donc devant le portail du collège Jacques-Prévert. Pour faciliter sa tâche, il se rapprocha du surveillant qui faisait le planton au portillon. C'était un grand Noir baraqué, qui aurait sûrement fait un excellent catcheur. Prétextant à nouveau être journaliste, il lui demanda de lui désigner, si possible discrètement, Mlle Hatias lorsqu'elle sortirait. Il se rendit compte, mais un peu tard, que son look *gothique Matrix* ne renforçait pas sa crédibilité. De fait, le colosse, du genre bourru, avait grommelé une vague approbation signifiant assurément : « Va te faire f… »

Clotaire n'insista pas et se résigna à lorgner toute jeune femme susceptible d'être enseignante qui franchissait le portillon parmi les élèves.

# 11

# Clotaire sur la piste de Luciole

Il était midi passé de dix minutes, lorsque Lucile put enfin se débarrasser du principal adjoint. Ce brave homme tenait absolument à entendre son histoire de serpent. C'était la cinquième fois au moins depuis le début de la matinée qu'elle était importunée de la sorte, lui faisant amèrement regretter d'avoir perdu son sang-froid lorsqu'elle avait trouvé cette bête lovée dans sa baignoire. Et cela n'était rien comparé aux deux heures qu'elle avait passées au commissariat pour expliquer qu'elle ignorait totalement comment un mamba noir de deux mètres avait pu s'inviter dans sa salle de bains. Les flics ne s'étaient pas montrés agressifs, mais si insistants que, à bout de nerfs et de fatigue, elle avait fini par lâcher quelques paroles d'agacement. Cette nouvelle perte de contrôle avait failli transformer sa déposition en garde à vue. Finalement, elle s'en était sortie sans préjudice, si ce n'était ce petit journaliste, prévenu on ne sait comment, qui l'avait alpaguée à la sortie pour la soumettre à son tour à la question. Sans le savoir, il avait échappé à la manchette surprise de la femme qui, cette fois, avait exercé avec succès sa maîtrise zen. En guise de réponse, il n'eut droit qu'à un cinglant « Fichez-moi la paix ! ». Le gredin avait quand même pondu son article…

***

En franchissant le portillon du collège, Lucile Hatias salua le surveillant qui plissa un drôle de sourire. D'ordinaire, il se contentait de grogner avec un hochement de tête. Elle soupira, songeant qu'il ne fallait pas grand-chose pour changer le regard que les autres portent sur vous. « Et s'il savait ce que j'ai fait hier soir… », pensa-t-elle, non sans un petit pincement de fierté. En s'éloignant dans la rue, son regard croisa celui d'un garçon d'une vingtaine d'années, qui paraissait s'intéresser à elle. Il se tenait sur le trottoir d'en face, debout derrière un vélo de course.

« Voilà que je deviens parano », se lamenta-t-elle intérieurement.

Elle poursuivit néanmoins sa réflexion : « Si au moins il était beau ». Pourtant, il y avait un petit quelque chose dans son expression qui ne lui était pas tout à fait étranger, comme si elle l'avait déjà croisé. C'était un grand jeune homme mince, à la chevelure mi-longue châtain, aux yeux marron, au visage fin légèrement émacié. Sans doute aurait-il paru assez quelconque s'il avait été attifé autrement qu'en punk gothique, certes sans les accessoires du style bracelets cloutés ou épingles à nourrice dans les joues, mais avec de gros rangers informes… « toutefois bien cirées », nota-t-elle. Cela dit, elle devait admettre qu'elle-même ne faisait aucun effort pour se distinguer… pour simplement être distinguée, ce dont même sa mère se plaignait, lui faisant remarquer qu'être la femme invisible ne l'aiderait pas à trouver le grand et fringant amour de sa vie. Mais Lucile n'en avait cure, affirmant préférer la discrétion au clinquant, la profondeur aux apparences, l'amour à la passion…

La vérité, c'était qu'elle n'osait pas se lâcher.

Alertée par son sixième sens, elle jeta un regard par-dessus son épaule. Il la suivait ! Le grand type au manteau noir était sur ses talons, et il n'essayait même pas de se faire discret ! Son cœur se mit à battre la chamade, mais elle était déterminée à ne pas céder à l'affolement. Elle tenta de se rassurer en se souvenant qu'en cas d'agression elle saurait se défendre, puisque Luciole avait appris avec le maître d'arts martiaux Ming Tchou à distribuer les coups de talons meurtriers.

***

Clotaire suivait cette femme sans parvenir à se convaincre qu'il avait fait le bon choix. Elle était de taille moyenne, plutôt bien roulée, mais insignifiante dans ses chaussures noires à talons plats, sa jupe-sac grise et sa veste bleu marine sans élégance. Quant à ses cheveux, il estima qu'elle aurait mieux fait de se les couper court plutôt que de les nouer avec aussi peu de grâce. Le grand Noir ne l'avait pas clairement désignée lorsqu'elle avait franchi la grille du collège, et Clotaire se demandait encore s'il n'avait pas mal interprété les mouvements de ses yeux qui avaient eu l'air de dire « La voilà, c'est elle ». Il se résigna à poursuivre sa filature, dans l'espoir qu'elle le mènerait à l'adresse de Lucile Hatias.

La jeune femme s'arrêta devant une vitrine (d'auto-école) et fit mine de s'y intéresser. Il allongea le pas, se disant que c'était l'occasion de l'aborder, mais elle se détourna et reprit sa marche, d'un pas nettement plus rapide. Soudain, elle tourna à droite dans une petite rue. Persuadé qu'il allait la perdre, Clotaire courut, vira à l'angle et reçut un coup de chaussure dans la cuisse droite. Il avait eu de la chance, car ce n'était certainement pas l'endroit visé. Il poussa un cri, davantage de surprise que de douleur, puis protesta en reculant :

– Ça va pas, la tête ! Qu'est-ce qui vous prend ?

Troublée par ce qu'elle venait de faire, Lucile dut reprendre contenance avant de répondre :

– Pourquoi me suivez-vous ?

– Je vous suis, moi ?

– Eh bien... oui, je crois.

Clotaire hocha la tête et avec un sourire que la jeune femme trouva plutôt mignon :

– C'est vrai, avoua-t-il. Vous êtes Lucile Hatias, n'est-ce pas ?

– Possible. Et alors ? On se connaît ?

– En fait, c'est Luciole que je connais.

L'enseignante blêmit.

– Je ne vois pas de qui vous voulez parler.

– Si vous êtes Luciole, je peux vous raconter précisément ce que vous faisiez hier soir, entre vingt et une et vingt-deux heures.

Elle simula l'incompréhension, puis décida qu'elle devait de toute urgence prendre le large.

– Laissez-moi tranquille. Je n'ai rien à voir avec cette personne ! Au revoir, monsieur.

Elle s'éloigna, le pas vif, la nuque raide.

– Je m'appelle compagnon d'Ambre, lança Clotaire. Ne me dites pas que vous ne savez pas qui je suis, ou plutôt ce que je suis.

Lucile ne s'arrêta pas, mais l'émotion lui fit porter la main à son cœur et l'obligea à inspirer par la bouche.

– Luciole, il faut qu'on parle ! insista l'importun. Vous n'avez pas lu les journaux, ce matin ?

« Oh que si ! » se dit-elle. Mais elle ne pensait qu'à son histoire de serpent, car elle ignorait l'assassinat du trafiquant dans son hangar de banlieue.

– Mademoiselle, s'il vous plaît, accordez-moi juste une minute, supplia Clotaire qui s'était remis à la suivre.

Enfin elle s'immobilisa, se retourna et lui fit face :

– Peu importe qui vous êtes et qui je suis, dit-elle. Nous ne nous connaissons pas et ne nous connaîtrons jamais. Il y a certaines règles que je respecte, voyez-vous, des règles du jeu. Vous me comprenez, j'espère ?

– Tout à fait, mais…
– N'insistez pas. S'il vous plaît.
Elle fit à nouveau volte-face et repartit. Cette fois, Clotaire s'abstint de lui emboîter le pas. Cependant, juste avant qu'elle disparaisse au coin de la rue, il lança :
– Vous devriez acheter *Le Parisien*. Page quatre, on parle de notre petite expédition nocturne.

***

Lucile poursuivit son chemin, se retournant parfois tout d'un coup, dans la crainte de surprendre son importun. Il semblait avoir renoncé, mais elle ne fut pas sûre d'en être soulagée. En fait, elle aurait aimé lui parler, lui faire part de ses interrogations et de ses inquiétudes, qu'il partageait certainement puisqu'il était comme elle un débutant dans le jeu. Elle aperçut alors de l'autre côté de la rue la vitrine d'un marchand de journaux. Elle y acheta *Le Parisien* qu'elle ouvrit sur le trottoir, directement en page quatre.
– Oh, mon Dieu ! lâcha-t-elle, épouvantée.
Elle releva la tête… Le jeune type était là, à une centaine de mètres, qui l'observait et attendait qu'elle l'autorise à la rejoindre. Elle reporta son attention sur l'article intitulé : « Un receleur notoire assassiné dans son entrepôt ». Elle le relut et prit enfin pleinement conscience que son histoire et celle du garçon qui la suivait n'étaient pas qu'un insolite divertissement.

# 12
# L'idée de Clotaire

— Qu'est-ce que je vous offre ?

– Oh, eh bien… ce que vous voulez. Un verre d'eau, ça ira, merci.

En d'autres circonstances, la balourdise de ce grand garçon empoté, qui jouait les durs dans son grand manteau d'adepte de cryptes à vampires et de films gores, l'eût certainement attendrie. Ce jour-là, il l'agaçait plutôt.

– Et une vodka-martini mélangée au shaker, pas à la cuillère ?

Clotaire acquiesça, avec un petit sourire montrant qu'il appréciait l'allusion.

– Asseyez-vous, l'invita-t-elle.

Il prit place sur l'une des chaises, disposées autour de la table de la partie salle à manger de cette grande pièce à la décoration sans originalité, mais où abondaient plantes vertes et autres compositions florales.

Dans l'autre partie se trouvait l'installation home cinéma, presque aussi sophistiquée que la sienne.

– Vous avez choisi des écrans plasma, fit-il remarquer tandis qu'elle apportait la collation. Moi, j'ai préféré les leds.

– Parce qu'il y a une différence ?

– D'abord, la consommation électrique. Peut-être aussi la longévité.

– Ah bon, approuva Lucile avec détachement.

Après avoir disposé sur la table verres, boissons et quelques friandises à apéritif, elle s'installa en face de son visiteur, « vaillant Protectueur hier et si falot aujourd'hui », pensa-t-elle tout en le décortiquant des yeux. Durant le long silence qui s'instaura, les deux « héros » luttaient autant contre les angoisses liées à leur situation, que contre leur timidité.

– Vous savez que nous n'aurions jamais dû nous rencontrer, je veux dire en vrai, finit par déclarer la jeune enseignante.

– C'est ce qu'on m'a dit. Mais il faut parfois savoir désobéir quand des vies sont en jeu. Ce qui nous arrive est grave, vous savez, assez pour que nous essayions ensemble de comprendre de quoi il retourne.

– Ce n'est pas seulement « grave ». Il y a de quoi y perdre la raison.

Elle le dévisagea :

– Je n'ai pas l'impression que cela vous affole plus que ça, reprit-elle. Est-ce que vous avez vraiment conscience de ce qui nous arrive ? De ce que signifie ce pouvoir de… ?

Ne parvenant pas à trouver les mots, ou plus sûrement n'osant pas pousser trop loin la logique effrayante de leur problème, elle se tut. Cela semblait même lui causer des difficultés à respirer. Clotaire prit le relais :

– Ce pouvoir d'agir sur le réel par l'intermédiaire de chimères qui ne devraient exister que dans notre imagination ? Franchement, non. Je nage en plein délire. Jusque-là, c'était plutôt sympa et pas vraiment inquiétant, mais depuis que je sais que je suis un meurtrier, ça change tout.

– Vers qui pourrait-on se tourner ?

– C'est trop tôt pour le dire. Dans les séries télé fantastiques – et croyez-moi je m'y connais, j'en bouffe à tous les repas – l'aide vient toujours de gens qui font partie du complot. Si les héros ont affaire à des envahisseurs extraterrestres, c'est un gentil *allien* en révolte contre son peuple qui va les sauver, si ce sont des fantômes tueurs, c'est un fantôme protecteur… Ce que je veux dire, c'est que si on doit attendre une aide, elle ne viendra pas de la partie visible de ce monde. Mais le plus urgent, c'est d'abord de garder les pieds sur terre et de ne pas céder à l'affolement. Ensuite, nous essayerons de comprendre ce qui nous arrive.

Il marqua une pause avant de conclure :

– C'est justement pour comprendre que j'ai enfreint la règle du jeu en prenant contact avec vous. J'aimerais avoir votre avis.

– Parce que vous pensez vraiment que je pourrais mieux que vous trouver une explication rationnelle ?

Clotaire esquissa un non de la tête.

– Ce n'est pas la seule raison ; j'ai aussi pensé que je devais vous prévenir que nous étions sûrement tombés dans un piège.

– Vous pouviez le faire par l'intermédiaire du compagnon d'Ambre.

– Oui, sauf si nous ne devions plus jamais nous retrouver dans le jeu. D'après ce que j'ai cru comprendre, nous sommes susceptibles d'être appelés en mission partout dans le monde. Cela dit, nous pourrions refuser d'obéir...

– Une solution plus radicale serait d'arrêter de jouer, suggéra Lucile.

– Raisonnablement, c'est ce qu'on devrait faire, admit pensivement Clotaire.

– Mais vous n'en avez aucune envie, n'est-ce pas ?

Clotaire fit semblant de réfléchir, puis rendit son verdict :

– Si, j'arrête tout.

Elle sourit.

– Comment vous appelez-vous ?

– Clotaire, Clotaire Morin.

– Vous me la faites façon 007 ?

Il baissa le regard et rougit légèrement.

– Non, c'est que... Clotaire tout seul, ça fait toujours un peu bizarre.

– Il est vrai que les Clotaire, ça ne court pas les rues. C'est vraiment votre prénom ?

– Absolument. Mon père était féru d'histoire. Quand ma mère lui a appris qu'elle était enceinte, il était en train de lire un livre sur les rois de France. Clotaire Ier, dit le Vieux, était le cinquième fils de Clovis. Son nom signifiait « Armée de gloire », ce que mon père a traduit en « armé pour la gloire ». Je me rends compte qu'à vingt-trois ans, je suis surtout armé pour me prendre ou distribuer des dérouillées dans les mondes virtuels. Je passe tout mon temps libre devant mes écrans, et le pas libre... devant des écrans aussi.

– Vous êtes informaticien ?

– Malheureusement.

– Pourquoi malheureusement ?

– Parce que je ne sais faire que ça.

– Je comprends. Mais depuis que vous êtes entré dans le monde merveilleux de *Héros*, vous avez sûrement appris plein de choses.

– À donner des baffes et à dessouder des types qui méritaient juste un séjour à l'ombre.

– Comment une telle chose est-elle possible, selon vous ?

– Si je le savais...

– Croyez-vous en Dieu ?

– Non. Et vous, croyez-vous au diable ?

La jeune femme se raidit. Elle se retint de se signer.

– Vous croyez que…

– J'aimerais mieux pas. Il doit bien y avoir une explication logique.

– Genre caméra invisible ?

– Version malade mental, pourquoi pas ? À moins qu'une sorte de savant fou nous manipule, comme des marionnettes, pour… pour…

– Oui, pour… ? Ça ne tient pas debout, vous le savez.

– Ça pourrait aussi être des extraterrestres ou des mecs débarqués de la quatrième dimension.

– On voit que vous avez des références. Les miennes sont plus traditionnelles : anges, démons… Dieu. Mais pas le diable, je déteste.

– Quoi qu'il en soit, il faut qu'on en sorte.

– D'après notre contrat, ce n'est pas le plus compliqué, fit remarquer Lucile, puisqu'il nous suffirait de cesser de nous connecter au site du jeu.

– J'aimerais le croire.

Un long silence s'instaura, puis soudain, constatant l'heure, Lucile écourta l'entretien :

– Je suis désolée, je dois vous mettre dehors, je reprends mes cours à treize heures trente.

– Et moi, on m'attend au bureau.

Il se leva, puis demanda gauchement :

– Est-ce qu'on pourra se revoir ?

– Non !

Elle esquissa un sourire espiègle.

– Pas avant dix-neuf heures, ici même. Enfin, si cela vous convient. Je propose que nous partagions un bon petit plat *Recettes de ma grand-mère.*

– J'en salive d'avance. Mais surtout ne vous compliquez pas la vie. J'ai des goûts simples.

Elle précisa :

– « Ôtez l'opercule, percez des petits trous dans le couvercle… » *Recettes de ma grand-mère* est un plat tout préparé.

Clotaire ne put retenir un éclat de rire. « Mon Dieu, ce beau sourire ! », soupira intérieurement la jeune femme.

***

L'informaticien était en train de mordre à belles dents dans un hamburger, quand lui vint une idée. Elle tombait à pic, car il n'avait aucune envie de retourner au travail. Aussi se hâta-t-il de terminer son repas fast-food, pour partir à la chasse aux accessoires indispensables à la réalisation de son projet.

Le jeune « génie » de l'informatique, du moins espérait-il l'être, car il n'avait pas la certitude de maîtriser toutes les subtilités techniques de la réalité augmentée, arriva avec vingt minutes d'avance devant le hall de l'immeuble de Lucile. Bien qu'il eût les bras chargés de cartons de produits informatiques, ainsi que d'un magnifique bouquet de fleurs, d'une bouteille de bon vin, d'une boîte de pâtisseries et d'un sachet de nounours en gélatine, son péché mignon, il fit trois fois le tour du pâté de maisons, de façon à ne se présenter que pile à l'heure.

À dix-neuf heures passées de quinze secondes, il était sur le paillasson de Lucile Hatias. Il se penchait pour presser du bout du nez la sonnette, quand la porte s'ouvrit tout d'un coup. Il sursauta et l'enseignante émit un oh ! suivi d'un petit rire joyeux.

– C'est pour moi tout ça ? demanda-t-elle. Il ne fallait pas.

– Euh... non, pas tout. Juste le bouquet et ces quelques gourmandises.

– Vous auriez pu monter plus tôt, vous savez, je vous ai vu passer trois fois devant l'immeuble avant d'entrer.

Clotaire rougit jusqu'aux oreilles.

– Vous me guettiez ?

– Non, non... c'est que je... j'étais sur mon balcon et... j'admirais le paysage en vous attendant.

Ce fut au tour de la jeune femme de virer au cramoisi. Ils se regardèrent, puis enfin Clotaire put s'alléger de ses achats sur un fauteuil, la table de la salle à manger étant dressée, avec jolie nappe brodée, bougeoirs et couverts du dimanche. Après avoir déposé à la cuisine ce qui relevait du plaisir des papilles, la jeune femme vint s'intéresser aux accessoires que son nouvel ami avait apportés :

– Qu'est-ce que c'est ? demanda-t-elle en retournant entre ses doigts un boîtier d'une célèbre marque d'informatique.

– C'est un transmetteur audio sans fil. Ça permet de se brancher sur la même source et d'entendre la même chose si on joue à deux à un même jeu. J'en ai acheté un aussi pour les micros et les lunettes 3D.

Elle le dévisagea, non sans une certaine anxiété.

– Qu'avez-vous l'intention de faire ?

L'enthousiasme du garçon se délita comme un château de sable sous une douche froide. Il n'était subitement plus tout à fait sûr que son idée ne présente aucun risque.

– Je vous propose que… Enfin, si vous êtes d'accord, que nous tentions une expérience.

– Partir tous les deux dans le jeu, c'est ça ?

– Oui.

– Pour quelle raison ferions-nous ça ?

– Parce que c'est le meilleur moyen de comprendre comment il fonctionne, et peut-être d'en déceler les failles. Un chercheur qui souhaite comprendre un phénomène inconnu n'agirait pas autrement. Il doit reproduire le phénomène pour l'observer ou à défaut prendre le risque d'y plonger.

– Admettons, mais je ne vois pas comment ça peut marcher. Et puis de toute façon, après notre mission, je suis retournée en Luciole dans ma voiture et là j'ai coupé la connexion. Mon avatar est donc forcément encore là-bas.

Clotaire réfléchit. Il n'avait pas pensé à ce détail.

– Dans ce cas, ce que je propose, c'est que nous nous retrouvions là où nous nous sommes quittés. Je vais me connecter et me dépêcher de vous rejoindre.

– Le plus rapide serait que ce soit moi qui vous rejoigne, puisque j'étais en voiture. Où était le compagnon d'Ambre au moment de votre déconnexion ?

– Si vous avez un plan de Paris, je vous l'indiquerai au millimètre près.

Elle marqua une hésitation.

– Qu'est-ce qu'on risque, à votre avis ?

– Que ça marche. À part ça, je ne vois pas.

– Je reconnais que ça pourrait être amusant… C'est d'accord, on va le faire !

Elle attrapa une chaise qu'elle alla placer à la droite de son fauteuil fleuri, face au mur d'écrans.

– Installez-vous, je vais chercher le plan, l'invita-t-elle avant d'ajouter en lui adressant un regard en coin : j'ai hâte de retrouver mon vaillant Protectueur… enfin, celui de Luciole.

## 13

# Les yeux dans les yeux

Équipement audio-vidéo 3D en place et en fonction, Clotaire et Lucile subirent de concert la phase de synchronisation. Ensuite, chacun retrouva avec un certain plaisir son avatar, à l'emplacement exact où il l'avait laissé la veille. Clotaire était assis sur la chaise comme sur le banc du jardin public qui, à travers les yeux du compagnon d'Ambre, lui apparut désert à cette heure tardive où s'annonçait un crépuscule rougeoyant. Sa voisine s'était installée dans son fauteuil comme au volant de sa voiture, bras tendus, serrant dans ses mains fines un volant fictif.

– Lucile, que voyez-vous ? demanda le jeune homme.

– La même chose que vous, j'imagine…

Elle s'interrompit.

– Mais non, c'est impossible ! réalisa-t-elle. Il ne peut pas y avoir deux images différentes sur un seul écran.

– Eh bien si, justement. Moi, je vois le square, avec ses arbustes et ses parterres. Et vous une rue à travers un pare-brise, je suppose.

Elle acquiesça. Il souleva ses lunettes et constata avec stupeur que l'image diffusée sur le mur d'écrans était totalement floue. Rabaissant le dispositif multimédia devant ses yeux, il eut à nouveau la vision en relief que son avatar lui donnait de son environnement verdoyant.

– Incroyable, souffla-t-il. Le jeu a automatiquement pris en compte notre position pour incruster sur nos verres l'image adéquate.

– Comment est-ce possible ?

– Franchement, mes compétences techniques sont dépassées.

Lucile ôta vivement ses lunettes pour se prendre le visage dans les mains.

– Mon Dieu, mais qu'est-ce que nous sommes en train de faire ? gémit-elle.

– Rien de mal. Nous essayons juste de nous sortir d'une situation qui a forcément une explication.

– C'est justement elle qui me fait peur.

– Moi aussi, mais bon… Est-ce que nous continuons ?

– Au point où nous en sommes.

Clotaire retint un sourire, car ce qu'il redoutait le plus était que sa compagne panique et sorte du jeu.

– C'est quoi, votre voiture ? demanda-t-il pour détendre l'atmosphère.

– Une Twingo jaune.

– Ils auraient pu vous fournir autre chose que ce pot de yaourt.

– Ne vous moquez pas, c'est vraiment ma voiture.

Sans difficulté ni incident, Luciole parvint devant ce square où elle devait rejoindre son Protectueur. Le trajet depuis la banlieue sud fut à la fois divertissant et stressant, car désormais elle savait que si elle écrasait un piéton ou emboutissait un autre véhicule, c'était pour de vrai. Elle s'appliqua à faire un beau créneau pour garer sa voiture, puis se hâta d'aller s'asseoir à côté du compagnon d'Ambre, sur ce banc où le matin même les papys papotaient, litron en main. Durant un moment, ils demeurèrent ainsi, côte à côte, en évitant de se regarder, fixant les parterres de fleurs devant eux, ne cessant de se demander par quels miracle ou prouesse technique insensée ils vivaient cette expérience quasi surnaturelle.

– Je crois que je commence à comprendre, finit par déclarer le jeune homme.

– Moi, je nage en plein délire.

– Nous savons que ce jeu ne fonctionne pas comme les jeux de simulation normaux, où des personnages virtuels se déplacent et agissent dans un environnement tout aussi immatériel. Celui-là crée de la réalité *dans* la réalité, d'où son réalisme et surtout la fabrication d'avatars aussi physiques que nous, les joueurs, puisqu'ils sont capables de provoquer des événements dans notre monde matériel. Question : comment fait-il ?

– Vous auriez une hypothèse ?

– J'en ai une, qui vaut ce qu'elle vaut... Je crois que c'est dans notre tête, au plus profond de notre esprit qu'il faut chercher la clé du mystère, là où se trouve l'âme et, s'il existe, le souffle créateur. Le jeu serait capable de nous obliger à puiser dans nos désirs, nos fantasmes et notre mémoire l'inspiration pour façonner cette créature idéale qu'est notre avatar. Et il utiliserait le pouvoir de la volonté créatrice de l'humain pour matérialiser un être de chair, qu'on peut faire bouger et parler aussi aisément que notre corps.

– Je ne vois pas très bien où vous voulez en venir.

– À ceci : nous serions confrontés à un phénomène de matérialisation de la pensée. Autrement dit, nos avatars seraient de pures créations physiques de l'esprit !

– L'art de matérialiser la pensée, cela s'appelle la sculpture, traduisit Lucile, plutôt réservée sur la validité de l'hypothèse, et pourtant assez troublée.

– Jamais je ne me serais cru capable de sculpter un fantasme avec un tel talent, commenta le jeune homme.

Un court silence passa, puis il reprit, comme pour lui-même :

– J'ai déjà entendu parler de phénomènes paranormaux de ce type. C'était à l'époque du spiritisme et d'Allan Kardec.

– Les ectoplasmes ?

– Non, je pense plutôt aux images-pensées. Ce sont les désirs qui prennent forme… J'essaierai de retrouver ça sur Internet. En attendant, si on se regardait ?

Ils tournèrent lentement la tête l'un vers l'autre, et ce furent leurs visages d'avatar qu'ils virent dans leurs lunettes de réalité augmentée, alors qu'ils ne fixaient plus les écrans.

– Incroyable ! J'hallucine ! souffla Clotaire-compagnon d'Ambre, abasourdi.

– Je me demande si je vais m'en remettre, murmura Lucile-Luciole.

Ils avaient des têtes de stars qui rendent les foules hystériques, mais dans leurs yeux, pourtant de couleur différente du modèle-source, c'était bien le reflet de leur âme qui transparaissait, leur authentique identité. Ils se contemplèrent un moment, sans parvenir à articuler un commentaire, puis il fallut que Clotaire vienne rompre le charme :

– T'as de beaux yeux tu sais, dit-il en tentant d'imiter la voix de Jean Gabin.

Et Lucile de donner la réplique :

– Embrassez-moi.

– Pardon ?

L'enseignante se secoua.

– Euh, rien… Excusez-moi, j'étais dans les brumes.

– Hum, subtil. Et si l'on faisait un petit tour sur le quai ?

Clotaire se leva de sa chaise puis, tout en restant face à l'installation, commanda d'un mouvement de main le défilement du décor vers sa droite. Luciole entra dans son champ de vision, assise sur le banc, dans son costume de Sentinelle de Gaïa, belle à faire se damner un sacristain.

– Donc ça marche, conclut-il.

– Il semblerait, confirma Lucile-Luciole. Mais je ne suis pas certaine que ce soit une bonne nouvelle.

– Pourquoi ?

– Justement, c'est le mot : pourquoi ? Pourquoi un tel phénomène est-il possible, alors qu'il enfreint les règles du jeu ?

Clotaire-compagnon d'Ambre plissa une moue dubitative. À vrai dire, en ces instants concrètement fantastiques, il s'en fichait. C'est alors que lui vint une nouvelle idée, encore plus folle que les précédentes. Lucile-Luciole s'inquiéta de son brusque changement d'expression :

– Qu'est-ce qu'il vous arrive ?

– Sortons d'ici, j'ai quelque chose à vous montrer.

– D'ici où ? De chez moi ou du square ?

– Pardon, je m'adressais à Luciole. Allons récupérer votre voiture, et si vous me le permettez, j'aimerais conduire.

– À condition que vous n'écrasiez personne pour vous amuser.

Quelques feux tricolores plus loin, Lucile-Luciole comprit vers quelle mystérieuse destination son compagnon la conduisait.

– Clotaire, détrompez-moi, vous n'allez pas faire ça ?

– Je vais me gêner.

– Le Maître du jeu ne l'autorisera jamais.

– Et alors ? Nous sommes libres, non ?

– Toujours. Jusqu'à ce que les limites soient transgressées.

# 14
# Confrontation surréaliste

Le compagnon d'Ambre gara la Twingo sur le parking privé, derrière l'immeuble de Lucile. Ils en descendirent sans échanger un mot, ni même un regard, comme s'ils s'apprêtaient à commettre un terrible sacrilège et que déjà la honte était sur eux.

– C'est par ici, indiqua Luciole, la voix chargée d'émotion.

Dans la pénombre du jour déclinant, ils franchirent la porte de service, puis gagnèrent l'ascenseur.

– C'est au deuxième, annonça la jeune femme.

– Ah bon ? fit mine de s'étonner son compagnon.

Elle eut un sourire crispé.

– Pardon, je perds la boule… Je crois que je ne vais pas pouvoir aller jusqu'au bout, avoua-t-elle.

– Je comprends, dit le Protectueur tout en fixant au-dessus d'eux les petits chiffres lumineux de l'indicateur d'étages. Si vous voulez, vous pourrez m'attendre sur le palier.

– Oui… enfin, non. Je ne veux pas rester seule.

Elle se prit la tête dans les mains.

– Mais qu'est-ce que je raconte ?

Les portes coulissantes s'écartèrent. Ils sortirent de la cabine, puis tournèrent la tête sur leur gauche vers l'appartement de Lucile Hatias, reconnaissable à son paillasson hérisson. Le compagnon d'Ambre s'y rendit, mais n'osa pas presser le bouton de la sonnette sur laquelle était indiqué le nom de sa locataire. Il prit une profonde inspiration :

– Bon sang, c'est bien la première fois que j'ai le trac avant un rendez-vous avec moi-même.

Luciole émit un rire un peu crispé.

– Compagnon d'Ambre, j'adore votre humour. Ça détend l'atmosphère. Vous sonnez ?

Le Protectueur se ressaisit, se lissa les cheveux aux tempes, et enfin fit tinter le…

… carillon retentit dans l'appartement. Lucile tressaillit. Devant elle, l'écran plasma était occupé par l'avantageuse carrure de son Protectueur qui se tenait face à sa porte d'entrée vert sapin. Clotaire, pour sa part, ne voyait par les yeux du compagnon d'Ambre que la surface lisse et légèrement luisante de la porte vernie. Il baissa les yeux sur la poignée. Après une dernière hésitation, il fit poser dessus la main de son avatar.

– J'entre ?

– Bien sûr, répondit Lucile presque murmurant.

Par nécessité technique, tous deux se tenaient debout côte à côte devant le mur d'écrans. Lucile frémissait comme une feuille. Par les yeux de Luciole, elle vit le Protectueur ouvrir la porte et franchir le seuil de son logement. Elle le suivit dans le vestibule puis, sur sa droite, aperçut au fond du salon le fauteuil fleuri, *son* fauteuil ! Devant était planté une femme en jupe plissée marron, *elle !* avec une tête, *sa* tête, à la chevelure brune coiffée en queue-de-cheval. À sa droite, un grand jeune homme en sweat-shirt et jean noirs, Clotaire, était en train de se regarder regardant dans le salon.

– Fascinant ! Absolument fascinant ! murmura l'informaticien.

Mimant la marche, il fit entrer son avatar dans la pièce. La mise en abîme devint dès lors totalement surréaliste, puisqu'il se voyait de dos sur le téléviseur, en train de se voir de dos sur le téléviseur.

– Quand je vais me retourner...

Il s'interrompit. Derrière lui, le compagnon d'Ambre venait de prononcer ces mêmes mots en parfaite synchronisation.

– Quand je vais me retourner, il va disparaître, termina-t-il à deux voix.

– Un, deux... un, deux trois, dit Lucile, comme on teste une sonorisation.

Derrière elle, son avatar fit écho, tout en observant Lucile en train de s'observer à travers ses drôles de lunettes. Cette situation invraisemblable lui flanqua la chair de poule. Elle s'empara de la main de Clotaire. Luciole fit de même avec le compagnon d'Ambre.

– Je crois que je vais m'évanouir, prévint-elle.

– S'il vous plaît, pas maintenant !

Clotaire la prit par l'épaule et l'encouragea, la serrant contre lui afin qu'elle ne s'effondre pas :

– Dites-vous que ce ne sont que nos doubles ! Qu'a-t-on à craindre de nous-mêmes ?

Le Protectueur avait pareillement passé son bras sur les épaules de Luciole.

– J'ai toujours été persuadée que le meilleur ennemi de l'homme était lui-même, déclara Lucile-Luciole.

Rassuré par cette réplique digne d'un sujet de café philo, Clotaire-compagnon d'Ambre lui suggéra :

– Retournons-nous et vous verrez que nos beaux fantasmes incarnés vont s'évaporer comme si nous n'existions pas.

– J'adore votre optimisme surréaliste, commenta-t-elle. « Et aussi quand vous me prenez dans vos bras. »

– Nous devrions peut-être enlever nos lunettes, suggérèrent le jeune homme et son avatar.

– Bien sûr, approuvèrent Lucile et Luciole, puisqu'elles ne sont utiles que pour la vision en relief.

D'un même mouvement, ils se débarrassèrent de l'accessoire et retrouvèrent une vision normale. L'image sur les écrans leur apparaissait désormais légèrement floue, en raison des deux projections décalées de la diffusion en relief.

Lentement, ils se retournèrent.

– Ça alors ! s'extasia Clotaire-compagnon d'Ambre.

– Dieu du ciel, ils sont encore là ! constata catastrophée Lucile-Luciole.

Leurs avatars n'avaient donc pas disparu, comme l'eût voulu la logique. Mais où se trouvait la logique dans une telle aventure ?

– Alors, là, chapeau ! Ça dépasse tout ce que j'aurais été capable d'imaginer, même pour un roman fantastique, commenta Clotaire-compagnon d'Ambre.

– Vous devriez songer à écrire celui-là.

– Si vous m'aidez, je veux bien. Parce qu'en français, je ne suis pas aussi bon qu'en pilotage de vaisseaux spatiaux.

La stéréoscopie de ces échanges donnait une sensation proche de celle de l'orateur s'exprimant dans un micro, sans effet de résonance ni bien sûr amplification. Clotaire souleva son bras droit et se toucha le front. Le compagnon d'Ambre fit de même. Il se gratta le ventre. Le compagnon d'Ambre l'imita à la perfection.

– Incroyable ! Comment nous trouvez-vous, Lucile ? Je veux dire, en vrai ? Enfin, disons plutôt en chair et en os… quoique, ce ne sont peut-être que des mirages.

– Essayez de lui serrer la main, suggéra Lucile.

– Bonne idée.

Clotaire s'avança main tendue vers son avatar. Les deux hommes se gratifièrent d'une vigoureuse poignée de main, assortie d'un sourire commercial plutôt comique.

– Il a la poigne ferme... et chaude, commentèrent-ils. Essayez, Lucile. Vous verrez, c'est troublant.

– Voyons Clotaire, entre filles on se fait la bise !

Lucile et Luciole se donnèrent une brève accolade, puis soudain portèrent la main à leur cœur.

– Il faut que je boive un remontant, dirent-elles.

– Justement, c'est l'heure de l'apéro ! s'exclamèrent les garçons. Nous devrions nous offrir un pot !

– Vous croyez qu'ils vont s'asseoir à table, comme des invités disciplinés ?

– Si nous leur en donnons l'ordre, pourquoi pas ? Allez, mon grand, viens à table ! Prends cette chaise. Moi, je me mets en face.

Et c'est exactement ce qu'ils firent, dans une coordination de gestes effarante. L'informaticien en déduisit que les modèles-source disposaient d'un certain pouvoir d'action sur leur avatar, comme un manutentionnaire sur un instrument commandé à distance. Clotaire procéda à quelques vérifications, telles qu'ordonner par la pensée à son double clooneysque de se gratter le nez, tandis que lui-même gardait les bras le long du corps. Il put ainsi lui faire exécuter divers mouvements, sans déployer de gros efforts de pensée. En revanche, dès qu'il cessait d'exercer sa volonté sur lui, le compagnon d'Ambre se synchronisait de nouveau sur son modèle-source.

– Vous ne m'avez pas répondu, Lucile, comment nous trouvez-vous ? demanda-t-il, après qu'il eut bien joué avec son élégante doublure.

L'enseignante considéra longuement Luciole, qu'elle avait fait asseoir en face d'elle.

– C'est bizarre, finit-elle par répondre, mais j'ai envie de dire que je nous trouve, non pas beaux, mais très réussis en Protectueur et Sentinelle de Gaïa, comme on le dirait d'un mannequin de cire au musée Grévin. Et à la réflexion, je me demande si je ne préfère pas l'original.

– Je suis assez d'accord, avoua-t-il.

Il prit le verre qui se trouvait devant lui, alors que son double n'en disposait pas, puis le porta à ses lèvres. L'avatar mima le geste de boire avec un verre invisible. Cela fit éclater de rire les jeunes gens. C'est alors que l'hilarité de Clotaire s'éteignit d'un coup. Sans explication, il se leva pour aller reprendre ses lunettes de vision 3D, qu'il avait posées sur sa chaise, à côté du fauteuil.

– Que faites-vous ? l'interrogea Lucile-Luciole.

Il chaussa l'accessoire, puis regarda le mur d'écrans.

– Vous devriez me rejoindre et mettre vos lunettes.

## 15

# Le Maître du jeu met fin à la récré

Les joueurs semblaient ne pas en mener large, bien qu'ils s'efforçassent de ne pas avoir l'air d'enfants fautifs. Pourtant, c'était bien d'une comparution qu'il s'agissait, devant un juge plus que jamais digne et froid dans son costume trois-pièces impeccable. Pas un cheveu ne dépassait, pas une lueur d'humanité dans l'œil.

– Monsieur Morin, mademoiselle Hatias, vous avez enfreint l'une des règles les plus fondamentales du jeu, commença-t-il sur un ton neutre.

– Eh oui, soupira Clotaire, tel un garnement insolent.

– Je dois donc intervenir. L'article 8 de notre code de bonne conduite fait interdiction à tout joueur de tenter d'en rencontrer un autre, hormis par l'intermédiaire de son héros. Vous avez par surcroît commis une faute qui n'est même pas répertoriée…

– Vous devriez nous en féliciter au lieu de jouer les pères Fouettard ! l'interrompit Clotaire, agressif. Il fallait oser, non ? Seuls les vrais héros sont capables de dépasser les limites, à commencer par celles de la raison. Vous êtes bien d'accord avec moi, Lucile ?

– Je ne sais pas. Tout dépend de ce qu'il y a au-delà de la raison.

– Un autre monde, répondit spontanément le jeune homme.

– Dans votre cas, il s'agira du néant, enchaîna le Maître.

– En clair, vous nous menacez de quoi ? demanda Clotaire.

– Vous avez enfreint une loi vitale du jeu. Cela signifie que votre personnage sera éliminé, de manière totale et définitive.

– C'est tout ?

– Parmi les catégories de rôles répertoriées par le jeu, poursuivit le Maître sur le même ton neutre, l'une est spécialisée dans ce genre de missions, ce sont les Éliminatueurs. Ceux qui se chargeront de votre cas seront recrutés parmi les membres de la tribu des Loups de Baphomet. Au nom du Créateur du jeu, je vous exprime nos regrets pour cet épilogue fâcheux. C'est la dernière fois que nous nous voyons. Je ne vous dis donc pas au revoir, car cela n'aurait pas de sens.

– Et pourquoi pas Game over !

– D'ici à ce que les Éliminatueurs vous aient effacés, il vous est loisible d'utiliser toutes les fonctionnalités du jeu.

Le Maître et son environnement gris disparurent, remplacés par le salon occupé par Lucile et Clotaire vus de dos, se voyant de dos par les yeux de leurs avatars qu'on venait de condamner à mort.

– Bon, lâcha Clotaire, qu'est-ce qu'on fait ?

– D'abord, éteignons ces écrans. Ils me sortent par les yeux, si je puis dire. Ensuite, passons à table. J'en ai plus qu'assez de toutes ces bizarreries !

– Bizarre, bizarre, murmura Clotaire.

– Bizarre ? Vous avez dit bizarre ?

– Moi, j'ai dit bizarre ? répliqua le garçon en lorgnant la jeune femme d'un air étonné.

– Mais oui, cher ami, vous avez dit bizarre, bizarre en regardant votre dos.

– Tiens, tiens, j'ai dit bizarre ? Comme c'est bizarre.

Et ils éclatèrent de rire, se prirent les mains, puis se rapprochèrent et leur cœur se mit à battre la chamade… quand soudain, le carillon de la porte d'entrée retentit.

Le charme rompu par ce tintement intempestif, telle une enclume tombant sur un gâteau d'anniversaire, mit les deux complices de mauvaise humeur, surtout Lucile.

– Vous attendiez quelqu'un ? demanda Clotaire.

– Non, mais j'ai ma petite idée. J'ai bien peur que ce soit ma mère. Cela lui arrive parfois de débarquer à l'improviste, quand elle a le cafard. Vous voulez bien éteindre l'ordinateur ? Et dites-moi quand je pourrai ouvrir.

– Ce serait amusant qu'elle fasse connaissance avec nos avatars, non ?

Il regarda le sien qui affichait le même petit sourire malicieux.

– Je ne crois pas, trancha Lucile-Luciole. Faites vite, s'il vous plaît.

À l'instant même où Clotaire déconnecta l'installation d'Internet, Luciole et le compagnon d'Ambre s'évaporèrent.

– C'est bon, nos amis sont partis !

Dans le vestibule, Lucile s'apprêtait à déverrouiller la serrure du haut quand un pressentiment lui suggéra de jeter d'abord un œil dans le judas. Elle étouffa un hoquet de surprise, recula, une main sur la bouche, puis retourna dans le salon.

– Clotaire, ce n'est pas ma mère, dit-elle, livide.

– À voir votre figure, on croirait que c'est votre fiancé, plaisanta son hôte, non sans une petite arrière-pensée.

Elle n'eut pas la présence d'esprit de saisir l'occasion pour lui avouer qu'elle était célibataire, TRÈS célibataire.

– Il vaudrait mieux que vous veniez voir, dit-elle simplement.

# 16

# La proposition de Ghoster

L'estomac noué d'appréhension, Clotaire alla se rendre compte par l'œilleton à quoi ressemblait ce mystérieux visiteur du soir.

– Vous ne le connaissez pas ? murmura-t-il.

– Non, absolument pas ! Est-ce que j'ouvre ?

– Si c'est un éliminatueur, il vaudrait mieux s'abstenir… ou alors pour le neutraliser. Vous avez votre Taser ?

– Bonne idée ! Je vais le chercher.

Durant ce temps, Clotaire examina par le judas ce singulier personnage qui attendait sagement sur le palier, mains croisées devant lui, détendu, avec un petit air angélique qui le rendait doublement suspect.

– C'est bon, vous pouvez y aller, annonça Lucile en se plaçant à droite, de manière à se trouver dissimulée derrière le battant, une fois celui-ci ouvert.

Nullement étonné que ce fût un jeune homme et non une femme qui lui ouvre, l'inconnu se fendit d'un grand sourire.

– Bonjour monsieur Morin.

– Bonjour, répondit Clotaire, décontenancé. Que puis-je pour vous ?

– Bonjour à vous aussi, mademoiselle Hatias. Vous savez, il ne sera pas nécessaire de m'électrocuter, je ne suis pas venu vous assassiner.

– Qui êtes-vous ? demanda l'informaticien.

L'homme feignit d'être gêné par la question, comme s'il hésitait sur la meilleure réponse à fournir.

– Nous dirons un ami qui vous veut du bien.

Il salua d'une légère inclinaison du buste l'apparition de Lucile qui se sentit un peu ridicule avec son gros Taser. L'homme ne manifesta aucune impatience à ce qu'on l'invitât à entrer. Au contraire, il semblait savoir qu'il lui fallait laisser du temps aux jeunes gens pour le décortiquer du regard et se poser mille et une questions à son sujet.

Lucile ne vit d'abord qu'un très bel homme, à l'élégance ravageuse d'un gentleman de film hollywoodien des années 1950-1960. Son costume trois-pièces était d'un blanc immaculé, sur une chemise jaune paille fermée par une cravate de soie safran. C'était un sexagénaire grisonnant à la ride discrète et sage, au teint légèrement hâlé. Ses traits n'étaient pas fins, car ce n'était pas un homme mince, mais très délicats. À l'évidence, ce visage savait montrer les expressions les plus subtiles. Il affichait en l'occurrence une totale bienveillance qui ne fit, paradoxalement, qu'attirer la méfiance des deux jeunes gens.

Clotaire s'estimait expert en personnages à double face. Or celui-là frisait la caricature, avec son attitude faussement détendue, son regard d'un bleu si limpide qu'il en était dérangeant, et surtout son allure de saint Pierre déguisé en aristocrate. L'homme devait savoir lire dans les pensées, ou à défaut sur les visages, car il s'excusa :

– Je sais, j'ai davantage l'air d'un représentant de commerce du Bon Dieu que d'un ami qui vous veut du bien. Mais j'ai pensé qu'en me présentant ainsi, vous en déduiriez plus aisément mon rôle dans le jeu.

– Laissez-moi deviner, enchaîna Clotaire, vous êtes l'ange gardien de service.

Le sourire de l'inconnu s'élargit.

– Absolument ! approuva-t-il.

Derrière lui, les portes de l'ascenseur s'ouvrirent et un couple prit pied sur le palier. Ils saluèrent Lucile qui leur adressa un petit signe de la main. Soudain, elle s'aperçut avec consternation qu'elle tenait dans l'autre son arme de défense. Elle se hâta d'inviter l'inconnu à entrer. Ils allèrent ensuite s'installer autour de la table à manger.

– Vous vous apprêtiez à dîner, remarqua le visiteur. Je suis confus de vous importuner à cette heure.

– Ça ne fait rien, répliqua Lucile. Avant vous, nous avons eu une visite qui nous a coupé l'appétit.

– Je devine, fit l'homme en jetant un regard à sa droite vers le home cinéma.

– Nous sommes prêts à vous écouter, dit Clotaire qui s'était assis de l'autre côté de la table, avec Lucile.

– Merci. Ce ne sera pas long.

– Je suppose que vous n'avez pas de nom, comme le Maître du jeu, persifla le garçon.

– Mais si. Ne me prenez pas pour ce que je ne suis pas, monsieur Morin. Je m'appelle Teddy Ghoster, je peux vous montrer mon passeport si vous le voulez.

– Continuez, je vous en prie, intervint Lucile qui n'aimait pas le climat instauré par Clotaire. Nous ne sommes pas dans un commissariat.

L'homme esquissa un sourire reconnaissant, puis reprit :

– Je suis ce qu'on appelle un homme d'affaires. C'est ce qu'on dit, n'est-ce pas, quand on ne tient pas à être trop précis ? Avec vous, ce sera différent, car je dois gagner votre confiance. Je dirige plusieurs sociétés d'ingénierie informatique à travers le monde. Le plus souvent, ce sont de toutes petites structures, des *start-up* ultra-spécialisées. Je ne crois pas que je vous étonnerai si je vous avoue m'être fait piéger par un jeu de rôle un peu spécial, qui porte le nom alléchant de *Héros*.

Au fur et à mesure que l'homme s'exprimait, détendu et apparemment sincère, Clotaire laissait une à une tomber ses défenses. Il se tenait néanmoins prêt à les relever en un instant.

– Quel personnage vous a-t-on fait jouer ? demanda-t-il.

L'homme baissa la tête comme pour dissimuler un sourire, sans doute à l'évocation de ce souvenir :

– Explorateur.

– Intéressant, releva Luciole. Et qu'avez-vous exploré ?

– Les grandes forêts équatoriales. Au début, pour le seul plaisir de l'aventure et de la découverte. Puis, de simple voyageur, je devins rapidement une sorte de mercenaire. Oh, certes pour la bonne cause, puisque je défendais la nature et ses habitants, fragilisés par l'invasion de la civilisation, entendez les victimes des forestiers industriels. Je n'ai pas besoin de vous en dire davantage. Vous avez compris et je ne suis pas venu pour vous parler de ça.

– Comment savez-vous qui nous sommes ? Et dites-nous aussi comment nous avons été piégés par le jeu, l'interrogea Clotaire.

– J'y viens, ne vous inquiétez pas. Comme vous, j'ai donc été une Sentinelle de Gaïa, plus disciplinée cependant, du moins jusqu'à ce que j'apprenne que mes actions, plus exactement celles de mon avatar, avaient un impact sur le monde réel. De la même façon que vous, je pense, j'ai été effrayé par cette double vie que je croyais purement virtuelle. N'étant ni lâche ni résigné, j'ai cherché à comprendre comment un tel phénomène était possible, et naturellement qui tirait les ficelles. Pour cela, j'ai mis l'une de mes sociétés sur le coup. Autrement dit, je l'ai transformée en pirate du web. Comme je disposais d'informaticiens parmi les meilleurs de la planète, je n'ai pas tardé à découvrir où était géré le site Internet sur lequel se connectaient les victimes du jeu. Jusqu'à ce jour, je n'ai pas été découvert par ces gens…

– Ils sont plusieurs ?

– Forcément, répondit l'homme. Et croyez-moi, je ne tiens pas à devenir un contrat pour les Éliminatueurs.

– Pouvez-vous nous dire à qui nous avons affaire ? demanda Lucile.

– Pour le moment, je ne souhaite pas entrer dans les détails.

– Vous nous direz au moins comment vous avez pu obtenir des informations sur nous ? l'interrogea Clotaire.

L'homme lui adressa un regard complice.

– Est-ce nécessaire ? Vous qui êtes du métier, vous devriez aisément deviner comment il est possible de suivre en temps réel l'activité de n'importe quel internaute. J'ai par exemple assisté en direct à vos exploits chez ce minable receleur de banlieue.

Clotaire fronça les sourcils et préféra ne pas répliquer. C'est Lucile qui s'en chargea :

– Ce n'était pas de sa faute, le défendit-elle.

– Je sais. Venons-en maintenant à l'objet de ma visite. Ensuite, je vous laisserai tranquillement dîner… et digérer, ajouta-t-il.

Lucile proposa un verre au visiteur, mais il refusa, puis enchaîna :

– D'abord, je suis venu vous parler de votre situation, car il est probable que vous n'en ayez pas encore saisi toute la gravité. Le Maître vous a annoncé qu'en raison de votre violation d'une loi vitale de la règle du jeu, vous seriez traqués et effacés par des Éliminatueurs. Sans doute en avez-vous déduit qu'il vous suffirait de ne plus vous connecter sur le site pour demeurer invisibles et introuvables, donc en sécurité. Détrompez-vous. Les Éliminatueurs ne chassent pas que les avatars de joueurs condamnés à l'effacement. S'ils ne peuvent les trouver, ils s'en prennent directement au modèle-source, qu'ils assassinent comme le ferait n'importe quel tueur à gages. Monsieur Morin, le compagnon d'Ambre a abattu un homme aussi vivant que vous l'êtes, avec une balle aussi meurtrière que celles qui remplissent les chargeurs de vos armes. Ce que vous devez réaliser, c'est que, connectés ou pas, vous et Mlle Hatias êtes désormais des morts en sursis.

– Mon Dieu, vous dites cela avec une telle brutalité ! s'indigna Lucile.

– J'en suis conscient et vous prie de m'en excuser. Mais il est indispensable que vous preniez très vite la mesure du danger qui pèse sur vos vies. Croyez-moi, vous n'êtes pas les premiers à vous être fait prendre à ce jeu mortel.

– Nous irons voir la police ! annonça Lucile.

Teddy Ghoster plissa une moue dubitative, puis commenta :

– Je vous souhaite bon courage pour leur expliquer comment vous en êtes arrivés là, et pour réussir à les convaincre de vous accorder une protection rapprochée, jour et nuit, comme si vous étiez des ministres. Et je vous souhaite aussi bonne chance pour que vous surviviez le plus longtemps possible. Ce sera désormais votre défi, dans une partie où le temps est sans importance.

Il marqua un silence afin que ses interlocuteurs assimilent bien le message.

– Nous sommes quelques-uns à nous être rebellés contre cette fatalité funeste imposée par le jeu, reprit-il. Car sachez que même les joueurs les plus respectueux du règlement finissent tôt ou tard par y laisser la vie, d'une manière ou d'une autre. Si vous le voulez, il vous est possible de nous rejoindre. Vous deviendrez alors des Insoumis. Vous serez les guerriers d'une armée des ombres engagée dans une confrontation impitoyable et secrète, sans prisonnier, avec de vraies victimes, mais aussi de vrais héros.

– Des guerriers de l'ombre, répéta Clotaire. Pardonnez-moi, monsieur Ghoster, mais est-ce que j'ai une tête de guerrier ?

– Vous, peut-être pas. En revanche, votre avatar en a toutes les caractéristiques, comme le vôtre, mademoiselle Hatias.

Lucile ne réagit pas, figée d'ahurissement. Clotaire demanda :

– En somme, vous nous proposez de devenir des résistants, comme ceux de 1940 ?

– Bien davantage, en vérité. Mais je ne puis vous en dire plus tant que je n'aurai pas la certitude que vous acceptez de nous rejoindre, sachant que pour nous aussi il s'agit d'un engagement à la vie à la mort… comme en 40, termina-t-il avec malice.

Un nouveau silence s'établit, durant lequel Clotaire tenta de mettre un peu d'ordre dans ses pensées. Jamais de sa vie, il n'avait envisagé devenir une sorte de X-men ou de Néo, le héros de la série *Matrix*, qui justement était informaticien. Le souvenir de ces mondes de cauchemar lui inspira une peur irrépressible, qui lui fit soudain rejeter tout en bloc.

– Non, je ne mettrai pas le doigt dans cet engrenage, annonça-t-il. Désolé, monsieur Ghoster, la guerre en vrai c'est pas pour moi.

– Rien ne vous oblige à répondre ce soir, ni même demain, déclara Teddy Ghoster avec calme. En fait, rien ne vous oblige à rien. Et vous, mademoiselle, que décidez-vous ?

– Que voulez-vous que je vous dise ? Je suis professeur de français, pas Catwoman ni Lara Croft.

Elle émit un soupir de lassitude avant de conclure :

– Je ferai comme Clotaire, je me tiendrai à l'écart de ces histoires aussi longtemps qu'il sera possible. D'ailleurs, pour commencer, je me débarrasserai de ces appareils. Je ne vais même pas les vendre, je vais les donner !

Le visiteur hocha négativement la tête.

– Ne faites surtout pas ça, pas avant d'avoir vu de quoi les Éliminatueurs sont capables. Vous pourriez le regretter amèrement. Croyez-moi, quelques jours de réflexion sont nécessaires.

Il se leva.

– Je ne vous laisse pas ma carte, pour des raisons de sécurité élémentaires. En revanche, si vous souhaitez me joindre, je vais vous donner mon numéro de téléphone mobile. Apprenez-le par cœur et ne l'oubliez pas, car ce ne sera pas moi qui reprendrai contact avec vous. Il s'agit du 06 66 01 54 79.

Il le répéta trois fois, puis sur un sourire navré se détourna et partit. Lucile était si effondrée qu'elle n'eut pas la présence d'esprit de l'accompagner jusqu'à la porte. Et elle éclata en sanglots contre l'épaule de son compagnon d'infortune.

# 17

# Premières émotions fortes

Le dîner se déroula dans une ambiance en harmonie avec celle des événements qui bouleversaient la vie de ces deux célibataires endurcis, un cran au-dessus toutefois : la peur et l'ébahissement, qui troublaient leur jugement, se mêlaient à l'excitation et à la joie de vivre non pas une, mais des aventures. L'angoisse de l'avenir était renforcée par la tentation de s'engager dans une double existence qui, certes, pouvait être courte, mais assurément fertile en émotions. Or, n'est-ce pas l'émotion qui donne toute son intensité à la vie ? Pour ces deux jeunes gens en tout cas, qui de l'adolescence n'avaient connu que les complexes et les difficultés à se trouver une place dans la société, c'était comme…

– Comme la découverte d'un nouvel horizon ! reconnut Lucile, s'exaltant après s'être lamentée à l'idée de ne jamais plus revoir sa mère et ses élèves, mais aussi après avoir terminé son deuxième verre de succulent bourgogne.

– L'ennui, commenta Clotaire, c'est qu'horizon, ça rime avec illusion…

– Et oraison funèbre, enchaîna la jeune femme.

– Oui, enfin presque. C'est pourquoi je n'ai définitivement aucune envie de courir après un mirage pour finir momifié au milieu du désert.

– Que va-t-on faire, alors ?

– Franchement, je n'en ai aucune idée.

– Il faudra pourtant bien que nous prenions une décision.

– *Wait and see*, je ne vois que ça à faire pour le moment.

– Et pour le jeu ?

Clotaire prit un temps de réflexion avant de répondre :

– Je suggère que nous laissions nos ordinateurs en mode veille, de manière à pouvoir nous connecter rapidement en cas d'urgence.

– Pour quoi faire ?

– Sait-on jamais, si nous avions besoin de nos avatars. À quatre, on est toujours plus forts qu'à deux, n'est-ce pas ? Sans compter que nos doubles sont plus doués que nous pour distribuer les baffes et envoyer les pruneaux.

Lucile approuva de la tête, sans conviction. Elle se leva, puis commença à débarrasser.

– Je vais vous aider, proposa son hôte.

– Non, non, laissez. Je ne ferai de toute façon pas la vaisselle ce soir.

– Il est quelle heure ? Fichtre ! Deux heures du matin. Je comprends pourquoi je suis fatigué.

Des assiettes dans une main, le plat à tarte dans l'autre, Lucile le dévisagea avec une drôle d'expression. Elle avait un peu pâli et semblait avoir des difficultés à articuler les mots qu'elle avait en tête : « Voulez-vous dormir ici ? » Clotaire avait les mêmes pensées, ou peu s'en fallait : « Voulez-vous que je dorme ici ? » avec cette utile et très hypocrite précision : « En tout bien tout honneur ! Cela va sans dire. Je dormirai sur le canapé. » Ce qui eût été difficile, puisqu'il n'y en avait pas.

– Bon, je vais rentrer, annonça-t-il pourtant.

Lucile avala sa salive.

– Oui, il faut bien.

– Vous m'appelez si vous avez le moindre souci, la plus petite inquiétude, d'accord ?

– Oui.

– Et de toute façon, on se revoit bientôt, n'est-ce pas ?

Elle approuva de la tête. Et quand ils se séparèrent, pour comble de timidité, ils se serrèrent la main.

La nuit s'annonçait courte, et blanche, entre auto-flagellation, angoisse et… rêves d'amour.

À peine dans l'ascenseur, Clotaire commença à se morigéner, à voix haute :

– T'aurais quand même pu lui proposer de rester. T'es vraiment trop nul !

Il s'interrompit, se disant que ces histoires de dédoublement de personnalité devaient commencer à lui atteindre l'équilibre mental. « Comme Gollum », pensa-t-il, faisant allusion à ce parangon de schizophrénie, du cultissime *Seigneur des anneaux*. Se prenant soudain au jeu, il se courba en Quasimodo, plissa des yeux perfides et, tout en se considérant dans le miroir de la cabine, se parla à lui-même d'une voix aigrelette :

– Oh oui, mon précieux, tu aurais dû rester, rester touuute la nuit…

Changeant d'un coup de position et ouvrant de grands yeux effarés, il poursuivit :

– Gnon gnon gnon, tu es trop timide. Et il ne faut pas brusquer les choooozes !

Souriant et le pas alerte, il retrouva bientôt le hall puis la rue et sa fraîcheur nocturne qui le fit agréablement frissonner. Il releva le col de son manteau, se dirigea ensuite vers le boulevard où il savait qu'il trouverait une station de Vélib. Un claquement de portière dans son dos le fit jeter un regard par-dessus son épaule. Un grand type à la carrure respectable, en jean et blouson de cuir sombre, venait de sortir d'un énorme 4 × 4 noir équipé d'un pare-buffle. Il était beau comme un James Dean version XXL. Pouces dans les poches, du bout de sa botte mexicaine il tapota le pneu avant gauche de son monstre. En n'importe quelle autre circonstance, même à deux heures du matin, Clotaire aurait pu trouver ce geste anodin, stupide mais anodin. Ce soir-là, même un chat traversant la rue lui aurait paru suspect. Son cœur s'emballa, car il crut voir un peu plus loin une silhouette se dissimuler brusquement dans l'entrée de l'immeuble de Lucile.

Il allongea le pas, sans se retourner, laissant à son ouïe le soin de s'assurer qu'il était suivi. Et il l'était ! Les bottes du type au 4 × 4 devaient être ferrées, ce qui n'était pas très judicieux pour un Éliminatueur, à supposer qu'il en fût un. En débouchant sur le boulevard, Clotaire se retourna. L'individu était sur ses talons, à moins de cinquante mètres, et il marchait d'un pas trop déterminé pour un automobiliste qui, peu avant, tapotait benoîtement ses pneus. Soudain, il plongea la main sous son blouson. Clotaire ne vit son salut que dans la fuite. Il s'élança vers la station Vélib, tira d'une poche intérieure son Pass grâce auquel il libéra en un clin d'œil un vélo de son support métallique. Il enfourcha l'engin, ramena devant lui son manteau long qui risquait de le gêner. Un dernier regard vers l'homme…

– Oh m… !

C'était bien un Éliminatueur, cela ne souffrait plus aucun doute puisqu'il courait vers lui, un pistolet muni d'un silencieux au poing. Clotaire se dressa sur les pédales et, profitant de la pente providentielle du boulevard, démarra plus vite qu'un coureur cycliste. Pour ne pas offrir une cible trop facile, il se mit aussitôt à zigzaguer. S'il n'entendit pas les *Toung !* si caractéristiques des tirs avec silencieux, le sifflement des balles traçant dans l'air ne lui échappa pas, l'une d'elles lui frisa même l'oreille droite. Il jeta un regard en arrière et vit le tueur planté au milieu du boulevard, le visant bras tendu. Renonçant à courir derrière un lapin monté sur roues, le type fit volte-face et s'en alla par où il était venu. Clotaire comprit que son poursuivant n'allait pas se coucher. Il ne ralentit donc pas et grilla son premier feu rouge.

Un crissement de pneus déchira la tranquillité du quartier. L'informaticien regarda en arrière et constata qu'il était désormais poursuivi par un énorme 4 × 4 avec pare-buffle et vitres teintées. Il grilla son deuxième, puis son troisième feu rouge... l'Éliminatueur aussi. Le malheureux cycliste se sentait aussi vulnérable qu'une frêle gazelle coursée par un lion. Il vira subitement à droite dans une rue en sens interdit. Mais cela ne ralentit nullement le chasseur. Clotaire jeta une nouvelle fois un œil derrière lui. C'est le moment que choisit son manteau pour se faire happer par la roue arrière. Déséquilibré, il heurta le pare-chocs d'une voiture en stationnement et vola par-dessus le guidon. Il eut le réflexe de se recevoir comme au judo. Il roula sur le bitume et se retrouva assis, les yeux exorbités de terreur, fixant les deux phares blancs qui fonçaient sur lui dans un rugissement de moteur en surrégime. À quatre pattes, il se réfugia entre deux voitures à l'instant même où le 4 × 4 écrasait le Vélib. La voiture pila en un bref crissement de pneus. L'Éliminatueur en jaillit, pistolet au poing, s'approcha à grands pas, puis allongea le bras pour aligner Clotaire alors que celui-ci se relevait.

C'était un vrai professionnel, froid, méthodique, silencieux... *Toung ! Toung !*

# 18

# Dérangée en plein cours

Clotaire échappa par miracle aux deux balles de l'Éliminatueur en s'affaissant d'un coup entre les voitures. Ensuite commença un jeu de cache-cache autour des véhicules, qui fut interrompu par l'arrivée tonitruante d'une Twingo jaune, elle aussi engagée en sens interdit. Il se risqua à jeter un œil par-dessus un capot, mais constata avec étonnement qu'il n'y avait personne au volant. Ce qui se passa dans les secondes qui suivirent pourrait être ainsi résumé : *Toung ! Toung ! Ziii ! Hargh ! Eugheu-eu !*

Ensuite, une voix féminine l'interpella :

– C'est bon, Clotaire, vous pouvez sortir. Il est hors d'état de nuire.

L'informaticien se releva, avec prudence, et vit le tueur étendu bras en croix sur le bitume, agité de convulsions épileptiques. Près de lui, plantée poings sur les hanches, le Taser déjà rengainé sur sa cuisse, se tenait une femme à la sublime plastique athlétique, en justaucorps noir et manteau de cuir vert sapin. Elle tourna la tête vers lui pour lui adresser un sourire ravageur.

– Ça va ? Vous n'êtes pas blessé ?

– Dans mon amour propre, si, répondit le jeune homme en époussetant le bas de son trench-coat.

– Vous en verrez d'autres.

– J'espère que non. J'ai eu la trouille de ma vie…

Quelqu'un les interpella d'une fenêtre au-dessus :

– Qu'est-ce qui se passe ? Un accident ?

– Non. C'est juste un règlement de comptes, répondit Clotaire. Mais c'est fini. Son compte est bon ; vous pouvez retourner vous coucher.

La silhouette disparut de la fenêtre.

– Ne restons pas là, suggéra Luciole, la police ne va pas tarder.

Elle regagna sa voiture, tandis que son ami allait récupérer sous le 4 × 4 le Vélib en piteux état. Il ouvrit la portière arrière et enfourna l'épave.

– Qu'est-ce que vous faites ? l'interpella Luciole.

– Je vais d'abord ramener le vélo à la station, répondit-il.

Constatant l'air ahuri de sa sauveuse, il expliqua :

– Dans les films, les héros se tirent en laissant tout sur place. Dans la vraie vie, quand on ne ramène pas son Vélib sur une borne, on vous prélève cent cinquante euros.

– Et dans la vraie vie, quand on vole une voiture, ça coûte combien ?

– Je sais, c'est pas bien. Mais si je dois faire la guerre, je préfère que ce soit avec un tank plutôt qu'un vélo. Et je vais même lui piquer son artillerie, à notre Terminator !

Il alla ramasser l'arme du type qui commençait à retrouver l'usage de son corps. Il s'était mis à ramper misérablement, tendant une main tremblante, tel un agonisant implorant pitié. Clotaire fut tenté de l'achever, mais il se souvint que ce masque un peu trop beau pour être vrai dissimulait un joueur, probablement un vrai salaud, mais avant tout un être humain. « Voilà qui inspire quelques scrupules, même en temps de guerre », songea-t-il. Une idée lui vint alors : embarquer cet avatar afin de le cuisiner à l'abri de tout regard indiscret. Non sans difficultés, grimaces et grognements, il parvint à le charger sur son épaule. Sans chercher à discuter pour l'en dissuader, Luciole l'aida à transporter, puis à charger l'Éliminatueur par l'arrière du 4 × 4. C'est alors qu'il s'évapora, comme un mirage.

– Merde alors ! jura Clotaire, en considérant ses mains vides.

– Son modèle-source a dû couper sa connexion.

– Sûrement. Allez, on s'arrache. Rendez-vous à la case départ…

– Chez moi ?

– Chez vous.

***

À trois heures passées, Lucile et Clotaire étaient de nouveau l'un en face de l'autre, dans la salle à manger de la première, épuisés et incapables de savoir s'ils étaient vraiment heureux de ce dénouement. Pourtant, sans l'intervention de Luciole, cette soirée aurait assurément été la dernière du jeune informaticien.

– Je vous dois une vie, reconnut-il.

– Vous ne tarderez sûrement pas à me la rendre.

Ils avaient repris leur place, chacun à un bout de la table, chacun sirotant une tasse de tisane. Après quelques minutes de discussion morose sur les derniers événements, ne parvenant ni à se rassurer mutuellement ni à avancer une proposition sur la conduite à tenir, Lucile manifesta son souhait d'aller dormir, sous-entendu d'éteindre, en même temps que la lumière, sa conscience et donc ses angoisses. Clotaire ne fut pas obligé de dormir dans la baignoire ou sur le tapis du salon, car le logement de son amie disposait d'une petite chambre d'amis. Il l'accepta en prévenant qu'il ne l'utiliserait pas tant qu'il parviendrait à rester vigilant, Taser à portée de main (le pistolet de l'Éliminatueur ayant disparu en même temps que son corps).

Au matin, quand il ouvrit un œil, il était près de dix heures. Il avait dormi tout habillé, affalé dans le confortable fauteuil du salon, sans doute ronflant comme un sonneur. Dans la cuisinette, posée sur un bol, Lucile avait laissé à son intention une jolie carte postale champêtre : « Je suis au collège, lut-il. Je reviens à midi. Surtout attendez-moi ici et ne vous inquiétez pas pour le déjeuner, j'ai de quoi nourrir un régiment dans le frigo. À plus tard. Lucile. » Il sourit tendrement, se demandant par quelle force de caractère ou conscience professionnelle elle pouvait aller turbiner, alors que des tueurs sanguinaires étaient susceptibles de l'attendre à la sortie du collège. Cela lui fit penser, non sans une petite pointe d'excitation, qu'il irait bien la chercher à midi, non pas en Clotaire, mais en compagnon d'Ambre.

***

Trop nerveux pour patienter jusqu'au retour de sa nouvelle amie, tout en se rongeant les ongles devant son mur de télés éteintes, et surtout dévoré par l'envie de retrouver l'apparence avantageuse de son avatar, Clotaire Morin se brancha sur le site du jeu. Il activa la connexion, subit avec résignation la phase de synchronisation, puis enfin vit apparaître sur les écrans le salon de Lucile, ainsi que lui-même de dos, en vision directe et floue puisqu'il n'avait pas encore chaussé les lunettes 3D. Il se retourna et éprouva une vive émotion à se retrouver face à son corps de rêve, les yeux dans les yeux au sens propre du terme. Il s'équipa pour l'aventure en immersion relief, s'amusant de voir son avatar le singer à l'identique.

– Salut, l'ami !

Pour se convaincre qu'il n'était pas victime d'une hallucination, il mima la marche afin que le compagnon Protectueur s'approche et qu'ils se serrent la main.

– Parfait. Tout a l'air de fonctionner.

Il se repositionna face aux écrans, puis lança :

– C'est parti !

Moins d'un quart d'heure plus tard, le compagnon d'Ambre garait à proximité du collège, sur un emplacement réservé aux bus, le 4 × 4 emprunté la veille à l'Éliminatueur. Puis il sortit se dégourdir les jambes, se donnant pour but de faire le tour du pâté de maisons. En chemin, il croisa deux jeunes filles pimpantes qui le lorgnèrent avec gourmandise. Il leur adressa son plus beau sourire, tout en se disant avec une triste lucidité que cet intérêt à son égard n'arriverait jamais à Clotaire le solitaire. C'est alors qu'il aperçut, marchant sur l'autre trottoir en direction du collège, un personnage dont l'allure lui figea le sang dans les veines. Il ressemblait furieusement à Arnold Schwarzenegger dans *Terminator*. Certes, ce n'était pas lui, mais tout y était ou presque : la charpente de catcheur poids lourd, la tête au carré coiffée en brosse, la démarche d'armoire à glace gênée aux entournures par sa musculature hypertrophiée, le perfecto nickel chrome, le pantalon de cuir et les santiags… même les lunettes de soleil « yeux de fourmis » y étaient ! Le Protectueur simula un problème de lacet afin que le colosse ne le repère pas. Ensuite, il entreprit de le filer. Et bien sûr, ce qu'il avait craint se confirma. L'homme s'arrêta devant la grille du collège et, du bout de l'index, pressa le bouton de l'interphone. La gâche claqua, il franchit le portillon. Un instant paniqué, le compagnon d'Ambre faillit se précipiter pour entrer à son tour. Mais il lui vint une autre idée, plus raisonnable...

***

Lucile était avec ses troisièmes, soulagée d'avoir pu attaquer son cours sur les écrivains romantiques du XIXe siècle sans que ses élèves ne perçoivent la tension qui lui nouait les viscères, ni qu'ils lui compliquent la tâche par d'ostensibles manifestations d'ennui et autre agitation perturbatrice.

– Je vais vous proposer un petit exercice de lecture critique, annonça-t-elle. Vous allez lire le texte que je vais vous distribuer et...

Elle fut interrompue par la sonnerie de son téléphone mobile, dans son sac à main. Cette fois, les garçons ne réagirent que par des froncements de sourcils.

– Vous ne répondez pas, madame ? demanda une fille.

Et une autre de se souvenir :

– C'est peut-être votre poisson rouge qui refait une crise d'aérophagie.

La classe éclata de rire. Lucile se contenta de grimacer un rictus, mais alla néanmoins voir qui la dérangeait ainsi en plein cours... « Clotaire ! » s'exclama-t-elle en pensée. Elle prit la communication :

– Allo ? Clotaire, je suis en classe et... Arnold...

Elle blêmit.

– Vous êtes sûr ?... Mon Dieu, mais qu'est-ce que je vais faire ?... Entendu, je vous retrouve à la maison... Non, non, chez moi. À tout de suite.

Elle raccrocha, puis resta un moment immobile, le souffle court, avant de ranger en vitesse ses affaires. Cartable sous un bras, sac sous un autre, elle s'adressa à ses élèves :

– Je dois partir... C'est... Excusez-moi. Sami, tu veux bien aller prévenir le CPE ? Tu lui diras que... que ma mère a fait un crise cardiaque.

– Ah zut ! fit le garçon avec sincérité. Mais vous savez, on n'en meurt pas à tous les coups.

– Je sais, merci... S'il te plaît, tu veux bien vérifier s'il n'y a personne dans le couloir ?

La question déconcerta l'élève qui finit par déclarer :

– Vous savez, vous, vous avez le droit de vous tirer en plein cours.

– Je t'en prie, Sami, ne discute pas. Va voir, s'il te plaît.

– Demandé comme ça...

Le gaillard se leva, puis alla entrebâiller la porte pour passer la tête dans le couloir. Ce qu'il y vit l'interpella.

– M'dame, y'a un mec taillé comme une armoire à muscles qui arrive par là, dit-il.

– Mon Dieu, c'est terrible…

Malgré son épouvante, l'enseignante s'efforça de réfléchir à une échappatoire. La seule idée qui lui vint allait la placer dans une position ridicule, mais comme sa vie était en jeu…

– Écoutez-moi tous très attentivement, et pour une fois faites ce que je vous demande sans discussion ni commentaire. Je vais me cacher sous mon bureau. L'homme qui arrive va peut-être… et même sûrement, entrer et vous demander si vous êtes bien la classe de Mlle Hatias. Vous répondrez oui, bien sûr, mais vous lui direz que je viens juste d'avoir un malaise et qu'on m'a emmenée à l'infirmerie. C'est bien compris ?

Quelques-uns hochèrent la tête.

– Est-ce que l'un d'entre vous a une arme sur lui ? demanda-t-elle encore.

– Une arme ! s'exclama une fille, d'une voix outrée.

– Ou n'importe quoi qui puisse servir à se défendre. Rassurez-vous, je ne le dirai à personne, même si vous me sortez une mitrailleuse. C'est juste pour moi, au cas où.

– Moi, j'ai ça, lança un garçon en brandissant son compas.

Son voisin pouffa en se pliant en deux sur sa table.

– Nicolas, je t'assure que ce n'est pas le moment de plaisanter.

Elle tressaillit lorsqu'on frappa à la porte, puis se jeta sous son bureau. Un élève se décida soudain à aller lui donner un instrument constitué de deux bâtons courts, reliés par une chaîne de quelques maillons.

– Un coup dans la tronche, mademoiselle, et je vous jure qu'il n'en redemandera pas, votre jaloux, expliqua-t-il.

– Un nunchaku, soupira Lucile, affligée.

Elle s'en empara néanmoins.

– Merci, Iddir, ça pourrait suffire. Va vite te rasseoir.

Lassé d'attendre qu'on l'invite à entrer, l'inconnu poussa la porte. Son physique et son look d'Hells Angels impressionnèrent les jeunes gens, au point que même le plus bravache des garçons n'eut pas envie de lancer la vanne qu'il avait préparée dans un coin de son cerveau.

– Bonjour les enfants, c'est bien ici la classe de Mlle Hatias ? demanda-t-il en forçant une voix gentillette.

– Oui, répondirent quelques élèves.

L'individu ôta ses lunettes noires, entra et balaya la pièce d'un regard sévère, s'attardant brièvement sur le bureau appuyé au mur, côté fenêtres.

– Elle n'est pas là ?

– Elle a eu un malaise, monsieur, mentit Sami, avec autant de conviction que possible, malgré sa gorge serrée. On vient juste de l'emmener à l'infirmerie.

Le type le poignarda de son regard ardent, bien que ténébreux comme l'enfer.

– C'est vrai ?

– Oui, oui. Allez-y, vous verrez.

– On peut vous demander qui vous êtes ? l'interpella un autre garçon du fond de la classe.

– Bien sûr. Je suis inspecteur de police.

Les élèves affichèrent l'incrédulité, car chacun savait qu'il commettait une erreur de vocabulaire très significative. Celui qui avait interrogé l'inconnu répliqua :

– Vous voulez dire capitaine, monsieur, parce qu'inspecteur y'a belle lurette que…

Il s'interrompit, car l'intrus se détourna soudain, marcha jusqu'au bureau qu'il fit basculer d'une main sur la table de deux filles du premier rang. Elles poussèrent un cri en reculant vivement. Lucile, recroquevillée sur elle-même, leva les yeux et constata qu'effectivement, comme le lui avait annoncé Clotaire au téléphone, ce colosse évoquait terriblement le *Terminator* joué par Arnold Schwarzenegger. Et il n'avait pas l'air moins redoutable.

– Bonjour, madame Hatias, dit-il. On peut se parler ?

– Bonjour… Euh, non… enfin, ça dépend. Qui êtes-vous ?

Il étira un sourire en coin.

– Sortons d'ici. Vous ne voudriez pas que… enfin, pas devant ces jeunes.

Lucile se releva, dissimulant dans son dos le nunchaku qu'elle serrait dans sa main droite.

– C'est le Maître du jeu qui vous envoie ?

– Vous n'étiez pas au courant ?

– Si, si.

– Bon, sortons d'ici, s'agaça le type.

Il allongea brusquement le bras pour saisir celui de la jeune femme, mais elle se déroba. Il parut interloqué, sans plus. Puis soudain, il tenta de l'agripper au col de sa veste grise. Elle esquiva, échappant de justesse à ce grappin poilu.

– Bon, ça suffit, s'énerva-t-il.

Il essaya cette fois de la saisir au cou. Elle se baissa en pliant les genoux, puis glissa contre le tableau pour lui échapper. Il fit volte-face. Un combat à mort venait de s'engager. Les élèves commencèrent à s'agiter, certains à projeter des boulettes de papier sur le colosse qui les reçut sans broncher. C'est alors que la porte de la classe s'ouvrit à la volée. Surgit un Apollon très brun, en veste et pantalon anthracite et chemisette blanche à col rond…

– Compagnon d'Ambre ! s'exclama Lucile.

Cette irruption déverrouilla d'un coup la situation. L'Éliminatueur plongea la main droite sous son perfecto et en tira un énorme pistolet qui fit hurler d'épouvante les filles de la classe. Alors qu'il le levait pour abattre l'avatar de Clotaire, Lucile fit tournoyer son nunchaku et l'abattit sur le poignet du tueur dont s'échappa son arme. Dans la foulée, elle lui décocha dans l'estomac, façon karatéka, un uppercut de la pointe de son soulier qui le plia en deux. Elle enchaîna en lui assenant à la base du cou un tranchant de la main meurtrier. Ses élèves étaient tous bouche bée, certains se demandant s'ils n'assistaient pas à un canular de la *Caméra cachée*.

Le Protectueur s'empara de l'arme de l'Éliminatueur, qui se releva sans grimace ni grognement, comme s'il n'avait mis un genou à terre que pour renouer son lacet.

– Vous avez fait de sacrés progrès en karaté, commenta le compagnon d'Ambre en lorgnant l'enseignante du coin de l'œil.

– Je ne m'en étais pas rendu compte jusque-là. Bon, les enfants, notez que pour lundi vous avez une dissertation à me rendre. Le cours est terminé. Je vous demanderai juste d'attendre, sans vous agiter, la sonnerie avant de sortir. Promis ?

Serrés au fond de la classe les uns contre les autres, les adolescents ne répondirent rien de très articulé. Le compagnon d'Ambre demanda alors au colosse de bien vouloir passer devant.

– Nous réglerons nos petites affaires dehors, si vous le voulez bien, ajouta-t-il.

Le colosse acquiesça avec le sourire, comme si au fond la situation n'était qu'amusante. Et il s'offrit en quittant la salle le malin plaisir de lancer :

– Au revoir, les enfants. Soyez bien sages !

# 19
# Ça sent le roussi

La traversée du collège aurait pu être délicate, elle ne fut que stressante. Le colosse ne manifesta aucune velléité de rébellion – ce qui ne le rendait pas moins dangereux – et le trio ne fit aucune rencontre fâcheuse. Une fois dans la rue, le compagnon d'Ambre suggéra :

– On va prendre le 4 × 4. Je l'ai garé dans la rue à droite.

– Et lui, qu'est-ce qu'on en fait ? s'inquiéta Lucile en lorgnant l'Éliminatueur avec méfiance.

– On l'emmène. J'aimerais que nous ayons une petite conversation avec lui, mais pas ici, dans un endroit tranquille.

– Au bois de Boulogne, ironisa l'Éliminatueur.

– Je préférerais chez vous, je veux dire chez votre modèle-source…

L'Éliminatueur tiqua.

– Lucile, vous prendrez le volant. Nous deux, nous monterons à l'arrière, et ce charmant monsieur aura l'obligeance de nous guider.

Du canon de l'arme, il ordonna au « charmant monsieur » d'avancer. Profitant d'une légère distraction du Protectueur à l'instant où Lucile lui demandait les clés du véhicule, le colosse décida d'agir. Il fit volte-face et, se servant de son poing comme d'une masse d'armes, il le balança dans la figure de l'avatar de Clotaire qui fut projeté sur le trottoir. La brute suivit du regard le pistolet qui vola à quelques mètres, mais Lucile fut plus prompte à le ramasser.

– Les mains en l'air ou je vous tue ! menaça-t-elle en pointant l'arme à bout de bras sur la poitrine du tueur.

Celui-ci eut l'air contrarié puis, montrant ses paumes, déclara forfait :

– Ça va, j'ai perdu la partie, je m'incline… pour cette fois.

Puis il ajouta, avec un petit rictus complice :

– Alors, à bientôt pour la revanche.

Il se détourna et s'éloigna sans se préoccuper de l'arme qui le menaçait. Au passage, il récupéra les clés du véhicule que le compagnon avait laissées tomber sur la chaussée. Il grimpa dans le 4 × 4 et enclencha le démarreur.

– Tirez, Lucile ! s'écria le compagnon d'Ambre. Abattez-le !

Mais Lucile avait déjà renoncé.

– Impossible. Je ne suis pas Luciole, lâcha-t-elle en baissant les bras.

Le monstre rugissant quitta sa place de stationnement, puis démarra en trombe.

Assis au bord du trottoir, se massant la mâchoire que le Terminator avait failli transformer en bouillie, le compagnon d'Ambre enrageait :

– Vous auriez dû l'abattre. On ne peut plus se permettre ce genre de faiblesse.

– Je suis désolée.

Dépité, il observa le monstre noir s'éloignant à vive allure, se promettant devant Dieu et le diable de ne jamais plus se laisser démolir le portrait. C'est alors que la voiture explosa ! Une énorme boule de feu s'éleva, tandis que volaient en éclats toutes les vitres alentour et que le *blast* brûlant balayait la rue. Lucile et son sauveur levèrent le coude pour se protéger le visage. Leurs oreilles se mirent à siffler. L'instant suivant, il ne restait du 4 × 4 plus qu'un amas de tôles calcinées et de son chauffeur... pas même une miette.

Le compagnon d'Ambre se remit debout.

– Je ne voudrais pas vous paraître pessimiste, dit-il, mais elle commence à sentir le sapin, notre affaire.

Lucile lui prit le bras, ne trouvant aucun mot pour exprimer ce qu'elle ressentait. C'est alors qu'elle repéra une silhouette à l'autre bout de la rue, par-delà la carcasse en flammes. Elle ressemblait à l'une de ces sublimes femmes fatales que James Bond affronte régulièrement dans ses missions impossibles. La main posée sur la hanche, elle fixait le couple qui se tenait au milieu de la rue et venait d'échapper à une mort explosive. Son visage au teint hâlé exprimait la rancœur de la vipère assassine qui a raté sa proie.

***

C'est au pas de course que Lucile et le Protecteur regagnèrent l'appartement où les accueillit Clotaire. Le jeune homme coupa la connexion Internet avec le site du jeu afin de faire disparaître son avatar. Il proposa ensuite à l'enseignante de se remettre de ses émotions en buvant un petit remontant. Elle acquiesça et lui montra le meuble où elle rangeait les bouteilles d'alcool.

– Qu'est-ce qu'on va devenir ? se lamenta-t-elle, effondrée dans son fauteuil, un verre de porto à la main.

Assis sur une chaise devant elle, Clotaire plissa une moue dubitative, puis répondit :

– Des héros en cavale.

– En cavale ? Pourquoi en cavale ?

– Parce qu'il nous sera difficile de continuer à vivre normalement, tant que nous aurons ces tueurs aux fesses.

– Et si nous allions tout expliquer à la police ?

– Je veux bien qu'on essaie, mais qu'est-ce que ça changera à notre problème ? Au mieux, un brave flic enregistrera notre déposition avant de nous raccompagner jusqu'à la sortie, au pire un grincheux nous fichera dehors. Vous voyez une différence au final ? Il faudra bien qu'on dorme quelque part. Vous savez, n'entre pas en prison qui veut.

Son bon mot tomba à plat.

– Qu'est-ce que vous proposez ? demanda l'enseignante.

– Dans un premier temps, de nous réfugier chez moi. J'ai une petite maison dans un quartier tranquille, avec une grille hérissée de piques et un système d'alarme anti-intrusion. Avec les armes que m'a fournies le Maître et mes réserves de chips, nous pouvons tenir un siège.

– Et ensuite ?

– Je propose que nous tentions de renouer le contact avec le Maître du jeu.

– Pourquoi pas avec Teddy Ghoster ?

– Je n'ai pas confiance en ce type. Il a une trop bonne tête. Franchement, Lucile, je crois que notre salut passe par nous-mêmes, uniquement par nous. Et puis, je n'ai aucune envie de devenir l'un de ses petits soldats. Vous non plus d'ailleurs.

– Non, bien sûr.

– Ou alors, essayons de trouver d'autres joueurs, des Sentinelles de Gaïa de préférence.

Lucile réfléchit avant de donner son avis, sans grand enthousiasme :

– Effectivement, ce serait une idée, mais je n'y crois pas trop. Ce sont des gens comme vous et moi, tenus au même secret…

– Justement, s'ils sont vraiment comme vous et moi, il y en a forcément parmi eux qui connaissent la même situation que nous et qui souhaitent en sortir. De toute façon, au point où nous en sommes, on ne risque plus grand-chose.

– Je ne sais pas…, murmura la jeune femme, indécise. Je ne vois pas ce qu'on peut attendre de cette rencontre, en admettant qu'elle soit envisageable.

– Déjà, si nous nous regroupons, nous serons forcément plus forts, ne serait-ce que pour nous protéger mutuellement, comme nous le faisons depuis que nous sommes ensemble. Nous pourrions même finir par constituer une force de… de Rébellion. La Résistance, comme dans *Terminator* ou *V*…

– Ou en 1940. Mais qui sont les nazis dans notre histoire ? On ne sait rien d'eux, pas même s'ils existent dans le monde réel.

– Raison de plus pour chercher des alliés chez les Sentinelles de Gaïa. Certains d'entre eux ont peut-être des réponses à ces questions.

Sur un soupir de résignation, Lucile finit par donner son consentement :

– D'accord, je vous suis. Comment allons-nous provoquer ce contact ?

– Un as des réseaux sociaux a toujours une solution pour trouver quelqu'un qui lui ressemble. En parallèle, nous pourrions passer des annonces dans des magazines de jeux vidéo, d'informatique et pourquoi pas dans ceux qui traitent de la défense de l'environnement. En plus, nous n'aurons même pas besoin de sortir de chez nous... je veux dire de chez moi, rectifia-t-il en rougissant.

Il médita quelques instants, puis conclut :

– Il ne faut pas baisser les bras. Je sens qu'on a encore quelques bonnes cartes à jouer.

Lucile approuva, tout en songeant que ce serait la première fois de sa vie qu'elle partagerait un « chez-nous » avec quelqu'un d'autre que ses parents.

# 20
# Une idée pour une première rencontre

L'installation de Lucile chez Clotaire se fit dans une atmosphère très particulière, pas seulement en raison des circonstances extraordinaires qui l'avaient rendue nécessaire. Pour ces deux célibataires endurcis qui se vouvoyaient, loger sous le même toit était une situation aussi inédite qu'une plongée dans l'inconnu en eaux profondes. Clotaire proposa d'abord à son invitée d'occuper la chambre de ses parents défunts, oubliant qu'elle n'avait été ni aérée ni balayée depuis des lustres. Le papier jauni, l'armoire à glace en acajou, les cadres poussiéreux… tout datait des années 1970. L'expression accablée de la jeune femme inspira une meilleure idée au maladroit :

– Non, en fait, vous allez prendre la mienne. Et moi je dormirai là, ou peut-être ailleurs, parce que je me demande finalement si je ne vais pas préférer le canapé.

Lucile pensa : « Si vous voulez, je vous ferai une petite place à côté de moi. » Mais elle n'osa pas.

– Je veux bien, articula-t-elle. Je veux bien que vous me donniez votre chambre.

– Attendez de la voir avant de vous décider, prévint-il.

Effectivement, il ne fallait pas craindre de dormir environné de visions de cauchemar, telle cette affiche de film d'horreur de série B, *Les morts-vivants vous saluent bien*, punaisée au-dessus du lit, ces araignées géantes pendant du plafond par un fil de nylon, ou encore ces masques de vampires et autres sorcières bubonneuses. Mais il y avait aussi des cadres réservés aux personnages du *Seigneur des anneaux*, ainsi que de charmants bibelots féeriques. Clotaire lorgna en coin la figure de son amie… et fut rassuré ; elle souriait.

– Une vraie chambre de garçon ! commenta-t-elle.

– D'ado attardé, vous pouvez le dire, ça ne me gêne pas.

Elle le dévisagea avec tendresse :

– Et alors, est-ce un péché ?

– Dans le vrai-monde-où-l'on-s'ennuie, ce n'est pas très bien vu.

– Moi, ça ne me dérange pas. Sauf peut-être les araignées et les zombies. Mais bon, pour une fois, j'essaierai de ne pas jouer les vierges effarouchées.

Elle se mordit les lèvres et vira au rouge pivoine. Clotaire ne parut pas avoir relevé. Il annonça qu'il allait chercher le reste des bagages dans la Twingo, remisée au garage.

***

La cohabitation commença ainsi, sans *chichi*, et fut un vrai plaisir, un bonheur même, car elle avait un parfum d'aventure unique. Cela leur fit quelque peu oublier les Loups qui rôdaient dehors, de jour comme de nuit. Au début, ils connurent certes quelques moments de gêne, parce qu'il fallait bien partager la salle de bains et les commodités, parce que le matin il fallait descendre prendre le petit déjeuner ensemble et le soir aller se coucher… pas ensemble. Mais les habitudes s'installèrent vite. Ils prirent goût à cette vie commune, toute en discrétion et délicatesse. Après trois journées enfermés, à se raconter leur vie et à visionner des films, ils durent braver les dangers pour sortir faire des courses et s'oxygéner en allant courir dans les parcs publics, mais jamais l'un sans l'autre.

Côté sécurité, ils prirent toutes les précautions humainement et matériellement possibles. La nuit, le système d'alarme était enclenché et les volets systématiquement fermés. Dans la journée, ils étaient entrouverts de manière à pouvoir observer l'extérieur sans être vu. Ils installèrent des avertisseurs sonores un peu partout. Ils tendirent par exemple des fils en travers de certaines portes ou fenêtres, et y accrochèrent des clochettes. De surcroît, leurs avatars avaient été positionnés à l'extérieur en des points stratégiques : Luciole dans le jardinet derrière la maison, le compagnon d'Ambre dans la courette avant, l'un et l'autre dissimulés dans l'ombre d'un arbuste d'ornement.

Sans doute grâce à ce luxe de protections, ils ne connurent aucune tentative d'intrusion, pas même en leur absence, ce qui avait fini par leur paraître paradoxalement inquiétant, comme si l'ennemi leur préparait l'attentat auquel on n'échappe pas. D'autant qu'ils n'imaginaient pas un instant avoir été *oubliés* par les Éliminatueurs.

***

Ils se donnèrent une semaine pleine pour prospecter les multiples communautés du web et lancer des appels tous azimuts aux Sentinelles de Gaïa, par petites annonces ou à travers les revues qui leur semblaient pouvoir concerner des gens partageant la même situation. Les réponses qu'ils reçurent sur une boîte de messagerie dédiée et strictement anonyme furent nombreuses, mais la plupart fantaisistes. Faire le tri occupait à lui seul un temps considérable, ce qui leur fit regretter de ne pas avoir mieux préparé leur affaire. Ils affinèrent leur message jusqu'à le réduire à cette simple formule énigmatique : « Vous, amis Sentinelles qui avez cru devenir ce héros dont vous rêviez et qui aujourd'hui le regrettez amèrement, écrivez-nous. »

Vint enfin le jour où il leur fallut décider de donner ou non un rendez-vous physique à ces inconnus, qu'ils avaient sélectionnés sur des critères drastiques, espérant ne pas s'être fait berner par des hurluberlus, des plaisantins ou, pire, des ennemis. L'ensemble formait malgré tout une liste d'une cinquantaine de noms.

Un soir, alors qu'ils venaient d'achever leur dîner, ils se branchèrent sur le site de messagerie anonyme depuis lequel ils géraient leurs contacts.

– Est-ce qu'on lance l'appel ? demanda Clotaire.

– D'accord, mais il nous faut arrêter le lieu de la rencontre.

Lors d'une discussion précédente, ils avaient émis plusieurs suggestions : le Louvre, l'Arc de Triomphe, la boutique Disney sur les Champs-Élysées... Clotaire avait eu la nuit précédente une autre idée, si farfelue qu'il n'en avait pas parlé. C'était le moment d'oser :

– J'en ai un à proposer. Quel est l'endroit le plus sécurisé de la capitale ?

Lucile réfléchit.

– La Banque de France ?

– Mieux que ça.

– Mieux que la Banque de France ou le Louvre ? Hum... je donne ma langue au chat.

Clotaire l'eût volontiers acceptée pour un langoureux baiser, mais il ne parvenait toujours pas à surmonter une affreuse timidité qu'il ne se connaissait pas.

– Le palais de l'Élysée !

La jeune femme ouvrit de grands yeux effarés.

– Alors ça, réagit-elle, je reconnais qu'il fallait y penser.

# 21

# Les méchants s'invitent à la fête

Le lendemain soir, un peu avant dix-neuf heures, Luciole et le compagnon d'Ambre arrivèrent à pied devant le haut porche fermé du palais de la présidence de la République. Comme prévu, de nombreux gardes mobiles étaient en faction un peu partout dans le quartier, et la Garde républicaine assurait avec des policiers en tenue la surveillance de l'entrée. Les deux avatars se positionnèrent sur le trottoir d'en face, puis attendirent bras croisés que se présentent les premiers contacts. N'ayant évidemment aucune idée de ce à quoi ils devaient s'attendre, ils observaient chaque passant avec attention, attirant eux-mêmes la curiosité, mais sûrement pour d'autres raisons ; par exemple, comme s'ils avaient pu être deux stars de cinéma américaines en vadrouillle à Paris.

Trois jeunes cyclistes en VTT, deux garçons et une fille, s'arrêtèrent sur la chaussée à quelques pas.

L'un d'eux commença à prendre des photos avec son téléphone mobile. Luciole et son Protectueur échangèrent un regard et une même moue dubitative.

– Des touristes, estima le second.

Il s'attendait à ce que les Sentinelles de Gaïa viennent vêtus de manière à dissimuler leur artillerie, or ceux-là étaient en tee-shirt et short et ne portaient chacun qu'un minuscule sac à dos. L'un d'eux en sortit des barres chocolatées qu'il distribua à ses amis. Les jeunes gens émirent des rires complices... Luciole soupira. Elle aurait bien aimé avoir le cœur aussi léger. Une Renault bleu marine se présenta, ralentit, passa devant eux au pas. Le conducteur les dévisagea, tandis que son voisin ne semblait s'intéresser qu'à l'entrée du palais. Ensuite arriva un homme à pied, un grand Noir un peu dégingandé, à l'élégance tapageuse dans un costume violet, avec une cravate et un chapeau de feutre rouge rubis.

– Lui, c'est un avatar, affirma Luciole.

L'homme s'était arrêté à bonne distance et tentait de se donner un air détaché, mains dans les poches, tout en lançant vers les deux amis des regards à la dérobée. À l'approche de l'heure dite, les arrivées se succédèrent et même se multiplièrent. La rue fut bientôt le théâtre d'une singulière comédie. Une trentaine d'individus, le plus souvent assez jeunes, plutôt masculins, plutôt de classe moyenne et supérieure à en croire leurs vêtements, se guettaient, se jaugeaient sans pour autant prendre l'initiative de s'approcher les uns des autres. Parmi eux, le compagnon d'Ambre remarqua plusieurs motards d'allure assez inquiétante, montés sur de grosses cylindrées. Ils restaient au guidon de leur engin, casque sur la tête, de telle sorte qu'on ne voyait, au mieux, que le bas de leur visage, souvent barbu. Il y avait aussi trois jeunes *skins*, au milieu desquels Clotaire le gothique n'aurait pas détonné.

– J'ai l'impression que nous n'avons pas attiré que des gentils, commenta le compagnon d'Ambre à voix basse.

– J'espère que vous vous trompez, dit Luciole. Croyez-vous qu'ils auraient l'audace de nous agresser ?

– Dans cette rue bourrée de caméras, où il ne faudrait pas plus de trente secondes pour voir débouler le GIGN, ça m'étonnerait. J'ai vraiment eu raison de proposer ce lieu de rendez-vous.

Il consulta sa montre :

– C'est l'heure ! Commençons à établir les contacts. Je propose que vous vous occupiez de cette partie de la rue et moi de l'autre. Dès qu'on se sera tous identifiés, on se rassemblera et puis après… on avisera.

Sur un regard d'encouragement, ils se séparèrent. Le Protectueur s'approcha d'abord d'un homme d'une cinquantaine d'années, peigné en arrière, flottant dans un long manteau brun. Son allure générale, un peu austère, et son expression mélancolique évoquaient au compagnon d'Ambre le personnage d'un film qui l'avait beaucoup marqué, *Les Ailes du désir*, de Wim Wenders. C'était l'histoire d'un ange, incarné par Bruno Ganz, qui renonçait à l'immortalité pour devenir humain. Ce choix pour un avatar lui parut d'emblée sympathique.

– Bonjour, l'aborda-t-il, je suis le compagnon d'Ambre.

– Bonsoir. Je suis le compagnon Damiel.

À cette annonce, le jeune homme éprouva une émotion inattendue.

– Merci d'être venu.

– Merci de m'avoir appelé.

– Je vais me présenter aux autres, si vous le permettez.

– Faites, j'ai tout mon temps.

De son côté, Luciole venait de faire connaissance avec le compagnon Léo et le compagnon Badman, deux jeunes gens souriants d'à peine vingt ans. Puis elle fut confrontée à l'un des motards qui se présenta ainsi :

– Frère-seigneur Akys III. Mais vous pouvez m'appeler Akys, tout simplement.

– Enchantée. Vous êtes bien un...

Elle hésita.

– Mais oui, ma belle, un Protectueur, pour vous servir, la rassura-t-il.

– J'espère que vous n'êtes pas un Éliminatueur ? demanda-t-elle naïvement.

Il éclata d'un rire sonore qui attira de nombreux regards sur lui.

– Il vaudrait mieux pour vous !

Le compagnon d'Ambre tomba également sur un personnage énigmatique. Celui-là ressemblait carrément à un elfe, sans les oreilles pointues. Élancé, la chevelure longue et raide d'une étrange couleur gris clair, une peau si blanche qu'elle paraissait bleutée… Certes, ce genre de créature devait appartenir au bon camp, mais la dureté de son regard d'acier jurait le contraire.

– Bonsoir, je suis le compagnon d'Ambre, se présenta-t-il, sur le même ton neutre que précédemment.

L'homme inclina légèrement le buste, une main délicatement posée sur le plexus.

– Bonsoir, compagnon d'Ambre. Je suis le compagnon Elsidir. Je dois vous prévenir que vous avez commis une grave erreur en convoquant dans un lieu public un tel rassemblement.

– Je ne vois pas pourquoi. À moins que vous soyez du mauvais côté du jeu.

– Je suis un elfe, toujours du côté de la sagesse.

– Alors nous devrions nous entendre.

– Cela ne dépend que de vous.

Le Protecteur acquiesça, puis s'éloigna vers une jeune femme en tenue de baroudeuse tout juste revenue d'une expédition en brousse. En même temps qu'il la saluait, il songea que cet Elsidir n'était peut-être pas armé d'aussi bonnes intentions qu'il le prétendait. Et il se demanda, soupirant intérieurement, comment Lucile et lui allaient faire le tri entre les gentils et les méchants.

Lorsque tous furent salués et identifiés, le compagnon d'Ambre reprit position en face du porche de l'Élysée. À la manière d'un guide touristique, il invita chacun à se rapprocher. Il prit une généreuse inspiration pour dénouer son estomac comprimé par le trac, puis entama le petit discours de bienvenue qu'il avait concocté dans sa tête lors de la préparation de l'opération :

– Bon, eh bien voilà, je...

Il déglutit, et poursuivit :

– Je commencerai par vous remercier d'avoir répondu à notre appel. Je crois que nous avons pas mal de choses à nous raconter. J'ai conscience que nous prenons tous un certain risque en venant ici, mais bon, c'était important pour...

– Ça va, camarade, abrège ! l'interrompit Akys III, le motard moustachu. On n'est pas au club des bucoliques anonymes ! Qu'est-ce que tu attends de nous ?

Désarçonné, le compagnon d'Ambre resta quelques secondes à chercher ses mots, puis il suggéra :

– Nous ne sommes pas loin des jardins de la Concorde, je propose que nous nous y rendions. Nous y serons mieux pour discuter...

– Qu'est-ce qu'on fiche là, alors ? grommela le motard.

– Nous avons pensé, Luciole et moi, que nous serions plus en sécurité dans ce quartier sous haute surveillance. J'avoue que si j'avais su que vous seriez si nombreux à répondre à l'appel et, semble-t-il, du même bord, nous n'aurions pas été si précautionneux.

– Qui craignez-vous au juste ? demanda l'une des cyclistes arrivés dans les premiers.

– Les Loups de Baphomet par exemple, ou les Glauques-Men. J'espère qu'il n'y en a pas parmi vous.

Les avatars se regardèrent, mais personne ne se signala.

– Alors j'en déduis que nous sommes tous dans le même camp, termina le jeune homme, rassuré.

Quelques têtes acquiescèrent. Seul Elsidir ne se départait pas de sa mine renfrognée.

– Si tout le monde est d'accord, je vous invite à nous suivre, proposa le compagnon d'Ambre.

– Inutile, mec ! s'exclama soudain le grand Noir en costume violet.

– Pourquoi, compagnon Purple-Man ? demanda Lucile.

– Parce que ceux que vous n'aviez pas invités, eh bien ils sont venus quand même !

Il quitta le groupe à reculons et, de ses mains clinquantes de bagues et de gourmettes en or, il désigna les deux extrémités de la rue. De chaque côté, approchait un groupe d'individus, dont l'apparence générale était désormais familière au compagnon d'Ambre et à Luciole. Tel un uniforme, la plupart portaient le jean et les bottes pointues, le perfecto et les lunettes noires. Le plus maigrelet était déjà de taille à tordre le cou au plus balaise des Sentinelles de Gaïa.

– Ce sont les Loups de Baphomet, annonça le grand Noir. Va falloir sortir l'artillerie, les amis.

– Et toi, t'es dans quel camp ? l'apostropha l'un des motards.

– J'suis un gentil, mon gros, comme toi. Sauf que moi, j'en jette plus avec mes gourmettes que toi avec tes lunettes.

Le motard en question, sans doute amateur de style rétro, portait un casque en cuir et, remontées sur le front, des lunettes de pilote de course des premiers âges de l'automobile. Il chevauchait un engin guère moins antique. Il haussa les épaules, puis ouvrit son blouson d'aviateur de la Royal Air Force, afin d'impressionner le compagnon Purple-Man avec l'incroyable arsenal d'armes de poing et poignards qu'il portait accrochés à sa doublure.

– Ils ne vont quand même pas oser provoquer une fusillade devant le palais de l'Élysée ? tenta de se rassurer Luciole.

– Je vous ai prévenus, lança l'avatar elfe. Maintenant, il va falloir assumer, c'est-à-dire se défendre. Nous discuterons ensuite, s'il reste assez de survivants pour cela.

Ce disant, il ouvrit son manteau de lin et dévoila un objet allongé, en bois, qui une fois déplié s'avéra être une arbalète. Il en tendit la corde, comme on le faisait au Moyen Âge, en maintenant d'un pied la pointe de l'arme au sol. Réalisant que la rue la plus surveillée de France allait se transformer en champ de bataille, le compagnon d'Ambre ferma les yeux et gémit intérieurement. De leur côté, les Loups de Baphomet commençaient à sortir les fusils à pompe, les pistolets automatiques et même, pour l'un d'eux, un fusil lance-grenades.

– Aux abris, ça va canarder ! s'écria une Sentinelle.

Devant l'Élysée, le garde républicain en faction venait enfin de comprendre qu'il se préparait des événements pas très catholiques. Il quitta sa guérite pour se précipiter vers la conciergerie en hurlant que la Présidence était attaquée. Le compagnon d'Ambre songea tout à coup que leur seul espoir de se mettre à couvert était la cour du palais. Il s'élança dans les talons du garde en s'écriant :

– Luciole, le portail. Il faut obliger les huissiers à l'ouvrir !

Peu après, sous la menace des puissants calibres des Sentinelles de Gaïa, l'agent chargé de l'accueil commandait l'ouverture des lourds vantaux.

– Dans la cour du palais ! Vite ! Vite ! s'écria Elsidir, alors que claquaient les premiers coups de feu.

Les autres Sentinelles lui emboîtèrent le pas, mais deux malchanceux furent fauchés devant le porche par les balles de l'ennemi. L'un d'eux s'évapora avant même de s'écrouler. L'autre n'agonisa que quelques secondes sous le regard horrifié de Luciole qui avait rejoint le groupe avec son Protectueur.

Derrière elle, le compagnon Damiel lui glissa de sa voix morne :

– Dans ce genre de guerre, il n'y a ni blessé ni prisonnier.

Puis, se tournant vers les autres qui vérifiaient leurs armes avant de riposter, il ajouta en élevant le ton :

– Si l'un d'entre nous est touché et qu'il ne peut être emporté, nous devrons l'achever. Vous le savez, c'est la règle du jeu.

L'annonce jeta un froid que balaya aussitôt l'approche des Loups.

# 22
# Carnage sans cadavre

La fusillade s'intensifia tandis qu'accouraient du palais de nombreux agents de sécurité, gardes du corps et autres gendarmes, pistolet au poing. Le compagnon d'Ambre se porta à leur rencontre en criant :

– L'Élysée est attaqué par des terroristes !

L'un d'eux, un chef assurément, costume cravate impeccable et coupe en brosse parfaite, l'interrogea :

– Qui êtes-vous ?

– Des antiterroristes. Surtout n'intervenez pas. Laissez-nous faire !

L'homme tiqua :

– La brigade antiterroriste ? Mais pourquoi n'ai-je pas été prévenu ?

– Maintenant, c'est fait. S'il vous plaît, dites à vos hommes de rentrer dans le palais. C'est là qu'ils seront le plus utiles.

Le Protectueur fut interrompu par une déflagration. Il se retourna, l'un des Loups de Baphomet venait de lancer une grenade qui avait sérieusement blessé un jeune homme en tenue de chevalier Jedi. Celui-ci était la réplique à peu près conforme de Luc Skywalker, adolescent. Le pauvre garçon fut transporté à l'écart, hurlant et se tenant le ventre. Le compagnon préféra ne pas voir s'il allait être achevé, comme l'exigeait la « règle du jeu ». Deux autres Sentinelles furent blessées peu après, et pareillement mises à l'abri dans un angle de la cour pavée. Avec force gestes et ordres cinglants, l'officier de sécurité ordonna à ses hommes de rester en retrait du combat, puis il rejoignit le compagnon d'Ambre près du porche.

– Ce sont des islamistes ? demanda-t-il.

– Non. Ceux-là sont bien plus dangereux.

L'officier le dévisagea, interloqué.

– Qu'est-ce que vous voulez dire ?

– Secret défense. Désolé, mon vieux.

***

Dans les coulisses de sa conscience, Clotaire éprouva un petit pincement de fierté de se voir agir ainsi, avec sang-froid et un sens de l'improvisation remarquable. Non loin de lui, Luciole était à l'inverse tétanisée d'effroi. Les deux mains crispées sur la crosse de son Taser, elle s'était positionnée dos contre un mur, du côté de la conciergerie qui servait de sas d'accueil et que des Sentinelles avaient investie afin d'en interdire à l'ennemi l'accès par la rue. Elle échangea un regard avec son Protectueur et sans doute la même pensée : « Nous avons joué avec des allumettes près du tas de poudre, et voilà le résultat. »

Le compagnon Damiel réclama à grands cris qu'on rabatte les battants du portail. Profitant d'un tir nourri de couverture qui obligeait les Sentinelles à rester à l'abri du porche, plusieurs Loups de Baphomet parvinrent à s'approcher et à canarder à tout-va dans la cour. Ils touchèrent trois avatars, avant de se faire eux-mêmes anéantir. Le chef de la sécurité assista alors, complètement ahuri, à la « mort » par évaporation de ces combattants suicidaires en jean et blouson noir.

– Qu'est-ce que c'est que cette histoire ? articula-t-il.

– Croyez-moi, éluda le compagnon d'Ambre, il vaut mieux que vous retourniez rejoindre vos collègues et que vous nous laissiez régler ce problème. Tout ce que vous avez à gagner en restant là, ce sont des balles perdues.

Des cris et une nouvelle explosion le pressèrent d'aller renforcer la défense du portail, tandis que dans la loge du concierge les Sentinelles de Gaïa ordonnaient la fermeture de ce dernier. Damiel, de son côté, était enfin parvenu à prendre la direction des opérations et criait des instructions et des ordres en vrai chef de guerre.

– Vous vous débrouillez comme un général, Damiel, le félicita le compagnon d'Ambre.

– Je l'ai été.

– Vraiment ?

Il esquissa un sourire espiègle :

– Et bien plus que cela. Me croiriez-vous si je vous disais que j'ai été Napoléon Ier ?

– Oh que oui !

Juste avant que les battants ne claquent, les colosses en perfecto se jetèrent l'épaule en avant contre la porte. Cinq d'entre eux, particulièrement audacieux, se faufilèrent par ce qu'il restait d'ouverture. Ils se livrèrent à un véritable carnage, tirant en rafale au fusil à pompe avec une rage de chiens de guerre. Le compagnon d'Ambre en abattit un, avant de sentir une violente brûlure lui vriller le deltoïde gauche. Il tomba à la renverse sur le pavé. Le chef de la sécurité, et sur son ordre deux autres agents de sécurité, le saisirent sous les aisselles, puis le tirèrent entre deux des trois berlines ministérielles bleu marine qui étaient stationnées dans la cour. Lucile traversa celle-ci sous le feu ennemi pour le rejoindre.

– Clotaire ! Vous êtes blessé ?

– Une égratignure. Faites attention, Luciole, pas de confusion ; je suis le compagnon d'Ambre, précisa-t-il en tournant les yeux vers le chef de la sécurité.

Par chance, celui-ci donnait… ou plutôt beuglait des ordres dans un talkie-walkie. Luciole hocha la tête, puis s'intéressa à la blessure de son ami qui saignait abondamment, mais paraissait en effet superficielle. Durant ces quelques poignées de secondes, la situation évolua de manière inattendue. Le compagnon Elsidir vint les retrouver entre les voitures pour annoncer :

– Les Loups battent en retraite. Nous allons pouvoir sortir.

– Bravo ! Voilà ce qui s'appelle une belle victoire ! le félicita le compagnon d'Ambre.

– Cela n'a rien à voir avec une victoire. D'importantes forces de police sont en train d'arriver et ils ne tiennent pas à se faire arrêter, pas plus que nous, d'ailleurs. C'est pourquoi je viens vous avertir que nous allons devoir prendre congé les uns des autres.

– Je comprends. Comment nous reverrons-nous ?

– De cette manière-là, jamais.

Il se releva, puis ajouta :

– Souvenez-vous qu'il ne vous suffit pas de disparaître pour vous retrouver ailleurs.

– Mon Dieu, il a raison ! réagit Luciole. Nous ne devons pas couper la connexion avant d'avoir quitté cet endroit.

– Absolument. Après vos exploits, approuva Elsidir, cette cour sera plus close et mieux gardée qu'une centrale nucléaire menacée d'attentat. Partez et ne recommencez plus.

L'elfe se détourna, puis s'éloigna à grandes et souples enjambées, sous le regard abasourdi du chef de la sécurité. Pressant d'une main un mouchoir sur sa blessure, le compagnon d'Ambre se remit debout.

– Nous ferions bien de le suivre, conseilla Luciole.

– J'ai une meilleure idée. Comment vous appelez-vous, monsieur ? demanda-t-il à l'officier.

– Je suis le commandant Beaulieu, de la SPHP[1]. Vous, c'est compagnon d'Ambre, ai-je entendu ? Mais quel est votre vrai nom, et à quel service appartenez-vous ?

– Mon vrai nom est secret, tout comme ce que je suis et ce que je fais en ce monde. C'est pourquoi j'ai un petit service à vous demander…

L'officier prit un air méfiant.

– Nous allons monter dans l'une de ces voitures et vous voudrez bien nous servir de chauffeur, jusqu'à ce que je vous indique où nous déposer.

– Impossible, je refuse ! De toute façon, je n'en ai pas le droit.

– Dommage pour vous, parce que vous vous privez d'une belle occasion de recevoir une médaille.

– Une médaille ?

Le compagnon fit semblant d'hésiter à lui faire une grande révélation, puis de s'y résoudre :

– Vous vous doutez bien que le président de la République n'ignore rien de ce que nous sommes et des raisons de cette attaque. Or justement…, ajouta-t-il en échangeant un regard entendu avec Luciole, nous

1. Service de protection des hautes personnalités (SPHP).

devons le voir très prochainement pour notre rapport. Et je compte bien lui parler de vous.

L'homme se demandait à l'évidence si c'était du lard ou du cochon. Il opta pour le cochon.

– Désolé, monsieur d'Ambre, qui que vous soyez, je vais quand même vous demander de me suivre dans mon bureau. Nous y attendrons mes collègues de la DST.

Puis il ajouta avec un haussement d'épaules :

– Et tant pis pour la médaille.

# 23
# La clochette du diable

Clotaire sourit au souvenir de leur sortie de la cour du palais de l'Élysée, tout en douceur, telles de hautes personnalités, puis leur disparition sous le nez de cet officier supérieur de la sécurité présidentielle, après une bataille aussi mémorable que meurtrière… Il était un héros ! Comment en douter après de tels exploits… ? Soudain, il grimaça de douleur en poussant un petit chuintement d'enfant douillet.

– Pardon, s'excusa Lucile.

– Ça pique ! glapit le blessé.

– La balle a creusé un joli sillon, mais je ne crois pas qu'il sera nécessaire d'envisager une greffe de peau.

Clotaire la fixa avec un air épouvanté :

– Vous ne croyez pas ?

– J'en suis même sûre. Allez, serrez les dents, je vais mettre le pansement.

Ils se trouvaient dans la salle de bains du pavillon de banlieue de Clotaire. Le jeune homme était assis sur le bord de la baignoire, son infirmière attentionnée devant lui, qui de temps en temps esquissait une grimace de douleur comme s'il se fût agi de sa propre épaule. Une fois le bandage posé, elle put enfin souffler. Son regard se posa une milliseconde sur le torse nu de son patient, puis se détourna vers le lavabo à demi rempli de coton hydrophile ensanglanté. Quand il avait ôté son tee-shirt noir aux armes du groupe Destroy-Men, elle avait découvert une séduisante musculature sous une peau légèrement satinée. Pour un informaticien, c'était inattendu et terriblement tentant. Elle se frotta les mains, puis demanda :

– Ça ira ?

– Oui. Ce sera ma première blessure de guerre. Ça se fête.

– Justement, vous devriez boire un petit remontant, je vous trouve un peu pâlichon.

Elle eut alors le geste insensé de lui poser une main sur la joue en un geste si délicat qu'il frissonna. « Eh bien, vas-y, prends-la ! Serre-la sur ton cœur… » « et embrasse-moi, idiot », pensa Lucile. Il ne fut capable que de la couver des yeux.

– Et si on retournait au salon ? proposa-t-il, rompant maladroitement le charme.

Elle retira sa main, puis approuva poliment.

***

Peu après, ils étaient installés dans le canapé de cuir brun, chacun à un bout. Clotaire avait sorti une bouteille de fine liqueur de myrtille qu'avec délectation ils sirotaient sans un mot.

– On a eu de la chance, finit par déclarer Clotaire, surtout pour rompre un silence devenu pesant.

– Nous, oui, mais quand je pense à tous ceux qui ont été tués à cause de notre imprudence, ça ne me donne aucune envie de me réjouir.

Clotaire baissa les yeux. Combien en effet avaient péri au cours de cette bataille fantastique, dans tous les sens du terme ? Avec une éprouvante netteté, il revit dans sa tête la fin de quelques-uns de ces braves, tombés sous les balles des Loups. Certains avaient agonisé plus ou moins longtemps, avant de s'évaporer comme s'efface une image sur un écran de télévision. Le jeune informaticien savait qu'à chacune de ces disparitions, quelque part en France, ou même ailleurs sur la Terre, un être humain avait perdu la vie, comme lors d'une vraie guerre. Malgré cela, il ne parvenait pas à en éprouver une véritable affliction, à peine un regret intellectuel. Sans doute sa conscience flottait-elle encore sur la frontière entre le réel et le virtuel, ce qui n'était pas très rassurant. Peut-être cela s'expliquait-il aussi par le fait qu'il ne s'était jamais directement mis en danger. Vivre les événements de l'Élysée à travers les yeux d'un avatar, ça ressemblait trop à un jeu sur console vidéo.

Il lui revint également le souvenir de leur fuite de la cour du palais présidentiel, sans violence ni précipitation, à bord d'une des berlines ministérielles. Il y avait été contraint par le refus du commandant Beaulieu de leur servir de chauffeur. Le compagnon d'Ambre avait pris le volant et Luciole était montée à l'arrière. La carte de contact du véhicule se trouvant dans son logement, il avait pu démarrer sans problème, puis franchir le portail aussi lentement que s'il avait été en charge d'une personnalité. Un agent de police avait même eu la délicatesse de lui faciliter la sortie en bloquant la circulation de la rue, en l'occurrence celle des nombreux véhicules de police et de secours. Il avait fait le pari que personne ne leur tirerait dessus, non sans serrer les fesses. Et il avait eu raison ! En revanche, le commandant ordonna à un motard de la police nationale de lui céder sa moto pour leur filer le train. En quittant cette cour grouillante d'hommes armés, ils avaient constaté que les seules traces de la bataille étaient des impacts de balles sur les murs et les quelques dégâts provoqués par les grenades qu'un Loup avait lancées. C'était assez perturbant de constater qu'après un tel déluge de violence il ne demeurait sur place aucun cadavre, pas une arme, pas une douille, rien, strictement rien qui eût appartenu aux belligérants. Comme si tout cela n'avait été qu'une illusion.

De même, la police n'avait-elle pu faire aucun prisonnier. Les survivants s'étaient sans exception mystérieusement et littéralement évaporés dans la nature, ce que lui-même avait fait avec Luciole, un peu plus tard, du côté du jardin des Tuileries, sous les yeux effarés de Beaulieu et des trois motards qui les avaient suivis.

Une fois déconnectés du jeu, il leur fallut un petit moment pour « atterrir », comme lorsqu'on sort brusquement d'une rêverie.

– On devrait allumer la télé, suggéra Clotaire. Ils parlent peut-être de nous ?

Il n'avait pas remis son tee-shirt et portait son bras gauche en écharpe.

– Allez-y, approuva Lucile en changeant de position, et de la sorte se rapprochant de lui. Ensuite, nous ferons revenir nos avatars ici, suggéra-t-elle.

– Sage précaution. Allons-y.

L'écran central s'alluma sur une chaîne du câble, spécialisée dans le cinéma. L'informaticien zappa trois fois avant de tomber sur un flash spécial en cours. Un présentateur, positionné de trois quarts par rapport au téléspectateur, était en conversation avec un correspondant qui occupait en plan américain l'autre moitié de l'écran. Derrière ce journaliste tournoyaient de nombreux gyrophares bleus, créant une ambiance très excitante pour les amateurs de catastrophes.

– Il s'agirait donc d'une tentative d'attentat sur la personne du Président ? résuma le présentateur.

– En fait, David, nous ne pouvons rien affirmer, mais d'après certains témoins il y aurait bien eu fusillade et, semble-t-il également, des explosions. Tout à l'heure, nous avons tenté d'interroger une habitante du quartier. Alors qu'elle était en train de nous expliquer ce qu'elle avait vu, à savoir que des dizaines d'individus armés de fusils de gros calibre marchaient vers l'Élysée, des agents des services de la Sécurité intérieure sont intervenus. Ils ont littéralement enlevé cette dame. Et je dois dire, David, sans ménagement. Ensuite, d'autres policiers nous ont abordés. Ils nous ont confisqué notre caméra, le temps d'effacer notre enregistrement. C'est pourquoi nous ne sommes pas en mesure de vous transmettre la moindre image sur ce qu'il faut bien appeler une arrestation arbitraire. Je vous avoue, David, que de toute ma carrière je n'ai jamais vu un tel déni de démocratie, pas en France en tout cas. C'est tellement incroyable que cela cache forcément quelque chose de grave.

Clotaire zappa à nouveau, jusqu'à tomber sur un autre bulletin spécial. Même ambiance, même discours d'incompréhension :

– Eh bien, c'est difficile à dire, expliquait une jeune journaliste blonde d'une chaîne d'information permanente. Il règne ici une atmosphère proprement surréaliste. Tenez-vous bien, on raconte qu'il y a eu des échanges de tirs dignes d'un règlement de compte entre parrains de la mafia au temps de la prohibition. Eh bien, malgré cela, les dizaines d'ambulances dépêchées sur les lieux n'ont pas eu un seul blessé à emporter, pas un seul mort ! C'en est au point où l'on se demande s'il ne s'agirait pas d'un vaste canular. D'ailleurs, c'est un peu ce que laissait entendre le porte-parole de l'Élysée, tout à l'heure, lors d'une courte déclaration. Je vous propose de l'écouter…

– Voilà comment ça va se terminer, commenta Clotaire. Tout cela n'était qu'une grosse blague. Il ne s'est rien passé, circulez, y'a rien à voir !

– Que voulez-vous qu'ils disent d'autre ?

Les journalistes poursuivaient leurs commentaires, parvenant avec beaucoup de professionnalisme à tenir le micro des minutes pleines sans avoir une seule information substantielle à communiquer aux téléspectateurs. Lucile et Clotaire, mus par d'inconscients mouvements de corps, se rapprochèrent jusqu'à presque se toucher et percevoir le doux rayonnement calorique de l'autre. Leur cerveau finit par complètement se déconnecter de l'émission spéciale, celle-ci devenant pour eux un simple ballet d'images, dans un brouhaha de paroles dépourvues de sens. Et leur cœur accéléra sensiblement la cadence, surtout quand ils se collèrent vraiment l'un à l'autre. Gêné par son bras valide, qui était du côté de la jeune femme, Clotaire le souleva. Puis, ne sachant qu'en faire, il l'abaissa doucement sur la nuque de sa voisine, laquelle se nicha dans le creux de son épaule. Il devint difficile à l'un comme à l'autre de respirer normalement. Clotaire bougea, Lucile se redressa. Il changea de position, elle le regarda. Il la fixa. Leurs visages se rapprochèrent, s'attirèrent, irrésistiblement, jusqu'au moment où… leurs lèvres s'effleurèrent… et y prirent goût.

Mais il fallut bien interrompre cette séance de réconfort pour procéder au rapatriement de Luciole et du compagnon d'Ambre. Cela demanda un certain temps, et provoqua chez chacun une légitime frustration.

Hélas, le diable n'avait pas décidé de quitter la partie. Quelques minutes seulement après le retour des avatars, à l'extérieur, côté rue, tinta une clochette. De nouveaux ennuis s'annonçaient.

# 24
# L'enfer du jeu

Clotaire bondit sur l'interrupteur de la lampe halogène, tandis que Lucile s'empressait de connecter l'ordinateur sur le jeu. Conformément à une procédure précédemment mise au point et répétée, ils chaussèrent leur équipement de vision 3D, prenant soin de couper les microphones afin que leurs avatars ne parlent pas à voix haute en même temps qu'eux. Par les yeux de son double, chacun vit apparaître sa partie de jardin, plongée dans une pénombre crépusculaire. Il était près de minuit et la lune, comme en mauvais présage, avait la forme pleine qu'affectaient les loups-garous.

Lucile prit la main de son ami.

– Il n'y a personne de mon côté, murmura-t-elle.

Clotaire ne pouvait en dire autant. Sur l'allée du garage, un genou au sol, un homme en combinaison noire était affairé à fouiller dans un sac militaire posé devant lui. Telles des araignées tombant du ciel au bout de leur fil, une deuxième puis une troisième silhouette atterrirent en souplesse près de lui. Clotaire comprit que pour s'introduire chez lui, plutôt que d'escalader le portail hérissé de pointes, ils étaient passés par le toit en terrasse du petit immeuble voisin.

– Moi, j'en vois trois, répondit-il à voix basse. Ce sont des commandos... Ils sont en train de se débarrasser de leurs harnais... Aïe ! Ils ont des lunettes à infrarouge et des pistolets mitrailleurs à visée laser.

– Est-ce que je vous rejoins ?

– Pas tout de suite. Je voudrais d'abord savoir par où ils comptent entrer.

– Je me tiens prête. Allez-vous les tuer ?

Clotaire tiqua. S'il avait imaginé toutes sortes de scénarios d'intrusion malveillante, même par hélicoptère, il n'avait pas vraiment réfléchi à ce qu'il ferait s'il surprenait des assassins en train de piétiner ses plates-bandes.

– En cas de légitime défense, je n'hésiterai pas.

– Si nous attendons qu'ils nous trouvent et nous tuent, ça risque d'être difficile, non ?

– Vous avez raison. Je propose quand même d'attendre de voir comment ça va se passer. Le mieux serait de les coincer sans avoir à leur tirer dessus. Ça y est, ils approchent de la maison !... Ah tiens, pas bête, ça.

– Que font-ils ?

– J'ai compris ! Ils vont entrer par le soupirail de la cave.

À l'évidence, ces hommes connaissaient les lieux, qu'ils avaient dû minutieusement repérer avant de venir. Mais comment avaient-ils fait ? s'interrogea Clotaire. Quelques photos prises au téléobjectif pouvaient suffire, supposa-t-il.

Les trois hommes avaient glissé comme des ombres jusqu'à la façade. L'un d'eux s'accroupit à droite du perron puis, en quelques secondes, fit sauter la plaque du soupirail. Clotaire se mordit psychologiquement les doigts d'en avoir surestimé la solidité.

– Ça commence à sentir la poudre, dit-il. Lucile, dès que je vous le dirai, envoyez Luciole rejoindre le compagnon d'Ambre devant la maison.

– Et ensuite ?

– Je réfléchis.

La vérité, qu'il n'osait avouer, était que la peur l'avait happé, une trouille paralysante comme il en avait rarement connu. C'était chez lui que la scène se déroulait et on venait le tuer, pour de vrai ! Et ce *on* était trois professionnels expérimentés, alors que lui n'était qu'un gentil informaticien, certes habile tireur, mais seulement pour dégommer les zombies ou les monstres baveux dans ses jeux vidéo favoris.

– J'arrive ! annonça soudain Lucile.

Cela l'aida à se ressaisir.

– Entendu. Dès que vous m'aurez rejoint, j'irai nous ouvrir. Ensuite, je suggère qu'avec Luciole vous alliez vous poster dans le débarras au fond du couloir à droite. Vous laisserez la porte ouverte, parce que c'est vous qui donnerez le signal de l'attaque en allumant le vestibule. L'interrupteur sera à votre droite, donc côté jardin.

– Et vous, où serez-vous ?

– Sur l'escalier. Dès que vous aurez allumé le lustre, nous leur sauterons sur le poil. S'ils ne se rendent pas immédiatement, je tire dans le tas.

– Et si ce ne sont pas des Éliminatueurs ?

– Que voulez-vous que ce soit ?

– Le GIGN.

– Impossible. Ils n'ont pas de gilet pare-balles, ni de casque, et même pas de cagoule.

– Des cambrioleurs, alors.

– Avec des lunettes à infrarouge et des pistolets laser ? Franchement, je ne crois pas.

Il y eut un moment de silence durant lequel Clotaire amena son avatar sous le petit auvent qui abritait le perron de la maison. Peu après, Luciole annonça :

– C'est bon, je suis là.

Le compagnon d'Ambre tourna la tête vers sa gauche. Sa sublime compagne d'aventure lui apparut, sa belle chevelure de lionne caressée par un vent léger. Elle lui adressa un sourire, et lui un compliment :

– Vous êtes aussi belle de nuit que de jour, dit en fait Clotaire à Lucile.

– Merci.

– On rentre à la maison ?

Elle prit une inspiration, puis acquiesça :

– Je vous suis.

Ils durent quand même attendre que le propriétaire des lieux vienne déverrouiller la porte d'entrée. Le jeune homme ôta ses lunettes 3D puis, sur la pointe des pieds, traversa le salon et le couloir pour gagner le vestibule. Au passage, il plaqua une oreille sur la porte de la cave, sous l'escalier de bois, mais n'entendit aucun bruit. Il ouvrit en douceur le battant à demi vitré. La vision de ces deux magnifiques créatures qui n'existaient pas, attendant sagement sur son paillasson, les bras le long du corps, tenant chacune une arme dans sa main droite, lui parut presque effrayante, comme s'il se fût agi d'extraterrestres. Dès lors que le modèle-source et son avatar se retrouvèrent l'un en face de l'autre, ils se synchronisèrent et Clotaire put faire bouger le compagnon d'Ambre selon sa volonté. Luciole entra, adressant au passage une œillade espiègle à Clotaire.

Tous quatre furent bientôt en position : Clotaire et le compagnon d'Ambre allongés côte à côte sur les marches de l'escalier, chacun un pistolet en main. Lucile et Luciole tapies dans l'étroit cagibi, dos contre le battant ouvert de la porte, le Taser réglé sur la charge maximale, qui pouvait être mortelle.

Après une courte attente qui leur parut interminable, un très léger grincement signala l'ouverture de la porte de la cave. L'ennemi était dans la place. Les faisceaux laser de leurs armes balayaient l'air, tandis que couraient sur les murs et au plafond des points lumineux rouges. À nouveau, les gonds gémirent. Clotaire et son avatar se regardaient droit dans les yeux, comme dans un miroir. Malgré la pénombre, le jeune homme distinguait la tension qui durcissait les traits de son visage, clooneysque en l'occurrence. Il avait l'estomac malmené, comme entre les pognes d'un catcheur, les jambes en guimauve, et il se demandait s'il allait tenir le coup. Comment en effet dans ces conditions pouvait-il espérer neutraliser trois gaillards aussi bien équipés et sans doute entraînés que des commandos des Forces spéciales ? À moins, tenta-t-il de se rassurer, qu'il ne se fût agi que d'avatars maladroits, pas plus doués que lui pour assassiner leurs semblables. Il n'eut pas le loisir de se tourmenter davantage, puisque le lustre du couloir s'alluma, inondant d'un coup le hall de lumière. Aveuglés, les intrus perdirent une précieuse seconde à remonter leurs lunettes à infrarouge sur leur front. Ce minuscule délai suffit à Clotaire et à son avatar pour se lever et menacer les intrus par-dessus la rampe de l'escalier.

– Plus un geste ou vous êtes morts ! hurlèrent-ils. Couchez-vous ! À terre, les mains sur la nuque !

L'ordre fut lancé avec vigueur et autorité par Clotaire. Cela ne produisit pourtant pas l'effet escompté puisque, au lieu d'obéir, les trois individus firent feu. Clotaire et son avatar reculèrent, s'accroupirent et répliquèrent. Passant le bras entre les montants, ils canardèrent au pif, à l'instinct, avec furie, comme des gosses jouant aux gendarmes et aux voleurs avec des pistolets à eau. Lucile et Luciole avaient de leur côté surgi de leur cachette, ajusté leur tir et expédié vers les trois intrus les pointes de leur redoutable joujou électrique. Seul celui que visait Lucile fut atteint, à la base du cou. Cela dut lui griller la cervelle, car il s'évapora quelques instants après s'être effondré. Un deuxième connut le même sort après avoir reçu une balle en pleine tête. Quant au troisième, il s'écroula en hurlant, mais ne disparut pas.

– Arrêtez, Clotaire ! cria Lucile. C'est fini, il n'y en a plus qu'un et vous l'avez blessé !

Clotaire et le compagnon d'Ambre avaient cessé de tirer, mais parce que leur chargeur était vide. En nage, haletant, ils restèrent un moment allongés sur le dos dans l'escalier. Ce sont les gémissements et les supplications du survivant qui pressèrent Clotaire de se ressaisir. Son avatar sur les talons, il retrouva Lucile et Luciole penchées sur cet homme d'une trentaine d'années, plutôt baraqué, le cheveu brun coupé court, le visage luisant de sueur et pâle comme un linge. Il se tordait sur le parquet, recroquevillé sur lui-même.

– Il a reçu une balle dans le ventre, diagnostiqua Luciole-Lucile.

Clotaire donna un coup de pied dans son pistolet mitrailleur, pour l'éloigner de son propriétaire.

– C'est grave ? s'enquit-il.

– Je ne suis pas médecin, mais si on ne l'emmène pas très vite à l'hôpital, il mourra, c'est sûr.

L'informaticien s'accroupit et put constater que la combinaison de toile noire du type était poisseuse de sang et percée d'un trou au niveau de l'estomac.

– Vous croyez que ça se soigne, un avatar ? demanda-t-il.

– Si ça se blesse, ça se soigne, répondit Lucile. Je vais appeler le SAMU.

– Attendez, réfléchissons d'abord.

– Vous croyez que nous avons le temps ? Je veux dire, que *lui* a le temps ?

– S'il vous plaît, gémit le blessé, faites quelque chose. Je suis en train de crever.

Il se mit à sangloter.

– Lucile, si le SAMU l'emmène à l'hosto, il sera opéré. Tant mieux. Mais qu'en sera-t-il de l'autre, de son double ? Est-ce que lui aussi sera débarrassé de sa balle dans le buffet ?

– Logiquement, oui.

Clotaire prit un air contrarié, puis déclara :

– Vous imaginez, s'il meurt sur la table d'opération ?

– Clotaire, vous croyez que c'est le moment de se poser ce genre de question ?

– Plus que jamais, parce que si on fait venir le SAMU ou si on l'emmène nous-mêmes à l'hôpital, on va forcément nous demander notre identité, et comment on l'a trouvé, et comment c'est arrivé… Compte tenu des événements, cette histoire ne passera pas inaperçue et je ne tiens pas à ce que les flics viennent perquisitionner chez moi, ou pire les Services secrets.

Le type tenta de se redresser, grimaçant de douleur.

– Aidons-le, dit Lucile.

Une fois adossé au mur, l'homme regarda Clotaire. Il étira un rictus qui se mua en un sourire triste.

– Ne vous fatiguez pas. Je suis fichu, murmura-t-il.

– Pas sûr, si on vous soigne à temps, objecta Clotaire. Mais avant qu'on vous emmène, dites-nous qui vous êtes. Un Loup de Baphomet ?

L'homme répondit négativement de la tête.

– Non ? De toute façon, vous êtes un Éliminatueur ?

L'homme nia à nouveau.

– Vous ne veniez pas pour nous tuer ? demanda Lucile.

– Non.

– Pour quoi, alors ?

– Pour vous enlever.

Les jeunes femmes échangèrent avec les garçons un regard dubitatif.

– Qui vous a envoyé ? demanda Clotaire.

L'individu le fixa, mais garda le silence. Lucile nota qu'il avait de magnifiques yeux bleus.

– Est-ce le Maître du jeu ? demanda-t-elle.

L'intrus se contenta de la contempler, avec une expression apaisée, ce qui lui fit comprendre que la fin était proche.

– Pourquoi essayer de nous kidnapper plutôt que de nous éliminer ?

Il ne bougeait plus.

– Bon sang, est-ce que vous allez répondre ? s'énerva Clotaire.

– Du calme, le tança Lucile en lui posant une main sur le bras. Ça ne sert à rien de le brusquer.

Son ami respira à fond, puis reprit son interrogatoire :

– Comment vous appelez-vous ?

– Dorian.

– Où habitez-vous ?

– Nulle part.

– Personne n'habite nulle part. Donnez-nous votre adresse et nous irons chercher votre modèle-source pour l'emmener à l'hôpital. Je vous le promets.

– Je ne suis plus de ce monde. Comme toi, mon vieux… comme vous deux.

Clotaire éprouva une désagréable impression.

– Qu'est-ce que vous voulez dire ?

– Vous n'avez donc pas encore compris ? Vous n'en sortirez jamais…

Il ferma les yeux. Puis il murmura comme pour lui-même :

– Jamais personne n'en est sorti. Jamais…

– Du jeu ?

– De l'enfer du jeu, confirma Dorian.

L'instant suivant, il s'évaporait.

# 25

# L'engagement sur l'honneur

Après avoir longuement discuté, sans parvenir à se rassurer mutuellement, Lucile et Clotaire se rendirent à l'évidence : leur vie n'était pas près de redevenir un long fleuve tranquille. Déjà, ils se trouvaient l'un et l'autre dans une situation professionnelle délicate, guère loin de l'abandon de poste. C'est pourquoi ils devraient obtenir rapidement un certificat médical d'inaptitude au travail, pour cause de peste bubonique ou bien, *a minima*, dépression nerveuse.

– Demain matin, nous prendrons rendez-vous chez un psychiatre, annonça Clotaire. Mais avant d'y aller, il faudrait vraiment qu'on ait des têtes de déterrés. Moi, j'avalerai un litre de café salé.

– Pour moi, ce sera plus simple. Il me suffira de penser à ma pauvre mère qui, elle, va vraiment tomber malade de me savoir malade.

– Ou non, mieux ! On raconte notre histoire, sans rien ajouter ni enlever !

Lucile ne réagit même pas par une esquisse de sourire. Ni les blagues ni les bonnes idées de son compagnon d'infortune n'étaient en mesure de lui remonter le moral. Et cela risquait de durer si un miracle, qu'elle ne cessait d'appeler dans ses prières au Tout-Puissant, ne survenait pas très vite. De son côté, Clotaire venait de repenser à une discussion qu'ils avaient eue à propos du commanditaire du commando de bras cassés qu'ils avaient décimé :

– Tout à l'heure, nous avons émis l'hypothèse que c'était Teddy Ghoster qui avait tenté de nous kidnapper, sans trouver de bonnes raisons pour la justifier…

– Parce que vous en auriez une à proposer ?

– Non, mais nous pourrions lui poser directement la question ?

– L'appeler ?

– Et le faire venir. Qu'est-ce qu'on risque ?

– De le déranger pour rien, puisque nous n'avons pas l'intention d'entrer dans son armée des ombres.

– On pourrait faire semblant. Si nous gagnons sa confiance, nous réussirons peut-être à le faire parler.

Lucile lorgna son ami avec suspicion.

– La ficelle est un peu grosse. Et si vous m'expliquiez plutôt ce que vous avez derrière la tête ?

– D'un côté, si on continue comme ça à se planquer et à passer entre les balles, on ne s'en sortira jamais, ou alors les pieds devant. À moins de se réfugier au fin fond de l'Amazonie…

– L'Amazonie, ça ne me dirait rien, mais il y a plein d'autres endroits dans le monde où nous serions très bien. J'ai quelques économies et mon appartement que je pourrais vendre. Avec ça, dans certains pays, nous pourrions vivre dix ans sans problème.

L'expression de Clotaire à la perspective d'un tel exil suffit à la faire changer d'avis :

– Oublions, grommela-t-elle. Et d'un autre côté ?

– L'autre possibilité serait de se mettre sous la protection de Ghoster. Il a l'air plein aux as. Je suis sûr qu'on serait très bien nourris, bien logés, équipés, habillés… et gratis !

– Êtes-vous naïf à ce point ? Vous connaissez une seule chose en ce monde qui soit gratuite ?

– Internet.

– Certainement pas ! Et vous le savez bien. Ça se paie toujours d'une manière ou d'une autre. J'ai passé des heures à expliquer à mes élèves comment on les décérébrait, on les exploitait, on les manipulait sur le web…

– La musique est gratuite, les films sont gratuits, les jeux et même les livres numériques, maintenant !

– Ah bon ?

– Je n'en ai jamais payé un de ma vie.

– Comme ce qu'on vole… Passons. Admettons que nous fassions croire à ce monsieur que nous acceptons d'entrer dans son armée. Qu'est-ce que cela nous rapportera ?

– Il n'y a qu'en jouant le jeu qu'on pourra le savoir. Mais, il faudra aussi qu'on se tienne prêts à tout moment à lui tirer notre révérence, et alors là, oui, si vous avez des idées d'exil paradisiaque... Et puis de toute façon, Ghoster ne va pas nous retenir prisonniers dans une cellule de sa base secrète, cinquante mètres sous terre ou sur la face cachée de la Lune !

– Qu'en savez-vous ?

– ...

– Souvenez-vous de son avertissement : c'est à la vie à la mort, comme dans la Résistance. Personnellement, j'en ai déduit que si nous le trahissons, ce ne seront plus seulement les Loups de Baphomet qui nous traqueront, mais aussi les Protectueurs ! Protec-tueurs, Clotaire.

Le jeune homme hocha la tête avec découragement, puis lâcha :

– Je ne ferai rien sans votre accord. Alors restons-en là pour ce soir. On va se coucher ?

– Oh oui !

Et là, de manière totalement inattendue, elle demanda :

– Clotaire, ça vous ennuie si je viens dormir avec vous ? Je crois que j'aurais moins peur.

L'informaticien changea de tête, redevenant tout à coup un petit garçon. Il déglutit, puis répondit :

– Bien sûr que oui… que non ! Ah zut ! *Yes, of course*, avec plaisir.

Il reprit son souffle et pensa : « C'est terrible d'être aussi émotif. »

***

La fin de cette nuit de pleine lune fut douce et calme, et la matinée grasse et tendre… seulement tendre, ce qui déjà était pour eux un formidable pas en avant vers l'amour. Ils se levèrent reposés et, bizarrement, ou plutôt logiquement, heureux comme des adolescents un premier jour de vacances. Tout en dégustant, les yeux dans les yeux, leur petit déjeuner à la cuisine, dont le mobilier et la décoration dataient des années 1970, Clotaire appela deux psychiatres pour prendre rendez-vous, chacun séparément et à une heure différente afin qu'ils puissent s'accompagner mutuellement. Cela fait, il évoqua à nouveau Teddy Ghoster. La nuit portant conseil, Lucile annonça qu'elle était d'accord pour le rencontrer et « jouer le jeu ». Mais ce fut du bout des lèvres, faute d'avoir mieux à proposer, ou par simple découragement. Son compagnon s'empressa de composer le numéro de mobile de l'homme d'affaires. La conversation dura moins de trente secondes.

– Qu'a-t-il dit ? s'enquit Lucile.

– Il arrive !

Il arriva en effet, vers onze heures. Et il n'était pas seul !

– Vous avez amené des amis, constata Clotaire, méfiant.

– C'est exactement cela, monsieur Morin. Vous avez une bonne vue.

Derrière le lord en blanc, se tenaient le mince et énigmatique compagnon Elsidir, hiératique dans sa tunique gris clair, serrée à la taille par une ceinture en mailles d'argent, et le mélancolique compagnon Damiel, légèrement voûté dans son manteau d'hiver brun.

– Pourquoi n'êtes-vous pas venu seul ?

– Ces amis sont mes Protectueurs personnels.

– Nous ne vous avons pas demandé de venir pour vous assassiner, fit remarquer Clotaire avec un sourire aigre-doux.

– J'espère. Mademoiselle Hatias n'est pas avec vous ?

– Si. Entrez, les invita-t-il en s'effaçant.

Il eut alors l'impression de rapetisser devant ces trois personnages, dont la prestance était, tous trois réunis, encore plus imposante. Ils retrouvèrent Lucile dans la salle de séjour, debout devant l'installation home cinéma éteinte, mains croisées devant elle. Les visiteurs prirent place dans le canapé, tandis que Clotaire et Lucile s'asseyaient en face d'eux dans les fauteuils. Sur la table basse, une collation était préparée à leur intention.

– Que souhaitez-vous boire ? demanda poliment le garçon.

– Pour moi, rien, merci, refusa Teddy Ghoster. Nous ne disposons pas de beaucoup de temps.

– Alors, allons droit au but, répliqua Clotaire en s'efforçant de paraître aussi sûr de lui qu'intérieurement il était mal à l'aise. Est-ce vous qui nous avez envoyé cette nuit un commando de kidnappeurs ?

– Absolument. Mais je le regrette amèrement. J'avoue avoir commis la faute de vous avoir tous les deux sous-estimés, ce qui a coûté la vie à trois Rebelles…

Il baissa le regard avec une contrition qui ne paraissait pas feinte.

– Il ne faut jamais souhaiter le mal pour le bien, mais cet incident a eu deux vertus : il nous a permis de découvrir vos talents cachés et il nous a cruellement rappelé que l'excès de confiance est la pire des erreurs que l'on puisse commettre, que l'on soit chef de guerre ou simple soldat.

– J'ai envie de vous sauter dessus pour vous étrangler, déclara Clotaire avec froideur. Mais avant, j'aimerais savoir pourquoi je devrais m'en abstenir.

– Et en plus vous avez de l'esprit, souligna l'homme d'affaires. Avec un peu de sagacité, vous auriez pourtant dû l'avoir déjà deviné.

Clotaire reçut la remarque comme une remontrance, hélas justifiée.

– Vos exploits devant le palais de l'Élysée nous ont montré que vous étiez capables de prendre des initiatives totalement imprévisibles, nullement stupides j'en conviens, mais dangereuses pour le combat que nous menons.

Lucile et Clotaire affichèrent la même incrédulité.

– Il va falloir vous expliquer, dit le second.

– Nous sommes venus pour cela. C'est le compagnon Elsidir qui va s'en charger.

L'avatar elfe prit la parole, sans manifester la moindre émotion.

– Notre lutte contre le jeu doit rester totalement clandestine. Or, grâce à vos exploits, tous les services de renseignement de l'État et toutes les polices de France sont sur les dents. Ils cherchent, ils fouinent, ils espionnent, ils analysent… et s'ils finissent par trouver, que vont-ils faire à votre avis ?

– Arrêter ça, répondit Clotaire spontanément.

– Arrêter, c'est exactement le mot, monsieur Morin. Mais ceux sur lesquels ils mettront la main seront principalement dans *notre* camp. Ils rendront plus difficiles nos opérations, par exemple parce qu'ils risqueront d'intervenir lors de nos opérations, et d'entraîner leur échec. Nos ennemis ne manqueraient pas d'en profiter…

– Pourquoi est-ce que ce ne serait pas le contraire ?

– Jamais dans les mêmes proportions. Pour une raison que vous devriez comprendre : le jeu est une œuvre du Malin.

La révélation glaça le sang des deux amis.

– Vous voulez dire que c'est le diable qui est à l'origine de tout ça ? demanda Clotaire, dont la raison n'avait pas encore chaviré dans cette dimension mystique de l'aventure.

– La vérité est un peu plus compliquée, reconnut Ghoster. En simplifiant les explications, nous gagnons du temps.

– Nous ne sommes pas pressés, rétorqua Clotaire.

– Nous, si.

Les deux hommes se défièrent du regard, et c'est l'informaticien qui détourna les yeux.

– Continuez, dit-il, s'adressant à Elsidir.

– Si nous vous laissions faire, vous seriez capables de retourner à l'Élysée pour demander au commandant Beaulieu de vous aider à vous en sortir. Je me trompe ?

Clotaire accusa le coup ; c'était une solution à laquelle il avait effectivement pensé. L'elfe-avatar enfonça le clou, à grands coups de marteau :

– Ce fidèle serviteur de l'État s'empresserait de gagner votre confiance, avant d'alerter ses collègues des Services secrets, car tel serait son devoir. Vous seriez dès lors étroitement surveillés et très vite impliqués dans des opérations de contre-espionnage. Il est même certain que ces agents de l'État se serviraient de vous comme d'appât, jusqu'à ce que vous leur permettiez de remonter jusqu'à nous…

– Et vous savez ce qu'il advient des appâts, une fois la bête prise, renchérit Ghoster.

– Vous n'y allez pas un peu fort ? protesta mollement Clotaire.

Il eut droit à la plus percutante des répliques, le silence. Le compagnon Damiel le rompit en enchaînant :

– Vous devez nous croire, mes amis. Nous n'employons jamais la violence, surtout envers des innocents, sans une juste et impérative raison. C'est pourquoi nous vous invitons à nous rejoindre. En vous laissant piéger par le jeu, vous avez basculé dans un monde d'où il est impossible de revenir par l'oubli. Lorsque les Éliminatueurs ont reçu une mission, ils vont jusqu'au bout, se relayant les uns après les autres, incessamment, sans se préoccuper du temps ni des contraintes matérielles, jusqu'à son accomplissement. Il est vain d'espérer les épuiser ou les faire renoncer, totalement vain.

Lucile était blême, mais parvenait à rester maîtresse d'elle-même, se disant que si le diable était à l'origine de ce jeu maudit, alors Dieu était forcément de la partie. Elle décida de garder confiance. Clotaire était pour sa part hanté par une seule préoccupation, sauver sa peau et celle de son amie. Pour cela, il devait commencer par gagner un sursis.

– Je vois, soupira-t-il en hochant la tête. De toute façon, c'est ce que nous avions décidé de faire.

– Nous rejoindre ? demanda Teddy Ghoster.

– Hélas, oui.

– C'est enregistré, acquiesça l'homme en blanc, sans manifester la moindre satisfaction.

Il se leva. Damiel et Elsidir l'imitèrent. Clotaire et Lucile se regardèrent, déconcertés.

– Vous partez déjà ? s'étonna la jeune femme.

– Bien sûr. Nous n'avons plus rien à faire ici, ni vous ni nous.

Clotaire ajouta :

– Vous ne nous faites pas signer un papier, un contrat ?

– Votre parole nous suffit. Quelle plus grande valeur aurait un papier ? Je ne suis pas Satan, je n'ai pas besoin d'un pacte signé de votre sang. Votre sang nous sera utile à bien d'autres choses, croyez-moi. Je vous invite à nous suivre, puisque c'est ce que vous avez décidé, sans rien emporter.

– Rien ? réagit Clotaire.

– Rien, confirma Ghoster.

– Mais rien, ça veut quand même dire notre brosse à dents, notre dentifrice… ma console de jeu.

– Nous vous fournirons tout ce dont vous aurez besoin, et même bien davantage, le coupa le lord blanc.

Il se détourna et s'en alla. Ses Protectueurs lui emboîtèrent le pas. Elsidir, sans un regard pour les deux amis, Damiel avec un léger sourire complice. Abasourdis, le cœur serré jusqu'à la douleur et déjà piqués par le sentiment d'avoir commis la plus grosse bêtise de leur vie, Lucile et Clotaire suivirent les trois hommes jusque dehors. Le jeune informaticien voulut fermer son pavillon à clé, mais Ghoster l'en empêcha :

– C'est inutile, personne ne viendra vous cambrioler.

– Vous croyez ça, répliqua Clotaire. Vous savez combien de maisons ont été visitées, rien que dans cette rue ?

Il s'interrompit. Deux hommes en combinaison de travail grise venaient de sortir d'une grosse fourgonnette blanche garée devant chez lui. Ils saluèrent l'homme d'affaires d'un signe de tête, puis franchirent le portillon. Ils transportaient tous les deux une grosse mallette ressemblant vaguement à une glacière. Sans un bonjour ni la moindre marque de respect, ils réclamèrent à Clotaire les clés de la porte d'entrée, et à Lucile celles de son appartement, puis ils disparurent dans la maison.

– Qu'est-ce qu'ils vont faire ? s'angoissa le jeune homme.

Damiel le prit par l'épaule et, l'entraînant vers une luxueuse berline blanche aux vitres teintées, expliqua :

– Ces compagnons sont des Nettoyeurs. Ils vont effacer toute trace susceptible de permettre à la police ou à n'importe qui d'autre d'obtenir un indice sur ce que vous avez fait au cours de ces dernières semaines.

– Comment vont-ils faire ?

Damiel hésita. Teddy Ghoster se retourna et lui ordonna :

– Dites-leur, compagnon Damiel. Ils ont désormais le droit de tout savoir.

– Bien, monsieur Ghoster. Ils vont réduire votre passé en cendre.

# 26
# L'accueil au domaine de Khímaira

Assise à l'arrière de la puissante berline, Lucile n'en finissait pas de sécher ses larmes, blottie contre Clotaire qui frémissait encore de la crise de rage qui l'avait saisi à l'annonce du « nettoyage » de sa vie passée. Le compagnon Elsidir en porterait quelques jours la trace sur la figure. L'un des « Nettoyeurs » en salopette grise avait été étendu d'un direct du droit meurtrier. L'autre y avait échappé en se réfugiant dans les toilettes de la maison. Un Taser avait mis fin à la crise du fou furieux, pas à sa rage. Finalement, après négociation, il fut admis que seule l'installation home cinéma et quelques notices et autres objets liés au jeu seraient emportés et détruits. Et il fut entendu que l'appartement de Lucile, qui devait subir un cambriolage ravageur avant un incendie accidentel, ne serait pas davantage « nettoyé ». L'alerte avait été chaude. Pourtant, cela avait mis le lord blanc, qui occupait à l'avant le siège passager, dans une humeur étrangement positive. À l'inverse, Damiel, qui conduisait, était franchement contrarié. C'était la première fois, selon lui, qu'une nouvelle recrue se révoltait avec une telle violence contre une mesure de sécurité, dont « nul ne pouvait contester la nécessité ». Elsidir, à droite de Clotaire, ruminait son humiliation et sans doute une rancœur dont il faudrait se méfier.

Ghoster se retourna, souriant, pour déclarer :

– Vous avez eu raison, monsieur Morin. Vous êtes un résistant comme nous en avons grandement besoin. De la vraie graine de héros.

– Je ne vois pas ce qu'il y a d'héroïque à défendre ce qu'on a de plus cher au monde, répliqua le jeune homme.

– C'est vrai. Mais il ne faut pas croire que tout le monde en a la force de caractère. C'est ce qui fait de vous un Protectueur redoutable.

– De mes collections, ça ne fait aucun doute.

– Pas seulement d'elles. Je suis prêt à parier que vous seriez capable de tout sacrifier pour protéger les valeurs que nous défendons.

– Les valeurs, je m'en fiche, maugréa Clotaire. Il faut juste qu'on ne touche pas à mes collections.

– Dans quelque temps, vous accorderez bien plus d'importance à la protection d'un seul homme d'honneur, qu'à tout ce que vous possédez.

En guise de réaction, l'informaticien se contenta de penser, non sans un certain dépit : « Le pire, c'est qu'il a sûrement raison. » Lucile releva le visage et le contempla, avec une tendre admiration, comme si elle avait lu cette pensée dans son esprit et était fière de lui. Il en fut touché et dans le même temps cela lui inspira une gêne qu'il s'empressa d'évacuer en demandant :

– Il est encore loin, votre bunker ?

– À vol d'ange, non, répondit le compagnon Damiel.

Peu après midi, ils quittèrent la route nationale qu'ils suivaient depuis la sortie de la capitale, pour entamer un parcours interminable à travers une campagne où alternaient, en un contraste saisissant, zones boisées et zones urbaines denses. Finalement, en plein cœur d'une magnifique forêt d'arbres centenaires, ils s'engagèrent sur un chemin qui les mena à l'entrée d'un domaine cerné de hauts murs, dont le sommet était hérissé de pointes acérées. Le portail automatique s'ouvrit à l'approche de la voiture. Clotaire remarqua au passage la présence d'une caméra de surveillance, fixée sur le pilier de gauche.

– Bienvenue chez les X-Men, ironisa-t-il.

– Vous ne croyez pas si bien dire, répliqua Teddy Ghoster.

– Ne me dites pas qu'il y a une école à mutants dans votre repaire ?

– Non, mais une infrastructure informatique qui ferait pâlir de jalousie vos patrons.

– Si vous comptez me faire bosser à l'œil, autant vous le dire tout de suite, c'est non !

Le lord blanc ne lui donna pas la réplique, sans doute parce qu'ils entraient déjà dans la cour d'une somptueuse demeure en pierre claire, de style empire. Elle ne comportait que deux étages, mais la largeur de sa façade et sa profondeur, qu'on devinait respectable, auraient sûrement permis d'accueillir de nombreux groupes de colonies de vacances. Les massifs de fleurs et le gazon étaient impeccablement entretenus. Pas une feuille ne dépassait des arbres ornementaux. Quant aux statues à l'antique, disposées sur le pourtour de cette cour d'honneur gravillonnée, pas une n'était souillée par la moindre patine noirâtre. Une dizaine d'hommes et de femmes se détendaient à l'écart sur une immense pelouse, à l'ombre d'un gigantesque marronnier. Ils étaient confortablement installés dans des transats ou sur des chaises de jardin, sirotant café ou digestif. On eût dit une scène tirée d'un James Bond, car ces gens avaient tous une classe de milliardaires en villégiature à la campagne. Lucile remarqua pour sa part la beauté presque surnaturelle de certains d'entre eux. La plupart étaient dans la fleur de l'âge, c'est-à-dire la trentaine épanouie. Elle pensa : « Je vais avoir l'air d'une godiche au milieu de ces top-modèles. » Et machinalement, elle tira sur sa modeste jupe grise qu'elle aurait bien voulu transformer en robe de princesse d'un coup de baguette magique.

Ces pensionnaires portèrent une attention soutenue à la voiture. Elle vint se garer le long d'un degré qui, en une dizaine de marches, menait à une terrasse en demi-lune cernée d'une rambarde de pierre. Clotaire n'était pas très à l'aise. La seule vue de ces gens lui avait fait perdre toute envie de fanfaronner.

– Nous y sommes, annonça Ghoster. Soyez les bienvenus au domaine de Khímaira. Désormais, il sera le vôtre autant que le mien. Chez nous, nul n'est propriétaire, nul n'est pensionnaire et encore moins prisonnier. Il n'y a que des compagnons Rebelles, tous égaux en droits et en devoirs, et – notez bien – totalement libres de leurs mouvements, sauf naturellement en mission où une certaine discipline s'impose. Ici, vous n'aurez pas à craindre les stupidités habituelles de la vie en collectivité. Ni bizutages, ni farces idiotes, complots de clans, jalousies, que sais-je encore ?

– Un monde parfait, en somme.

– Ce n'est pas le terme que j'emploierai. Il est un peu trop connoté *Bisounours*. La sagesse de cette cohabitation est simplement le résultat du comportement d'individus responsables et maîtrisés. Nul n'est obligé d'aimer son prochain ni de partager telle ou telle croyance – nous ne formons pas une secte – mais quand un Rebelle a besoin de quelque chose, nous nous devons de l'aider.

– Quel est votre rôle dans cette communauté, monsieur Ghoster ? demanda Lucile.

– Uniquement celui d'un superviseur général, parce qu'il en faut bien un. Jusqu'à présent, il n'y a jamais eu de problèmes relationnels entre nous, mais compte tenu de votre tempérament, monsieur Morin… Au fait, j'y pense, il faudra vous habituer à ce qu'on vous interpelle uniquement par votre nom de Protectueur, compagnon d'Ambre, et vous mademoiselle Hatias, Luciole. Je disais donc que si vous deviez connaître une difficulté quelconque, c'est à moi que vous devrez vous adresser ou, en cas d'absence, aux compagnons Damiel ou Elsidir. Sortons, nous pourrons continuer ce petit entretien d'accueil tout en déjeunant. Vous devez avoir faim.

Lucile avait l'estomac trop noué pour pouvoir se réjouir de la perspective d'un bon repas. Son ami, en revanche, faillit manifester son enthousiasme. Il se maîtrisa à temps, d'autant que l'elfe à droite de Lucile le lorgnait d'un œil noir. Il se fendit néanmoins d'un sourire. L'affaire du gnon devait être encaissée, pensa Clotaire.

***

Lorsqu'ils se présentèrent dans le vestibule circulaire, vaste et plutôt chaleureux, un majordome en livrée vint à leur rencontre s'occuper de leur accueil et recevoir leurs ordres.

– Voici Léopold, notre maître d'hôtel, le présenta Ghoster. Il est, avec notre chef cuisinier, le seul domestique du domaine qui soit aussi un Rebelle. C'est leur choix. Les autres, gouvernantes et personnels de maison, sont des employés ordinaires, avec une petite particularité qui explique que nous puissions avoir une certaine confiance en eux : ils appartiennent tous à la même famille, laquelle est au service de la mienne depuis la Révolution. Cela dit, nous vous conseillons de ne jamais vous lier à l'un ou à l'autre, de ne pas les mêler à vos conversations et surtout de ne pas parler de choses confidentielles devant eux. Ils admettent très bien tout cela. Sachez aussi qu'ils sont fort bien rémunérés, vous ne devez donc avoir aucune gêne à leur donner des ordres.

Tout en pénétrant plus avant dans le quartier général des compagnons Rebelles, Teddy Ghoster poursuivait ses présentations et recommandations. Mais Clotaire avait du mal à rester attentif, tant sa curiosité était sollicitée par une foule de détails, plus ou moins insolites. Lucile partageait son état d'esprit, notamment le sentiment qu'ils étaient véritablement entrés dans un autre monde, pourtant situé à seulement quelques dizaines de kilomètres de la grouillante capitale de la France. Bizarrement, cette atmosphère en évoquait une autre chez Clotaire, celle oppressante du Village de l'antique série télévisée britannique *Le Prisonnier*.

– Nous allons entrer dans la salle à manger du château, annonça le lord blanc. Sans doute y a-t-il encore de nombreux compagnons à table, qui bien sûr vont vous regarder. Ne vous en formalisez pas, c'est naturel puisque vous vous apprêtez à devenir leurs nouveaux frère et sœur d'armes.

Il esquissa un sourire qui se voulait bienveillant, mais qui ne fit qu'accentuer le malaise des « nouveaux ». Lucile prit la main de Clotaire et la trouva glacée. Il leur vint alors une préoccupation identique : « J'espère qu'on nous donnera la même chambre. »

# 27
# La porte des Fins

L'entrée dans l'immense salle à manger à la décoration cossue et feutrée d'un restaurant de luxe se fit dans la discrétion, mais pas l'indifférence. Les compagnons étaient installés par quatre ou cinq, autour de tables rondes, avec nappes brodées, six couverts, trois verres… Le léger murmure des conversations cessa, accroissant la gêne des nouvelles recrues qui sentirent passer sur leur corps, devenu soudain affreusement quelconque, les scanners de ces vingt ou trente paires d'yeux. Clotaire esquissa un sourire en guise de salut, auquel quelques Rebelles donnèrent écho. Avec effarement, il remarqua que ces gens, à l'instar de ceux qu'ils avaient entrevus dehors, étaient tous beaux, grands, élégants ou carrément singuliers, tel cet homme qui tranchait par sa tenue de cuir, d'inspiration médiévale. Il avait les cheveux mi-longs et bruns, un regard à la fois farouche et d'une grande noblesse. Clotaire lui trouvait quelque chose de familier, de très familier même… Il réfléchit, sourcils froncés.

– Asseyez-vous, je vous en prie, les invita Teddy Ghoster.

Et soudain, cela lui revint :

– Aragorn !

– Pardon ?

Le sosie du personnage d'Aragorn, fils d'Arathorn, dit Grand-Pas, incarné par Viggo Mortensen dans les films de la saga *Le Seigneur des anneaux*, redressa le buste, scruta celui qui venait de clamer ce nom, tel un fan croisant une star, puis il éclata de rire. Cela détendit l'atmosphère et chacun reprit le cours de son déjeuner.

– Ma parole, commenta Clotaire en s'asseyant, ce sont tous des avatars !

– Presque, convint le lord blanc. Après le repas, je vous ferai visiter la maison. Ensuite, Léopold se chargera de vous montrer votre chambre et de répondre à chacun de vos besoins et soucis susceptibles d'entrer dans ses compétences.

– Vous avez dit *notre* chambre ? releva Lucile.

Ghoster la dévisagea avec une expression embarrassée :

– Oh pardon, j'avais pensé que… Je rectifie, Léopold vous montrera *vos* chambres.

– Non, non, s'empressa de répliquer la jeune femme. Une chambre suffira, nous sommes très…

Elle adressa une œillade complice à son voisin de gauche, qui rougit malgré lui – « encore cette maudite émotivité », se lamenta-t-il intérieurement.

– … amis, lâcha-t-elle pour finir.

Le chef des Rebelles acquiesça d'un hochement de tête. Le maître d'hôtel se présenta à cet instant pour annoncer le menu du jour. Clotaire en saliva par avance.

***

Sitôt le dessert avalé, succulent comme tout ce qui avait précédé, Ghoster proposa une visite commentée du domaine de Khímaira, annonçant cependant qu'il ne se chargerait que du Saint des Saints, le centre opérationnel et ce qu'il appela « la chambre des Sources ».

– Compagnon Damiel prendra le relais, dit-il, adressant un regard amical à l'intéressé.

L'elfe Elsidir s'excusa de devoir prendre congé et souhaita une bonne installation aux « nouveaux compagnons Rebelles ». Ce furent les premiers mots qu'il prononçait depuis… Clotaire réfléchit… « depuis que je lui ai fait son cocard », conclut-il. Puis il songea qu'il profiterait de la première occasion pour s'excuser.

– Par ici, je vous prie, les invita Teddy Ghoster.

De retour dans le vestibule, le lord blanc souhaita connaître les premières impressions de ses recrues. Clotaire prit spontanément la parole pour répondre :

– C'est grand, c'est beau, c'est chic c'est… pas chez moi.

– Je vois. Et vous, Luciole ?

– Ordre et beauté, luxe, calme et volupté…

– Des meubles luisants, polis par les ans, décoreraient notre chambre ; les plus rares fleurs mêlant leurs odeurs aux vagues senteurs de l'ambre…, récita le lord blanc sur un ton nostalgique. Vous voyez, je connais mes classiques.

Lucile le félicita d'une légère inclinaison du chef, puis reprit :

– Ceci pour vous dire que si ces lieux sont une invitation au voyage, ils m'effraient. Où cela va-t-il nous mener ? Quelle est notre destination ?

– Si j'étais un guerrier spartiate, je vous répondrais : vers un lieu mythique où les héros et les gens vertueux goûtent le repos après leur mort.

– Les champs Élysées, traduisit Lucile.

– En effet. Il est naturel que vous ne vous sentiez pas très à l'aise dans ce milieu qui vous est encore inconnu, et par bien des aspects étrange et déroutant.

Il s'approcha d'une double porte du vestibule, placée à droite de l'entrée.

– Et pourtant cela ne fait que commencer, ajouta-t-il en passant une carte magnétique dans la fente d'un contrôle d'accès, provoquant le claquement d'une gâche.

Damiel poussa le battant de droite, puis d'un geste élégant invita les jeunes recrues à entrer. Seul Clotaire ne bougea pas. Il avait remarqué, à l'opposé, une porte si singulière qu'elle l'intrigua.

– Qu'y a-t-il là-bas derrière ? demanda-t-il en la désignant de l'index.

Sa particularité était d'être différente des autres qui étaient pour la plupart de bois vernis. À un seul battant, avec une poignée imitation bronze, elle était peinte en blanc. Son style inspirait davantage la maison neuve que la grosse demeure historique, pompeuse et imposante.

– Vous avez un œil redoutable, compagnon d'Ambre, répondit Ghoster. Cela me permet de vous mettre tout de suite en garde ; il s'agit de *la porte des Fins*. Elle est la seule et unique dont l'accès soit strictement prohibé. Quand je dis prohibé, c'est beaucoup plus sérieux que cela. Sachez que, même moi, je ne m'aviserais pas de la pousser.

– Pourquoi ?

– La réponse est le seul secret que nul ici n'est autorisé à détenir.

– C'est enregistré, fit Clotaire qui à l'évidence se voyait déjà le premier à commettre le sacrilège suprême.

La réaction de Ghoster fut cinglante :

– N'y songez pas, monsieur Morin. Pas une seule seconde !

Il désigna le fond du couloir, et reprit d'une voix sourde :

– Je ne saurais vous dire pourquoi ni comment, mais votre existence s'achèverait à l'instant même où vous franchiriez ce seuil.

– De toute façon, je suppose que cette porte des Fins est verrouillée et blindée, interrogea Clotaire en tentant de dissimuler le trouble que cet avertissement lui avait inspiré, au point de lui donner la chair de poule.

– Ce serait inutile. Nul ici ne nourrit des envies de suicide. Allons, il est temps que je vous montre notre cerveau.

# 28
# La chambre des Sources

Les recrues découvrirent une salle de dimensions respectables, plongée dans une douce lumière artificielle. Elle était occupée par une vingtaine de bureaux, sur chacun desquels trônait un grand écran plat. Devant la moitié d'entre eux étaient installés des techniciens, hommes ou femmes, plutôt jeunes, comme Clotaire en côtoyait quotidiennement chez son employeur. Certains portaient sur le nez des lunettes 3D, alors que s'affichaient devant eux des images mouvantes, légèrement floues. Deux angles de la pièce étaient réservés à des installations vidéo d'une conception exceptionnelle puisqu'il s'agissait d'un écran parabolique de deux mètres de haut sur quatre ou cinq de large, pour l'heure éteint. Un troisième écran géant, plat celui-là, était fixé au mur face à la porte, par-dessus l'une des hautes fenêtres qui toutes étaient occultées de l'intérieur par des panneaux de bois. Celui-là affichait ce qui semblait être une carte constellée de points rouges lumineux et, sur sa partie droite, une liste de noms associés à des codes et des positions géographiques. Par exemple : Compagnon Dragonnier – Paris C 24.3 en déplacement sud-F 12.18.

– Voici le cerveau de notre organisation, expliqua Teddy Ghoster. C'est à partir de ces terminaux que nous pouvons suivre chacun des Rebelles en mission, centraliser les informations que nous recueillons de diverses sources sur nos adversaires et, en cas de nécessité, lancer des opérations non programmées.

Il désigna de l'index l'un des postes sur lequel travaillait un garçon à peine sorti de l'adolescence.

– C'est sur ce terminal, reprit Ghoster, que j'ai personnellement suivi vos exploits devant le palais de l'Élysée, quasiment en temps réel.

– Vous aviez mis des caméras dans les lunettes noires des loubards à moto, ironisa Clotaire.

– Ce n'est pas ainsi que nous procédons, bien que cela puisse arriver. Nous évitons cette technique de transmission d'informations quand cela nous est possible, parce que nous nous méfions des ondes hertziennes qui peuvent être piratées. Notre moyen le plus sûr est d'utiliser les yeux de certains compagnons. Je n'entre pas dans le détail puisque vous savez comment cela se passe.

– Qu'adviendrait-il si le château était attaqué et tombait aux mains de vos ennemis ? demanda encore Clotaire.

– D'abord, ce ne sont pas *mes* ennemis, mais ceux de tous les Rebelles, donc aussi les vôtres. Ensuite, une telle catastrophe n'est envisageable que si nous perdons la partie. Or, nous faisons en sorte que cela n'arrive jamais. Quand bien même, si cela devait se produire et que nous soyons effacés, d'autres prendraient la relève, des gens comme vous, mes amis.

Clotaire en doutait et Lucile ne parvenait même pas à l'imaginer, mais tous deux furent touchés par la confiance que le chef des Rebelles semblait leur accorder. En même temps, cela les perturbait qu'il puisse croire que leur apparente banalité cachait des super-héros.

– L'ennemi dispose-t-il du même genre de centre opérationnel ? questionna Lucile.

– Nous pouvons le supposer, puisqu'il faut bien qu'une plate-forme s'occupe de la gestion du jeu. Ce centre est sans doute aussi bien gardé que le nôtre, c'est-à-dire trop pour tenter une attaque frontale avec nos moyens actuels. Un jour pourtant, cela se fera, nous en sommes convaincus, ce sera alors la bataille décisive. En attendant, nous nous efforçons d'entraver au mieux les activités de ces gens.

– Savez-vous qui ils sont ? demanda Lucile.

– Nous ne sommes sûrs de rien. C'est pourquoi je ne vous dévoilerai rien aujourd'hui de ce que nous avons découvert, pas plus que les hypothèses que nous essayons de vérifier. Rassurez-vous, cela viendra, en son temps, comme toute vérité, et puis parce qu'il faudra bien un dénouement à cette guerre.

Il se fit un silence, Ghoster donnant l'impression d'attendre la question suivante, qui ne tarda pas :

– Quelque chose m'intrigue, déclara Clotaire. Nous avons croisé quelques dizaines de Rebelles qui tous étaient des avatars…

– C'est exact.

– Où sont les modèles-source ?

Une expression de satisfaction éclaira le visage hâlé du lord blanc.

– Un peu partout dans le château. Ceux que nous avons envoyés en mission en dehors du domaine sont rassemblés pour des raisons techniques tout à côté, dans la chambre des Sources.

– Que vous allez nous montrer ?

– Tout à fait. Mais je dois d'abord vous prévenir ; cet endroit présente un aspect… comment dire ? un peu dérangeant pour certaines sensibilités. Cela passe en général assez vite, une fois qu'on en connaît tous les mystères.

Cet avertissement n'était pas de nature à rassurer les nouvelles recrues, bien qu'elles commençassent à s'habituer à l'étrange pour ne plus redouter que le pire.

– Veuillez me suivre. C'est le moment le plus délicat de la visite, et sûrement le plus fabuleux.

Ainsi préparés psychologiquement, les deux amis suivirent Ghoster et le compagnon Damiel qui ne pipait mot, jusqu'à une porte à double battant. Celle-ci leur parut différente des autres, sans doute parce qu'elle ne comportait ni serrure ni poignée. Le chef des compagnons Rebelles procéda à son ouverture à l'aide de son badge d'identification qu'il glissa dans une fente très discrète, sur le côté de la porte. Elle s'ouvrit automatiquement vers l'intérieur. Ghoster s'effaça pour permettre à Clotaire et à Lucile de pénétrer les premiers dans cette mystérieuse chambre des Sources. C'était une salle bruyante tout en longueur, plongée dans une pénombre bleutée. Le cœur serré d'appréhension, ils y pénétrèrent, et ce qu'ils y virent les laissa bouche bée.

– On se croirait dans un film de science-fiction, souffla Clotaire.

– Ça pourrait, confirma Ghoster. Il s'agit juste d'une sorte de dortoir où l'on rêve éveillé.

« Un dortoir de somnambules très agités », pensa Lucile. De chaque côté étaient alignés, dossier contre le mur, d'énormes sièges boudinés et translucides, dans lesquels étaient étendus, comme dans des chaises longues, des hommes et des femmes. Tous étaient vêtus de la même tenue de coton duveteux, vert amande, de celle que portent les chirurgiens dans les blocs opératoires. Ils n'avaient pas la tête enfermée dans une cagoule sanitaire, mais dans un casque gris métallisé, dont la visière opaque abaissée sur leurs yeux couvrait à demi leur visage. La plupart de ces dormeurs éveillés remuaient bras et jambes, entretenaient des conversations à voix haute ou parfois poussaient des exclamations. Ce brouhaha de place de marché créait une atmosphère assez déroutante, voire angoissante. De larges sangles les maintenaient plaqués au niveau du thorax et du bassin sur leur volumineux transat, lequel réagissait à chacun de leurs mouvements, tels ces matelas d'eau utilisés en médecine pour coucher les grands brûlés en une apesanteur beaucoup plus confortable qu'un lit classique.

Ghoster et Damiel attendirent patiemment que les visiteurs assimilent ce qu'ils découvraient et que viennent les questions. Cette fois, c'est Lucile qui rompit le silence :

– Ce sont des joueurs ?

– Nous préférons parler de modèles-source, répondit le compagnon Damiel. Des gens comme vous et moi.

– Pourquoi sont-ils endormis ? s'enquit Lucile. Nous-mêmes, lorsque…

– Ils ne sont pas endormis, la coupa Ghoster, presque sèchement. Nous les mettons seulement dans un état de conscience optimal pour une immersion la plus parfaite et la mieux maîtrisée possible.

La jeune femme esquissa une moue qui, sans exprimer un franc scepticisme, trahissait son sentiment que ce sujet touchait à un secret ultrasensible.

Clotaire, pour sa part, était tout entier à sa fascination :

– Que se passe-t-il quand l'un d'eux est touché ? demanda-t-il.

– La première action est de rompre la connexion afin que disparaisse son avatar. Ensuite nous le soignons, si nous le pouvons.

– Avec quels moyens ?

– La compagnie des Rebelles compte dans ses effectifs quelques médecins et habiles chirurgiens. Mais pour cette première visite, il n'est peut-être pas nécessaire que nous nous étendions sur le sujet, n'est-ce pas ?

Lucile acquiesça et eut brusquement envie de changer d'air.

– Pouvons-nous sortir d'ici ? demanda-t-elle. S'il vous plaît.

– Certainement, répondit Ghoster. Mais je dois quand même vous demander encore un peu de patience, car vous n'avez pas vu le plus extraordinaire.

– Parce qu'il y a plus extraordinaire ? répéta Clotaire.

– Oui, vraiment plus. Suivez-moi, je vous prie.

# 29
# L'option Immersion absolue

Ils traversèrent la chambre des Sources. Teddy Ghoster adressait des esquisses de sourire en guise de salut au personnel d'assistance qui surveillait, et aidait au besoin, les compagnons en mission. La salle dans laquelle ils pénétrèrent ensuite était par contraste d'un calme saisissant et plongée dans une pénombre plus profonde. La seule luminosité était diffusée par des veilleuses disposées au-dessus de lits sur lesquels étaient allongés des modèles-source. Ils étaient vêtus des mêmes tenues vertes que ceux de la pièce voisine et coiffés du même casque de réalité virtuelle. En revanche, ceux-là ne bougeaient pas. Ils reposaient sur des matelas couverts d'un simple drap blanc.

– C'est l'heure de la sieste, plaisanta Clotaire à mi-voix.

Ce silence cotonneux lui évoquait des souvenirs d'école maternelle, pas forcément agréables.

– Pas du tout, répondit le lord blanc. Les joueurs que vous voyez là présentent la particularité d'être déconnectés. Nous pourrions les comparer à des personnes dans le coma, mais cela laisserait croire qu'ils sont en état de survie, ce qui n'est pas le cas.

– Voulez-vous dire qu'ils sont morts ? s'effraya Lucile.

– Je crois que ce que M. Ghoster veut dire, intervint Clotaire, c'est que ce sont des légumes.

Et il pensa : « verts », ce qui malgré la circonstance faillit le faire éclater de rire. Le chef des Rebelles préféra ne pas relever.

– Le jeu possède une option que nous sommes parvenus à maîtriser, afin de rendre plus efficaces certains de nos compagnons. Le concepteur du jeu a réservé cette fonctionnalité à des joueurs particulièrement impliqués et performants… et riches, puisqu'elle est très onéreuse.

– Vous nous mettez sur le gril, monsieur Ghoster, le pressa Clotaire. De quoi s'agit-il ?

– De l'option Immersion absolue. Autrement dit, la conscience du joueur est transférée dans son avatar. Dès lors, il n'est plus besoin de porter un équipement de réalité augmentée, le joueur devient, réellement, totalement, physiquement, psychologiquement ce héros dont il rêvait.

La révélation fut accueillie par un silence de mort.

– C'est une blague ? finit par murmurer Clotaire.

– Voyons, c'est impossible ! renchérit Lucile. L'âme d'un être humain ne peut pas être transférée comme… comme un vulgaire programme informatique.

– Vous avez raison, admit Ghoster. Nous entrons là dans un domaine qui dépasse l'entendement, où les explications techniques ne peuvent qu'être insensées. Et en vérité, elles le sont. Le principe de ce transfert de conscience repose sur certaines découvertes de la physique quantique. Nous savons par exemple qu'au niveau le plus intime de la matière un objet peut être en même temps ici et ailleurs, dans un certain état et dans son exact contraire. C'est absurde, c'est impossible, c'est incompréhensible… tout ce que vous voulez, et pourtant c'est une vérité scientifique. Nous ne savons pas encore comment le créateur du jeu s'y est pris pour utiliser ces propriétés fondamentales du réel, mais le résultat est là…

Il poursuivit en désignant celui devant lequel ils se tenaient :

– La conscience de cet homme peut être à la fois dans ce corps et dans celui d'un avatar. Si l'un entre en sommeil, l'autre se réveille, et inversement. Quand l'avatar a besoin de dormir, son double reprend vie, si je puis m'exprimer ainsi puisqu'à aucun moment il n'est mort.

– Il faut bien que la conscience dorme à un moment ou à une autre, objecta Lucile.

À l'évidence, ce que lui exposait le lord blanc heurtait ses convictions.

– L'esprit n'a nullement besoin de sommeil, précisa-t-il. Seul le corps, et tout spécialement le cerveau, en a besoin. Parce qu'il est une machine biologique. La conscience réside à une échelle où les lois de la physique ordinaire n'ont plus cours. Il faut que vous admettiez que ce que nous appelons la conscience est un phénomène quantique et l'esprit qui la gouverne, un mystère. Ne me demandez pas plus d'explications, je suis moi-même dépassé par cela et parfois même effrayé.

– Monsieur Ghoster, intervint Clotaire, comment expliquez-vous que vous puissiez utiliser cette option, comme toutes les autres d'ailleurs, alors que vous êtes l'adversaire du jeu. Ça ne tient pas debout.

– En l'occurrence, si, tout à fait. En soi, le jeu n'a aucune espèce de préférence, pas plus que celui qui vous l'a vendu ou son concepteur. Lorsque vous allez acheter un jeu vidéo sur un site Internet ou en magasin…

Clotaire baissa les yeux, un peu gêné puisqu'il piratait systématiquement tout produit numérique qui l'intéressait.

– … celui qui encaisse votre argent s'occupe-t-il de savoir si vous êtes un bon ou un mauvais joueur, un homme d'honneur ou une crapule ? Et celui qui a créé le programme s'est-il posé ce genre de question vous concernant ? Le jeu ne fait qu'obéir à sa règle, ses fonctionnalités, ses options, ses décors, ses personnages... à l'instar de l'univers tout entier. Un point, c'est tout.

– Mais le Maître du jeu...

– Le Maître du jeu ne fait qu'accomplir son propre rôle. C'est un personnage virtuel, pas davantage. Si un joueur enfreint une règle vitale, il doit être éliminé. En revanche, il n'est écrit nulle part dans la règle que ce contrevenant ne puisse plus, en attendant d'être effacé, accéder au jeu. Ce mode de fonctionnement est sans doute préjudiciable, immoral, tout ce que vous voulez, mais c'est ainsi et cela doit avoir son explication. Nous la trouverons le moment venu. Pour l'heure, nous avons d'autres priorités.

– Eh bien, soupira Clotaire, abasourdi, il faudra que je relise mon manuel de physique quantique.

Il se tourna vers l'ange-avatar :

– Est-ce que vous avez essayé, Damiel ?

Le Protecteur acquiesça d'un léger mouvement de tête, puis, désignant l'un des hommes étendus, il annonça :

– Je suis là.

– Sans blague ! Et quand vous partirez dormir, lui se lèvera ?

– Absolument.

– Lequel est le docteur Jekyll, lequel est mister Hyde ?

Pour la première fois, ils virent le mélancolique permanent se fendre d'un large sourire.

– S'il vous plaît, épargnez-moi ce genre de comparaison. Nous ne sommes pas dans un roman.

– Par moments, je me le demande, marmonna Clotaire en reportant son attention sur le modèle-source de Damiel.

– Comment vous appelez-vous, en vrai ? demanda Lucile.

– Daniel.

Clotaire connut à cet instant une brusque accélération de ses pulsations cardiaques. Car il venait d'avoir une idée qu'il n'osait pas soumettre à Ghoster. Celui-ci annonça soudain que la visite commentée s'arrêtait là le concernant, et qu'il confiait les nouvelles recrues à son Protectueur. Cela décida Clotaire à se lancer :

– Attendez ! monsieur Ghoster, est-ce que je peux… je voudrais essayer !

Le lord blanc le dévisagea avec sévérité.

– Ce n'est pas un divertissement de parc d'attractions.

– Oui, je sais… Excusez-moi. Une prochaine fois alors.

– Le transfert de conscience est réservé aux compagnons Protectueurs, expliqua Ghoster, et à ceux d'entre nous qui doivent mener des missions particulièrement périlleuses.

– Mais je suis un Protectueur ! s'exclama Clotaire.

– Absolument. Aussi, si vous acceptez une mission dangereuse, nous pourrions vous proposer l'option Immersion absolue.

– Banco ! Je prends.

– C'est enregistré. Et vous, Luciole, je suppose que vous ne souhaitez pas suivre votre ami dans cette aventure ?

– Moi ! s'exclama Lucile, une main sur le cœur. Mais voyons, bien sûr que si ! Je reste avec Clotaire, quoi qu'il fasse. Mais pour cela, il faudrait que je sois… pourrais-je devenir une Protectueuse ?

Le visage de Ghoster s'illumina :

– Bien sûr ! Je ne l'ai jamais envisagé autrement !

# 30
# Problème d'immersion

La chambre qu'allaient désormais partager les deux nouveaux compagnons Rebelles était de dimensions modestes, mais décorée avec goût et équipée comme une chambre d'hôtel de luxe. Ils disposeraient également, chacun sur sa table de nuit, d'un casque d'immersion 3D, relié par un câble à une prise murale. Mais ce qu'ils remarquèrent en premier et qui les contraria quelque peu, c'étaient les lits jumeaux. Cela ne dura pas, car il leur vint cette même réflexion : en arithmétique amoureuse, lorsqu'on rapproche un et un, cela donne un.

– Dans l'après-midi, annonça Damiel, vous recevrez quelques tenues adaptées à vos mensurations et chacun un nécessaire de toilette complet.

– J'espère que vous respecterez notre style ? s'inquiéta l'informaticien.

– Pour être franc, ce n'est pas garanti. Mais cela fera partie de vos expériences nouvelles, n'est-ce pas ?

Clotaire grimaça un sourire en guise d'approbation, tandis que Lucile rêvait déjà d'élégance et de raffinement.

– Je vais vous laisser prendre possession des lieux, dit le compagnon. Ensuite, quand vous le souhaiterez, vous pourrez me retrouver, soit dans mon bureau où vous conduira Léopold, soit sur le plateau opérationnel qu'on appelle aussi la salle de Supervision.

– Pensez-vous que nous pourrons subir l'immersion absolue dès cet après-midi ? s'enquit le jeune homme.

– Subir n'est pas le mot approprié. Mais bénéficier, certainement. À tout à l'heure, mes amis.

Damiel parti, les recrues se regardèrent, longuement, avant de rompre un silence devenu embarrassant.

– Vous auriez peut-être préféré disposer de votre propre chambre, s'inquiéta Lucile.

– Après ce que vous avez dit tout à l'heure, je crois que je vais devoir m'habituer à ne plus vivre seul.

– J'espère ne pas vous avoir choqué ?

– Ce n'est pas ça, mais je me dis que vous allez peut-être regretter votre décision.

– Ah bon ? Pourquoi ?

– Parce que je ne suis pas un cadeau au quotidien.

– Et moi donc ! Nous pourrions quand même essayer de nous entendre… au quotidien.

– Attention, Lucile, vous connaissez le dicton : « L'essayer c'est l'adopter. »

Elle rit. Il rougit. Ils choisirent leur lit, puis firent le point sur les habitudes et autres menues manies de chacun. Ensuite, ils testèrent le confort de leur couche, riant de bon cœur, jusqu'à ce qu'ils se retrouvent assis l'un en face de l'autre, les jambes dans la ruelle formée par les lits. Clotaire prit les mains de Lucile entre les siennes.

– Vous savez, si nous n'étions pas en guerre, je crois que je serais heureux de ce qu'il nous arrive, déclara-t-il.

– Je dirais les choses autrement : bien que nous soyons en guerre, je suis heureuse de ce qu'il nous arrive. Quand ma mère l'apprendra…, ajouta-t-elle avec un hochement de tête, comme s'il s'agissait d'annoncer son futur mariage.

– Il faudrait peut-être que vous l'appeliez pour la rassurer, suggéra Clotaire.

– Mon Dieu, oui, c'est vrai ! Mais nous le permettra-t-on ?

– Ghoster a dit que nous étions libres, il me semble.

– Si c'est le cas, dès que possible nous irons rendre visite à maman.

Elle fronça les sourcils.

– J'aimerais quand même savoir de quelle liberté effective nous disposons.

– Cela me fait penser que j'ai moi aussi quelque chose à faire dehors…

Il s'interrompit, puis d'un air suspicieux roula les yeux à droite et à gauche.

– Qu'y a-t-il ? s'inquiéta Lucile.

Il se pencha pour lui susurrer la réponse à l'oreille :

– À mon avis, il y a des micros et des caméras planquées dans tous les coins.

– Oh ! Clotaire, vous n'exagérez pas un peu ?

– Chut !

Il l'interrompit en lui posant délicatement un doigt sur les lèvres. Elle sourit, car elle aima cela. Il s'assit à sa gauche, tout contre elle, la prit par l'épaule, puis se remit à chuchoter. Elle lui répondit de même et ils poursuivirent ainsi une longue messe basse. Ils trouvaient très amusant et agréable de se susurrer des mots dans le creux de l'oreille… et du cou, et d'en profiter pour se cajoler du bout des lèvres et se provoquer mutuellement d'agréables frissons.

– Je ne sais pas si vous êtes de mon avis, mais il y a des guerres qui méritent vraiment d'être vécues, commenta Lucile, gorge offerte, au paradis.

– Hum, hum…

***

C'est seulement une heure plus tard qu'ils descendirent rejoindre le compagnon Damiel. Il suivait dans la salle aux ordinateurs une opération délicate, qui avait mis sous pression plusieurs compagnons Superviseurs. L'elfe Elsidir, assis devant un écran, était si concentré qu'il ne s'aperçut pas de l'entrée de Lucile et son bouillant camarade. Ces derniers ne voulurent pas le déranger et s'approchèrent de l'ange Protectueur, debout près d'un autre poste de supervision, lunettes à vision 3D sur le nez.

– Que se passe-t-il ? s'enquit Clotaire à mi-voix.

– Une mission qui tourne mal, répondit Damiel, sans détourner son attention de l'écran devant lequel pianotait avec fébrilité un Superviseur, dont le front luisait de transpiration.

À travers les yeux d'un avatar, ils observaient l'agitation d'un homme qui marchait de long en large dans ce qui semblait être une chambre d'hôtel, tapissée de bleu. La diffusion en relief rendait ces images légèrement floues pour ceux qui ne portaient pas l'équipement adapté.

– C'est du direct ? demanda Clotaire.

– Oui, répondit l'ange-avatar. L'un des nôtres est en situation de péril extrême, enfermé dans une chambre d'hôtel que l'adversaire s'apprête à investir.

– Vous lui avez envoyé du renfort ?

– C'est justement notre souci. Nous n'avons personne qui puisse intervenir dans un délai raisonnable. Il doit tenir, ou il échouera.

– Ne suffirait-il pas de le déconnecter du jeu ?

– Pour le sauver, lui, certainement. Mais il n'est pas seul. Il avait rendez-vous avec un informateur qui doit absolument être amené sain et sauf à Khímaira.

Clotaire échangea un regard avec Lucile, dans lequel il lut l'approbation de son amie.

– Nous, nous sommes disponibles et prêts à y aller, dit-il avec conviction. Où cela se passe-t-il ?

– Au George V.

– Oh ! l'un des plus beaux palaces de Paris, siffla le jeune homme.

Le compagnon Damiel le considéra, hésitant ou plutôt réfléchissant sur le plus rapide moyen de transporter leurs avatars sur place.

– Lorsque vous vous connecterez, vos avatars se matérialiseront à votre maison des Pavillons-sous-Bois…

– Que vous avez eu l'intelligence de ne pas réduire en cendre, soit dit en passant, fit remarquer Clotaire. Vous voyez, elle peut encore servir.

L'ange ne cilla pas.

– Si vous prenez un taxi, poursuivit-il, vous serez avenue George-V en moins d'une demi-heure. C'est jouable.

– À une condition, prévint le jeune homme.

Il n'eut pas besoin de la formuler.

– Vous irez en immersion absolue, enchaîna Damiel. Nous avons déjà paramétré vos comptes sur le site du jeu pour rendre possible le transfert de conscience dès maintenant.

– Le hasard fait bien les choses, n'est-ce pas ?

– Ce n'est pas à un ange qu'il faut parler de hasard, vous le savez bien. Allons-y, chaque seconde compte. Pendant que votre Superviseur préparera la procédure de transfert, je vous donnerai toutes les données dont nous disposons sur la situation.

– Pardonnez-moi, Damiel, j'ai juste une inquiétude, intervint Lucile.

– Je vous écoute.

– Partir au combat avec un pistolet électrique, pour une prof de français, ça va, mais pour une Protectueuse…

– Cela aussi, nous l'avons prévu, mais pas pour cette mission. Désolé.

***

Les explications, puis l'installation sur un lit dans la salle consacrée aux immersions absolues, ne prirent pas plus de trois minutes. Avant d'abaisser la visière du casque, Clotaire remercia Damiel. Puis il regarda Lucile, allongée sur la couche voisine, à sa gauche. La jeune femme tremblait de tous ses membres.

– À tout de suite, Lucile. Ça ira ?

– Je ne sais pas, avoua-t-elle. Je suis terrorisée.

– Les premières fois, ça fait toujours peur, dit le jeune homme. C'est normal. Mais après, on trouvera ça tellement bien qu'on en redemandera, termina-t-il avec un petit air coquin qu'heureusement elle ne sembla pas remarquer.

Il reposa sa tête sur le traversin, abaissa la visière et ferma les yeux.

– N'oubliez pas qu'il faut garder les yeux ouverts, leur rappela Damiel.

– Ah oui, pardon ! C'est vrai qu'on n'est pas partis faire la sieste.

– Et se taire aussi.

Des images en relief commencèrent à se former sur les écrans du casque, tandis qu'une voix d'une grande douceur, féminine pour Clotaire et masculine pour Lucile, commença à leur parler.

– Vous devez vous détendre, relâcher chacun de vos muscles et respirer régulièrement, paisiblement. Ne penser à rien. Vous laisser aller, lâcher prise…

Damiel leur avait expliqué que le principe de l'immersion absolue reposait sur une technique de relaxation, à laquelle il ne fallait surtout pas résister. La confiance était la clé d'un « départ » rapide. Par avance, Clotaire adora cela. Aussi n'eut-il aucun mal à se laisser emporter par cette voix envoûtante et sensuelle, et imprégner le cerveau des images abstraites et colorées que lui projetait le jeu. À l'inverse, Lucile résistait, bien malgré elle, fermait les yeux et priait Dieu de lui pardonner, mais aussi de l'aider à passer ce cap difficile. Du coup, elle n'écoutait pas la voix et se raidissait de plus en plus, tant musculairement que psychologiquement. Le résultat fut que Clotaire se retrouva seul dans sa maison des Pavillons-sous-Bois.

# 31

# En immersion au George V

Le compagnon d'Ambre resta un moment sans oser bouger, craignant que le miracle prenne fin. La sensation d'immersion absolue était sans commune mesure avec la 3D classique. Il ne se contentait pas de voir à travers les yeux de son avatar, il sentait tout ! Les odeurs, la texture de ses vêtements sur sa peau, la température légèrement fraîche de son salon… Cela dépassait l'entendement. Il ne jouait plus à faire semblant d'être un héros, il était un héros ! Soudain, il repensa à sa compagne.

– Luciole ?

Le silence dans le pavillon, où ne pénétrait qu'une chiche lumière grise à travers les persiennes closes, était total. Il en déduisit qu'elle connaissait des difficultés de transfert, mais ne s'en alarma pas. Elle réussirait, ne serait-ce que pour ne pas le laisser seul. En attendant, il eut envie d'aller se contempler dans le miroir du vestibule. Son verdict fut sans appel :

– Ouf ! Ce que je suis beau !

Prenant un peu de recul, puis diverses positions et mimant différentes attitudes, il se mira et s'admira avec complaisance. Il avait l'élégance d'un acteur américain, le regard de braise d'un séducteur irrésistible, le profil parfait d'un mannequin de mode… bref, le style James Bond version Pierce Brosnan, point trop musclé mais viril en diable. Il en frémit d'excitation. Tout de même, un sentiment contrasté l'effleura qui lui inspira le réflexe de se pincer et se tirer la peau des joues, comme s'il avait pu être affublé d'un masque. Mais non, son visage était bien de chair, dont la peau fine captait la moindre sensation. Il écarta les pans de sa veste de costume anthracite et constata avec satisfaction qu'il était armé de ses deux pistolets, prêts à être dégainés de leur étui pour mettre hors d'état de nuire les méchants de l'histoire. Il se reboutonna, balaya d'un geste négligé une minuscule poussière sur son épaule droite. Puis il soupira, se demandant quel serait le montant de l'addition quand il faudrait payer ce rêve faustien.

– Compagnon d'Ambre ? l'appela depuis le salon une voix féminine qu'il reconnut avec bonheur.

– Luciole ! Je suis là, dans le vestibule.

Elle l'y rejoignit aussitôt. Il avait la banane ; elle une moue contrariée.

– Ça ne va pas ? s'inquiéta-t-il.

– Je n'ai pas réussi à me détendre. J'ai fait échouer le transfert.

– Ben, comment se fait-il… ?

Il la contempla. Elle était là, en chair et en os, sublime dans son manteau de cuir vert sapin et son tee-shirt noir qui moulait délicieusement son buste de déesse hollywoodienne.

– Damiel m'a fait passer dans la chambre des simples immersions 3D. Je ne suis là qu'à travers les yeux de Luciole, termina-t-elle tristement.

– Ce n'est pas grave. Ce sera pour la prochaine fois.

Elle releva brusquement le visage.

– Clotaire, embrassez-moi, ordonna-t-elle.

– Je ne suis pas Clotaire, mais le compagnon d'Ambre, lui rappela-t-il.

– Embrassez-moi quand même.

Il s'exécuta, avec application et douceur.

– Alors ? s'enquit-il.

– Je n'ai rien senti. Il n'y a que mon regard qui peut vous embrasser, et c'est insupportable !

– Je comprends, mais qu'y pouvons-nous ?

– J'y retourne !

Elle leva les mains vers ses tempes, mima le geste de remonter des lunettes sur son front, et tout d'un coup s'évapora.

Quelques minutes plus tard, elle était de retour, cette fois rayonnante de joie.

– Embrassez-moi !

Le compagnon d'Ambre s'exécuta avec application et douceur. Puis il observa la jeune femme qui avait encore les yeux fermés de contentement.

– J'ai l'impression que vous commencez à y prendre goût, commenta-t-il.

Elle rouvrit les yeux.

– Il faut reconnaître que c'est beaucoup plus agréable en vrai.

Son immersion absolue ne lui avait pas causé les sensations extrêmes qu'elle redoutait, et elle s'étonnait presque d'avoir éprouvé ces terribles angoisses d'avant transfert. Comme son ami précédemment, elle se mira longuement dans le miroir du couloir. Comme lui, elle ressentit à la fois une grande satisfaction à la vue de cette séduisante enveloppe charnelle et l'impression déplaisante qu'il ne s'agissait pas de son reflet, mais de celui d'une créature étrangère qu'elle aurait en quelque sorte chassée de son corps pour prendre sa place.

– Nous ne devrions pas nous attarder davantage, recommanda le compagnon d'Ambre.

– Vous avez raison. Est-ce que nous prenons ma voiture dans votre garage ?

– J'ai mieux à proposer, et sûrement plus rapide à cette heure. La gare de RER n'est pas loin, à pied nous y serons en cinq minutes.

– Oui, mais ma voiture…

Luciole s'interrompit, comprenant que débarquer d'une Twingo jaune, si mignonne fût-elle, devant l'hôtel George V risquait de ne pas faire très crédible.

– Votre voiture ?
– Non, non, rien. Allons-y.

C'est ainsi qu'une demi-heure plus tard, ils arrivèrent à grands pas devant le luxueux hall d'accueil d'un des plus prestigieux hôtels de la capitale. Ils entrèrent dans le hall d'accueil, sans marquer d'hésitation, afin de ne pas attirer l'attention.

– Et maintenant ? demanda Luciole en explorant du regard ces lieux intimidants.

S'y croisait tout l'éventail classique de la clientèle de luxe : riches mamies à chien-chien et vieux beaux au bronzage Seychelles parfait, bon nombre d'hommes d'affaires discutant affaires autour d'un verre dans de confortables sofas, un personnel nombreux aux petits soins pour des clients dont le portefeuille le valait bien. Elle remarqua aussi quelques solitaires qui semblaient patienter, tout en observant les allées et venues d'un air détaché. Combien d'Éliminatueurs les avaient déjà repérés ? s'interrogea-t-elle.

– Amadeus est au cinquième, chambre 508, rappela son compagnon.

– Ne devrait-on pas se faire annoncer ? s'inquiéta Luciole en désignant du regard le comptoir de la réception, devant lequel stationnaient quelques clients.

– Je ne crois pas que ce serait une bonne idée. Faisons comme si nous étions deux amoureux américains en goguette à Paris. *Give me your hand, darling.*

Ils traversèrent l'immense hall sans être inquiétés, mais sans pour autant passer inaperçus. Un agent de sécurité, alerté d'un simple mouvement de tête par l'un des réceptionnistes, se hâta de les rejoindre et monta de justesse avec eux dans l'ascenseur. Le Protectueur pressa le bouton numéro 5.

– Vous allez où ? demanda-t-il aimablement au malabar.

– Même étage que vous, monsieur. Vous êtes client de l'hôtel ?

– Bien sûr ! Chambre 508.

Les portes coulissantes se refermèrent.

– Pardonnez-moi, puis-je voir votre clé, s'il vous plaît ?

– Vous êtes agent de sécurité, je présume ? demanda le compagnon d'Ambre, sans se démonter.

– Exact, monsieur.

– Parfait. Vous allez sans doute pouvoir nous aider.

Luciole le regarda, à la fois admirative de son sang-froid et inquiète sur ses intentions.

– Notre fils de douze ans est un sale petit garnement. Nous l'avons trop gâté depuis sa naissance, vous comprenez ?

L'homme opina poliment du chef.

– Or, figurez-vous que ce jeune effronté s'est enfermé dans notre chambre et refuse de nous ouvrir tant que nous ne lui aurons pas acheté le dernier épisode du jeu vidéo pour console XBox 6600, *Lara*

*Croft contre les Éliminatueurs.* Vous en avez forcément entendu parler…

Le vigile répondit négativement de la tête.

– Bref, les rayons de jeux vidéo ont tous été pillés et nous revenons bredouilles. Du coup, notre cher Amadeus…

– Amadeus, répéta le vigile.

– Amadeus, comme Mozart. Amadeus, donc, ne va sûrement pas vouloir nous laisser entrer si facilement… Ah nous arrivons !

Les portes de la cabine s'écartèrent, livrant à leur regard un vestibule au sol verni jaune clair, luisant comme de la Bakélite.

– Vous détenez sûrement un passe pour entrer dans les chambres en cas d'urgence, n'est-ce pas ?

– Euh… oui, monsieur.

– Parfait ! Alors vous allez pouvoir éviter un drame familial. Votre pourboire sera… royal !

Le vigile resta impavide, mais dans ses yeux s'alluma une petite lueur de convoitise.

– Si je peux rendre service à madame et à monsieur.

Il avait changé de ton. Ils quittèrent la cabine de l'ascenseur et se figèrent aussitôt de surprise. Dans le couloir de droite, tapissé d'une moelleuse moquette beige à motifs dorés, il y avait foule ! Au moins dix individus aux styles très contrastés, certains costumés de noir et cravatés de soie, d'autres en jean et santiags. Deux étaient vêtus de façon ordinaire. L'un d'eux était penché sur la serrure à carte magnétique d'une des portes, comme par hasard la numéro 508. Interloqué, le vigile eut d'abord le réflexe de s'avancer pour interroger avec autorité ces inconnus qu'il n'avait pas vus entrer dans l'hôtel. Mais craignant sans doute de commettre une bévue, il s'arrêta et s'interrogea sur ce qu'il devait faire. Le compagnon d'Ambre en profita pour l'attraper par un bras et l'entraîner vers la porte 508 en clamant d'une voix forte :

– Ah, je vois que les amis de mon ami sont déjà là ! Écartez-vous, s'il vous plaît, nous avons la clé ! Merci. Pardon ! Pardon !

Abasourdis, les individus regardèrent passer sous leur nez ces nouveaux venus. Le Protectueur réclama son passe au vigile qui s'exécuta, tout en lorgnant avec méfiance ces individus, dont il se demandait d'où ils sortaient. La diode verte de la serrure magnétique s'alluma, signalant que la porte était déverrouillée. Ce fut le signal d'une accélération fulgurante des événements.

À peine le battant entrouvert, le compagnon d'Ambre et Luciole poussèrent le vigile dans la chambre. Comprenant qu'ils avaient été bernés, les individus se jetèrent sur la porte pour l'empêcher de se refermer. Le plus réactif réussit à enfiler sa botte dans l'entrebâillement. Il fut le premier à être neutralisé, Luciole lui expédiant dans la poitrine deux pointes de Taser qui le firent partir en arrière et bousculer ceux de ses acolytes qui se trouvaient sur sa trajectoire. Elle rembobina ses projectiles le temps d'un battement de cils, puis claqua la porte au nez des affreux qui revenaient à la charge, tels des zombies en furie.

– Ouf ! soupira-t-elle, dos contre le battant.

– Mais qu'est-ce qui se passe ? s'insurgea le vigile.

– Êtes-vous armé ? l'interrogea le compagnon d'Ambre.

– Armé ? Bien sûr que non ! J'ai juste ça pour prévenir en cas de pépin.

Il montra le talkie-walkie dans la poche de poitrine de sa veste.

– Très bien, ça pourrait servir. Pour le moment, vous ne faites rien, sauf si vous tenez à provoquer un carnage. Ces gens sont des mafieux. S'ils sortent l'artillerie, vous pouvez être sûr d'être demain dans le journal en première page et, à l'intérieur, à la rubrique Nécrologie. Alors, ne bougez pas et attendez là.

Effrayé, l'homme acquiesça de la tête.

– Vous êtes de la police ? demanda-t-il.

– Service secret. Mais chut ! c'est ultra-secret !

Durant ce temps, Luciole était entrée dans la chambre de la suite, sans y trouver personne. Elle jeta un œil sous le lit et dans la salle d'eau, ouvrit les placards…

– Ils ne sont pas là, constata-t-elle, désappointée.

Le compagnon d'Ambre la rejoignit. Poings sur les hanches, il suggéra :

– Il reste le balcon.

Là non plus, ils ne trouvèrent pas l'objet de leur mission. C'est alors que le vigile eut une idée :

– Vous devriez peut-être regarder dans la chambre d'à côté. La porte communicante est là.

– Mais oui, bravo ! le félicita le jeune homme. Quel est votre prénom ?

– Yannick.

Il lui donna une tape amicale sur l'épaule, puis suivit Luciole qui déjà était passée dans la pièce voisine. Elle y trouva la deuxième surprise du jour…

# 32

# Une victoire vite évaporée

Une main plaquée sur la bouche, une lame de poignard sur la carotide, Luciole était en main. Le compagnon d'Ambre évalua en un instant la situation et ne la jugea pas alarmante. Il se détendit :

– Bonjour, compagnon Amadeus, je suis le compagnon d'Ambre, Protectueur, et entre vos bras, je vous présente Luciole, également Protectueur.

L'homme était à tout point de vue impressionnant : deux mètres, une carrure de troll déménageur, la tête du monstre de Frankenstein, ou peu s'en fallait, des pognes larges comme des battoirs à linge… Il libéra sa proie, qui aussitôt se retourna et, montrant son Taser, lança :

– Vous avez eu de la chance que je ne sois pas une ennemie, sinon vous seriez étendu à mes pieds et non pas debout et fier comme maintenant.

– Si vous aviez été une ennemie, répliqua le colosse d'une voix étrangement douce, je vous aurais coupé le cou avant que vous ne vous soyez aperçue que j'étais derrière cette porte. Vous n'êtes pas très maligne.

Luciole baissa les yeux.

– Je débute, s'excusa-t-elle. C'est ma seconde mission. Et la première n'a pas été très brillante.

– La mienne fut carrément désastreuse, avoua le compagnon d'Ambre.

Amadeus fronça ses sourcils broussailleux.

– M. Ghoster nous a envoyé des débutants ?

– Personne d'autre n'était disponible, justifia le Protectueur. Mais ne vous y trompez pas, nous ne manquons pas de ressources.

– J'espère, grommela le colosse. C'est bon, monsieur Cruzer, vous pouvez sortir.

Une porte d'armoire s'ouvrit lentement. Apparut alors un homme à demi chauve, en costume gris fripé, terrorisé, serrant contre lui une grosse sacoche de cuir bordeaux. Une caricature de comptable à la petite semaine. Amadeus fit les présentations :

– Ce sont des compagnons qui vont nous aider à nous sortir de ce guêpier, annonça-t-il.

Puis, s'adressant aux amis en question :

– M. Cruzer était le trésorier du jeu.

– Un transfuge ? traduisit Luciole.

– Et un voleur. Il est parti avec la caisse, qu'il transporte dans ce sac.

– Je ne suis pas un voleur ! se défendit le petit homme, encore tout ébouriffé d'émotion. Il y a eu malentendu…

– C'est aussi un menteur, le coupa le colosse. De la vraie graine de crapule, mais qui possède des tas d'informations sur l'organisation de l'ennemi. Si nous parvenons à le ramener à Khímaira, ce sera une victoire qui pourrait s'avérer décisive.

– Ce n'est hélas pas gagné, estima le compagnon d'Ambre. Il y a foule dans cet hôtel pour grignoter des points de vie à ce monsieur.

– Tant que cela ? gémit Cruzer.

– En fait, c'est bien pire que ça. Mais peut-être pourra-t-on vous faire évader par la fenêtre.

– Nous sommes au cinquième ! glapit le bonhomme.

– Oui, mais c'est le plus court chemin, ironisa le Protectueur.

Le vigile surgit à cet instant dans la chambre, qui était une suite Louis XV, dans les tons bleu ciel et blanc.

– Les mafieux sont en train de défoncer la porte ! Venez vite !

Le compagnon d'Ambre le présenta, puis lui recommanda :

– Vous feriez bien de vous cacher sous le lit, Yannick, parce que les balles ne vont pas tarder à siffler.

– Combien sont-ils ? demanda Amadeus.

– Une dizaine, répondit le vigile.

Le compagnon Amadeus réfléchit. Sa trogne de créature de film d'horreur, ainsi plissée en une expression sévère, était encore plus effrayante. Soudain, il trouva :

– Allez leur ouvrir ! ordonna-t-il à Yannick.

– Vous êtes sûr ?

– Et dites-leur que nous sommes en train de fuir par le balcon. Allez, mon vieux, bougez-vous !

Il le poussa dans la chambre 508, puis referma à clé la porte de communication. Il s'empressa ensuite de récupérer sur un guéridon deux énormes pistolets munis d'un silencieux, et demanda à ses renforts de se préparer pareillement « à faire le ménage ».

– Vous me collez au croupion, comme si j'étais votre maman canard, ordonna-t-il ensuite.

– C'est quoi votre plan ? s'enquit le compagnon d'Ambre.

– Un plan ? Ben… tirer dans le tas et s'en aller par l'escalier.

Il alla entrouvrir la porte de la suite, jeta un regard dans le couloir. Les Éliminatueurs étaient précisément en train de se ruer dans la chambre 508. Il tourna la tête vers les Rebelles et Cruzer, inquiets mais prêts à lui *coller au croupion*. Il esquissa un sourire jubilatoire, puis lança :

– Va y avoir du sport !

Il tira vivement le battant et ce fut le début de la cavale infernale des Tontons flingueurs.

*Toung ! Toung !* Deux sbires du jeu passèrent l'arme à gauche. *Toung ! Toung !* Un autre eut la mauvaise idée de revenir se montrer dans le couloir. Durant ce temps, Ambre et Luciole, encadrant un Cruzer terrorisé, coururent jusqu'à l'escalier de l'hôtel. Derrière eux, des cris retentirent, des appels, et de nombreuses détonations. Le compagnon d'Ambre s'arrêta et se retourna. Amadeus était en mauvaise posture. Il avait reçu une balle dans la cuisse droite et lâché l'un de ses pistolets.

– Partez devant, je vous rattrape ! cria le Protectueur à Luciole.

Puis il se porta au secours du colosse, pressant au passage le bouton d'appel de l'ascenseur. Chaque fois qu'un Éliminatueur pointait le bout du nez, il faisait feu. L'un d'eux, un téméraire maladroit, sortit la tête pour ajuster son tir. Le compagnon d'Ambre le devança, d'une seule balle en plein front. L'avatar en costume noir s'effondra et s'évapora sur la moquette.

– C'est dingue ! On se croirait vraiment dans *Les Envahisseurs*, ne put-il s'empêcher de commenter.

– Bien joué, compagnon ! le félicita Amadeus. Allez, maintenant aide-moi.

Tout en se couvrant par un tir nourri, ils clopinèrent à reculons jusqu'à l'ascenseur et s'y réfugièrent à l'ouverture des portes. Durant la descente, le géant félicita à nouveau son compagnon Rebelle, le gratifiant d'une accolade assez inattendue. Parvenus au rez-de-chaussée, ils trouvèrent Luciole et surtout Cruzer en fâcheuse posture.

Dans sa hâte à fuir la mort, le trésorier véreux s'était entravé dans ses propres jambes et étalé en beauté. Il avait fait tomber sa sacoche qui s'était ouverte, répandant une partie de son contenu composé de billets de banque en euros, non liassés. Luciole était en train de le dissuader de ramasser son butin, quand les garçons la rejoignirent.

– Il faut dégager ! Ils arrivent ! prévint Amadeus.

– Pas sans mon argent ! s'écria Cruzer.

À quatre pattes, le bonhomme rassemblait ses précieuses coupures qu'il enfournait par brassées dans sa sacoche.

– On s'en fiche, de votre pognon ! répliqua le colosse qui, malgré sa balle dans la jambe, donna un coup de pied dans le sac.

L'envol de ces coupures colorées provoqua d'abord l'écarquillement des yeux alentour. Puis quand le colosse lança de sa voix de stentor…

– Servez-vous, c'est la Maison qui vous l'offre !

… ce fut la ruée. Une ruée destinée à ralentir leurs poursuivants. Cruzer avait récupéré une brassée de coupures qu'il serrait furieusement contre lui, alors qu'il était aux prises, les yeux dans les yeux, debout au corps à corps avec un type en costume clair et barbiche Iznogoud. Le malotru tentait de lui arracher des mains une poignée de billets. Le compagnon d'Ambre saisit le comptable par un bras, mais le bougre ne voulait pas lâcher prise.

– Bon sang, vous voulez mourir ou quoi ? l'invectiva-t-il.

Le bonhomme le dévisagea alors avec une expression de désarroi presque touchante, et, enfin, il baissa les bras et se laissa entraîner vers la sortie. Une fois dans la rue, la chance voulut qu'une voiture de maître dépose des clients devant l'hôtel. Bousculant chauffeur et passagers, le quatuor s'engouffra dans le véhicule. Luciole prit le volant. Peu après, surgissaient deux Éliminatueurs. Il y eut quelques échanges de tirs, mais très vite le véhicule fut hors de portée.

– Ouf ! On peut dire que ça a été chaud ! triompha le compagnon d'Ambre.

– Ce qui compte, c'est le résultat, n'est-ce pas ? déclara Luciole, radieuse.

Son ami avait pris place à l'arrière, à droite du trésorier véreux qui gardait les mains crispées contre son ventre, quelques billets entre les doigts. À l'avant, sur le siège passager, Amadeus semblait davantage préoccupé que satisfait de cet heureux dénouement. Il finit quand même par exprimer un semblant de joie, à sa manière, en grommelant un « Ouais ».

– Et vous, monsieur Cruzer, vous ne nous sautez pas au cou ? s'étonna le compagnon d'Ambre.

Il remarqua alors la pâleur alarmante du petit homme, puis avec effroi ses mains maculées de sang.

– Vous êtes blessé ?

Cruzer acquiesça, puis gémit :

– L'homme en blanc, il avait un poignard.

– Eh merde ! Luciole, à l'hôpital, vite !

Ils n'eurent pas le temps d'y arriver. Le précieux transfuge s'évapora quelques minutes plus tard. Le compagnon d'Ambre échangea un regard consterné avec Amadeus.

– Vous saviez que ce type n'était qu'un avatar ? demanda-t-il.

– Non. Encore un coup tordu du jeu, grommela le colosse en reportant son attention devant lui.

Au même moment, du côté de l'hôtel George V, tous ceux qui s'étaient discrètement éclipsés après s'être rempli les poches de billets, se retrouvèrent déconfits et ahuris quand ils s'aperçurent que le cadeau de la Maison n'était en fait… que du vent.

# 33

# Inquiétude pour une simple visite familiale

Pour rentrer à Khímaira, Luciole et le compagnon d'Ambre choisirent d'abord le train, abandonnant la voiture de maître près de la gare de RER Magenta. Amadeus s'évapora à ce moment-là, afin qu'au domaine les chirurgiens puissent s'occuper de son modèle-source. Puis ils allèrent récupérer la Twingo de Lucile aux Pavillons-sous-Bois. Sur la route, ils n'échangèrent pratiquement pas un mot, se sachant écoutés par les Superviseurs. Ils n'en pensaient pas moins ! Leur état d'esprit pouvait se résumer en une formule : « Tout ça pour ça ! » et un sentiment, fort déplaisant, d'avoir été les dindons d'une farce un peu lourde à digérer. Certes, ils n'en attribuaient pas la faute à Teddy Ghoster et sa poignée de Rebelles, mais ils se demandaient comment ces gens pouvaient encore espérer remporter une victoire dans une confrontation où l'adversaire imposait ses propres lois.

Lucile s'inquiétait surtout de savoir si un jour elle retrouverait une vie normale. Clotaire songeait de son côté à mener sa propre guerre, avec ses propres armes et en suivant ses propres règles du jeu. Cela le fit sourire intérieurement, car il retrouvait le même état d'esprit que celui qui l'animait lorsqu'il s'immergeait dans des jeux de stratégie. Et considérant les centaines d'heures qu'il avait passées devant son écran d'ordinateur, à déjouer les plus infâmes complots et à conduire des armées entières à la bataille, il pouvait affirmer qu'il était un homme d'expérience, un vrai Napoléon Ier des mondes virtuels.

Dès leur arrivée à Khímaira, ils furent accueillis par le compagnon Damiel. Celui-ci les félicita sobrement de leur brillante opération d'exfiltration, mais curieusement sans commenter son inutilité puisque le transfuge n'était qu'un avatar.

– Et comment va le compagnon Amadeus ? s'enquit Luciole.

– Il sera sur pied dans quelques jours, disons plutôt sur *un* pied. Si vous le souhaitez, vous pouvez lui rendre visite dans sa chambre, il sort du bloc opératoire, mais n'a subi qu'une anesthésie locale.

– Entendu, nous irons, acquiesça l'avatar de Lucile, avant d'ajouter : dès que nous serons redevenus nous-mêmes.

★★★

Un peu plus tard en fin de journée, Lucile et Clotaire demandèrent à voir celui dont ils avaient sauvé la vie. En pénétrant dans sa chambre, l'un et l'autre eurent bien du mal à dissimuler leur étonnement. Le modèle-source du troll déménageur Amadeus était un gringalet d'un mètre soixante-cinq, affublé d'un petit nez pointu et d'une bouche sans lèvres qui le faisait ressembler au défunt humoriste Sim. L'entrevue dura peu : « Rebonjour. Ça va ? » « Ça va. Merci. » « Reposez-vous bien. » « Au revoir. » La vérité, pathétique, était que ce jeune homme avait véritablement honte de ce qu'il était.

Lucile et Clotaire gagnèrent ensuite la salle à manger du château pour retrouver, comme dans une maison de vacances, les autres résidents du domaine. Ils dînèrent à la même table que trois d'entre eux et furent surpris de constater qu'il ne s'agissait pas, en apparence du moins, d'avatars. L'un des deux hommes, d'une quarantaine d'années, un peu falot, gardait une attitude réservée peu engageante. Le second, plus jeune, était à l'inverse un bavard impénitent. Il ne savait parler que de lui et de ses souvenirs de mission, ce qui devint vite lassant. Quant à la femme, elle ne disait rien, sans doute davantage parce que son voisin monopolisait la parole que par timidité. De temps en temps, elle échangeait des sourires entendus avec Lucile et parfois s'amusait à lâcher une réflexion complètement en dehors du sujet, ce qui troublait chaque fois le jacasseur, malheureusement guère plus de quelques secondes.

N'étant pas obligé de se concentrer sur la conversation, Clotaire en profita pour observer du coin de l'œil les tablées avoisinantes. Il fit quelques constats, dont un qui l'amena à interroger leurs vis-à-vis :

– Excusez-moi, j'ai l'impression que pour ce dîner, il n'y a que très peu d'avatars. Y aurait-il une grosse opération en cours ?

Le bavard et la femme regardèrent autour d'eux, perplexes. Ce fut le silencieux qui répondit, d'une voix morne :

– Pas plus que d'habitude. Seuls les compagnons en immersion absolue peuvent rester en jeu, les autres doivent se déconnecter.

– Ah oui ? Pourquoi ? demanda Lucile.

– Parce qu'il faut bien qu'ils mangent et qu'ils dorment.

– Eh oui, forcément.

– Cela voudrait-il dire que les Protectueurs en immersion absolue nourrissent leur modèle-source quand ils se nourrissent eux-mêmes ? demanda Clotaire.

– Vous ne le saviez pas ?

– Disons que ça ne m'était pas venu à l'esprit. C'est plutôt bizarre, je dirais même surnaturel, vous ne trouvez pas ?

– C'est le jeu, répondit le Rebelle avec un haussement d'épaules fataliste.

Ils en restèrent là.

Le dessert et le café avalés, les nouvelles recrues ne s'attardèrent pas, d'une part parce qu'elles étaient épuisées, d'autre part parce que Lucile voulait appeler sa mère, ce qui lui fut possible à partir d'une ligne téléphonique fixe – les mobiles étant interdits sur le domaine, pour de mystérieuses raisons techniques. Ensuite, ils demandèrent à voir M. Ghoster, mais furent orientés vers Elsidir qu'ils trouvèrent dans la salle de Supervision. L'elfe-avatar les informa que le chef était absent, mais qu'avec le compagnon Damiel il avait mandat pour prendre des décisions à sa place :

– Nous souhaitons rendre visite demain matin à ma mère, annonça Lucile, cela ne pose pas de problème, je pense ?

Elsidir tiqua :

– En principe, vous ne devriez pas sortir du domaine.

– M. Ghoster nous a assuré qu'il n'y avait pas de prisonniers à Khímaira, intervint Clotaire.

– C'est exact, mais vous ne semblez pas avoir conscience du risque que vous prenez à commettre ce genre d'imprudence. Il est probable que votre mère, mademoiselle Hatias, soit surveillée jour et nuit par l'ennemi.

– Nous ne resterons que quelques minutes, et puis je sais comment entrer dans son immeuble sans me faire remarquer. Merci, compagnon. Bonne nuit.

Ils plantèrent là le Protectueur, qui ne put qu'opposer une mine sombre à la volonté de ces horripilants électrons libres. Une fois dans leur chambre, ces derniers laissèrent éclater leur joie, dansant et s'enlaçant et s'embrassant. Quand ils cessèrent de s'agiter pour simplement se regarder, ils se trouvèrent l'un pour l'autre les plus beaux amants du monde.

***

Le lendemain, de bonne heure et de bonne humeur, ils furent les premiers à se présenter dans la salle des repas pour le petit déjeuner. Teddy Ghoster aussi était un lève-tôt, puisqu'il vint les saluer à leur table.

– Le compagnon Elsidir m'a informé que vous comptiez vous rendre chez votre mère, Luciole, dit-il.

– Absolument, répondit la jeune femme avec fermeté.

– Vous ne devriez pas. Nos ennemis…

– Nous serons revenus avant midi, le coupa Clotaire. Sinon, c'est que nous ne méritons pas d'être des compagnons Rebelles.

Lui ayant pour ainsi dire cloué le bec, ils se hâtèrent d'avaler leur café et de décamper dans la Twingo jaune. Tandis que le portail automatique du parc s'ouvrait devant eux, Clotaire fit cette remarque :

– Tu as vu comme il était inquiet. Ça fait plaisir, non ?

– Parce que tu crois que c'était pour nous ?

Ce fut au tour du jeune homme de rester coi.

***

À Paris, Lucile s'arrêta devant la première station de métro qu'ils aperçurent. Ils s'embrassèrent et se donnèrent rendez-vous au plus vite chez sa mère.

– Elle va être ravie de te rencontrer, dit-elle avant qu'il ne claque la portière de l'auto.

– En Clotaire, je n'en suis pas si sûr. Je devrais plutôt me présenter en compagnon d'Ambre, c'est-à-dire une autre fois, tu ne crois pas ?

Elle se rembrunit.

– À tout à l'heure !

Et elle pensa avec dépit : « Le pire, c'est qu'il a sûrement raison. »

L'informaticien avait donc une course plus importante à faire que donner du sourire et faire des politesses à Mme Hatias. Une fois arrivé sur place, c'est-à-dire sur le parvis de la Défense où se dressent les hautes tours de verre et d'aluminium du quartier d'affaires, il dut trouver une cabine téléphonique en fonctionnement, ce qui ne fut pas simple en ces temps de mobile triomphant. Il composa le numéro direct de Mathias, son voisin de bureau. Ce n'était certes pas le plus brillant informaticien de la planète, mais assurément un des plus redoutables pirates du web.

– *Allô !*

– Mathias ? C'est moi, l'homme de ta vie !

– *Pardon... Clotaire ? Alors ça ! Mais qu'est-ce qui t'est arrivé ? On te croyait mort.*

– Pas encore, mais presque si tu ne m'aides pas. Rejoins-moi au Business-Café, en bas de la tour.

– *OK. À quelle heure ?*

– Tout de suite.

– *Tout d... tu te fiches de moi ? Je bosse, moi, monsieur !*

– S'il te plaît. Je ne rigole pas. Des tueurs veulent me faire la peau et tu es mon dernier espoir.

– *Attends, ne me dis pas que t'as siphonné le compte en banque d'un parrain de la mafia.*

– Si ce n'était que ça... À tout de suite, Mathias.

# 34
# Surprise de taille

Comme ils l'avaient annoncé, Lucile et Clotaire étaient de retour au domaine de Khímaira avant midi. La première rencontre entre le jeune homme et Mme Hatias mère avait donné le résultat attendu : sourires convenus, petits rires courtois et « gentils mots » de circonstance, du genre : « Alors comme ça vous êtes informaticien ? C'est la crise, un peu, dans ce secteur, hein ? Ça licencie beaucoup ? » Et bien sûr le discret regard laser, des rangers cloutés au catogan. Les pensées de cette honorable maman, soucieuse du bonheur de sa fille, se lisaient dans ses rictus inconscients, surtout lorsqu'elle faisait semblant d'écouter Clotaire parler de son métier : « Mon Dieu, mais où donc ma fille est-elle allée pêcher cet énergumène ? » Du coup, le retour avait été plutôt morose.

– J'aurais mieux fait de venir en compagnon d'Ambre, maugréa le garçon.

– Ah sûrement pas ! Je te veux tel que tu es !

« Le problème », avait alors pensé le garçon, « c'est que je ne suis plus très sûr de savoir qui je suis ».

Dès leur arrivée, on vint leur annoncer qu'une mission de protection rapprochée leur était proposée. Sitôt leur déjeuner avalé, ils se transformèrent en compagnons Protectueurs et repartirent pour Paris, cette fois en limousine blanche.

***

Dix jours passèrent ainsi, émaillés de missions courtes et modérément mouvementées, juste ce qu'il fallait pour que les héros leur trouvent un certain intérêt sans être soumis à trop forte pression. Il y eut aussi les rendez-vous chez les psychiatres pour les mots d'excuse au patron. Les professionnels n'y allèrent pas de main morte, diagnostiquant l'un un « épisode dépressif majeur, avec perte de repères », l'autre « confusion mentale, effondrement des capacités cognitives, paranoïa… » et, cerise sur le gâteau, « hallucinations ».

Naturellement, leur état d'esprit évolua au cours de ces journées. Ainsi avaient-ils l'impression, chaque fois que leur conscience était transférée dans leur avatar, d'endosser leur « peau de travail », selon l'expression de Clotaire, ou plus justement leur tenue de combat. En revanche, ni l'un ni l'autre ne parvenait à s'approprier complètement cette enveloppe, malgré ses séduisants atouts, comme lorsqu'un style de vêtement ne correspond pas à la personnalité de celui qui le porte. Cela les surprit d'abord, puis ils finirent par admettre que le corps et l'esprit vivaient d'autant mieux en harmonie, que le second savait accepter le premier tel qu'il était, et non tel que ses fantasmes auraient aimé qu'il soit. Ces questions, dignes d'un café philo mais fondamentales pour eux, occupèrent plusieurs de leurs soirées, allongés sur l'herbe à regarder les étoiles, ou blottis l'un contre l'autre dans leurs lits jumeaux qui comme leur cœur désormais ne faisaient qu'un.

Puis un matin, consultant sa messagerie électronique, ainsi qu'il le faisait régulièrement depuis un ordinateur à Khímaira, Clotaire reçut un courriel de son ami Mathias : « Salut collègue ! Alors, on déserte le bureau ? Le chef nous a informés que ta « dépression nerveuse » allait se prolonger. Il nous a même lu le diagnostic du psychiatre que tu as soudoyé… pardon, j'ai dérapé sur mon clavier… : que tu as consulté. Du coup, on te prépare une belle lettre collective d'encouragement. MDR ! Mais bon, c'est pas pour ça que je te contacte. Appelle-moi dès que tu auras un moment, j'ai trouvé une clé de programme formidable. » Lucile le vit pâlir légèrement. Elle était assise en face de lui, dans le bureau qu'ils avaient squatté le temps de cette consultation.

– Les nouvelles sont mauvaises ? s'inquiéta-t-elle.

Il la contempla un moment, le regard absent, comme si son cerveau était en train de résoudre une équation complexe.

– Non, au contraire, finit-il par répondre. Il faudrait que nous retournions voir ta maman.

– Volontiers. Quand ?

– Aujourd'hui, en fin d'après-midi, par exemple.

Ne prévenant que Léopold au moment de partir, ils quittèrent le domaine avec la Twingo, promettant d'être de retour avant la nuit.

Une heure plus tard, ils étaient installés à une table du Business-Café, à la Défense. Un jeune homme dégingandé, la tignasse en bataille, l'œil pétillant et le jean large, entra dans l'établissement, un *notebook* à la main.

– C'est lui, annonça Clotaire.

Les deux amis se topèrent la main. Les présentations faites, ils en vinrent sans délai à l'objet de l'entrevue.

– Tu as réussi ? demanda Clotaire.

– Bien sûr ! répondit Mathias avec un fier sourire. Mais ça n'a pas été facile. J'ai dû appeler mon copain du Pirate Bay…

– C'est le Parti Pirate, en Suède, précisa Clotaire à l'intention de Lucile.

– Un truc tout à fait officiel, enchaîna son collègue. Ça n'a pas été facile, disais-je, parce que les webmasters de ton site ont créé des hébergeurs fantômes à l'autre bout du monde. Mais bon, on a quand même fini par les déloger…

Il ouvrit son mini-ordinateur, l'alluma, pianota quelques secondes sur le clavier, puis annonça :

– Vous allez voir, c'est comme à la télé. C'est moi qui ai conçu cette appli !

– Il veut dire application, programme si tu préfères, traduisit Clotaire.

Mathias pressa la touche « entrée », puis tourna l'écran vers ses vis-à-vis, qui ne virent d'abord qu'un espace étoilé en mouvement.

– Imaginez que vous êtes dans un vaisseau spatial, expliqua le jeune homme. Vous êtes à cent cinquante années-lumière du serveur de ton site.

Son collègue étira un rictus, sans quitter l'écran des yeux. Les étoiles devinrent filantes, puis soudain le vaisseau sembla virer sur la gauche. Apparut alors une étoile très lumineuse, le soleil, et sa cohorte de planètes. L'une d'elles devint le point central de l'écran. Elle grossit rapidement. C'était la Terre qui se révélait dans toute sa splendeur bleutée, mais aussi sa fragilité, songea Lucile avec une pointe d'émotion. La découpe des continents, en partie masquée par le nappage blanc des nuages, leur permit de reconnaître l'Europe… Et soudain, ce fut la plongée sur la France. L'effet escompté par le concepteur de cette petite animation fut parfaitement atteint, puisque ce dernier vit avec une malicieuse satisfaction les traits des deux amis se tendre de concentration à mesure qu'approchait la localisation du serveur recherché. Constatant qu'ils survolaient la région parisienne, puis un secteur où l'urbanisation alternait avec des espaces forestiers, Clotaire commença à deviner la destination. La caméra virtuelle survola des agglomérations et des routes, dont le nom s'affichait en surimpression. Elle effectua une spirale plongeante au-dessus d'un bois, et enfin se stabilisa en aplomb d'une clairière qui s'avéra être un parc arboré, au centre duquel se dressait un château de pierre blanche en forme de L. Ce domaine comportait deux accès opposés, l'un plein sud, l'autre au nord. L'image se figea et un nom s'afficha : *Château de Khímaira.*

– Et voilà, cher collègue ! s'exclama Mathias. C'est là-dedans que tu trouveras ton serveur.

Il dévisagea son copain. Celui-ci n'était pas blême, mais vert, et sa copine avait perdu le rose délicat de ses joues.

– Eh bien, vous en faites une tête !

***

Au soir de cette journée, Lucile et Clotaire descendirent dîner parmi les premiers. Ils en avaient pris l'habitude quand ils n'étaient pas d'humeur à partager la table avec les autres compagnons Rebelles. C'était assez souvent le cas, car les sujets de conversation de ces résistants de luxe se limitaient la plupart du temps à leurs exploits du jour et autres récits héroïques. Rares étaient ceux qui évoquaient leur passé de « quelconque quidam », plus rares encore ceux qui se risquaient à révéler leurs états d'âme. Quant aux propos touchant de près ou de loin au pourquoi du comment de l'étrangeté surnaturelle qui les avait amenés à cette vie clandestine… ils étaient totalement absents, autant dire prohibés. Ce soir-là, les Protectueurs Luciole et Ambre avaient une raison supplémentaire de manger tôt et vite. Ils voulaient profiter des derniers rayons du soleil pour faire le tour du domaine, puis explorer les parties du château qu'ils ne connaissaient pas encore.

Sitôt le dessert avalé, ils s'éclipsèrent, sans paraître se hâter pour ne pas attirer l'attention, ce qui fut évidemment impossible.

– Vous sortez ? les interpella le compagnon Damiel qu'ils croisèrent dans le vestibule.

– Pour digérer, répondit Clotaire. Vous voulez venir avec nous ?

– Je n'ai pas encore dîné. Bonne digestion, alors.

Il se fendit d'un sourire, ce qui n'était pas si fréquent le concernant. L'informaticien eut soudain envie de le questionner :

– Au fait, Damiel, je voulais vous demander un truc.

– Un… truc ?

– Ou un machin si vous préférez. Pour gérer le réseau informatique du château, il y a un serveur ?

– Je suppose que oui.

– Vous n'en êtes pas sûr ?

– Je ne m'occupe jamais de ces questions techniques. Pourquoi ?

– Vous savez que je suis informaticien dans le civil. Les réseaux, c'est ma passion. Aussi, me disais-je, si vous aviez besoin d'un gars qui s'y connaisse… Est-ce que vous savez où est entreposé ce serveur ? J'aimerais au moins le voir. Il doit être hyper-performant, non ?

– Aucune idée.

Clotaire voulut insister, mais Lucile le tira doucement par un bras et, simulant l'impatience, l'attira dehors.

– Tu aurais dû me laisser continuer, lui reprocha le jeune homme.

– Soit il ne sait rien et c'est inutile, soit il sait et il ne te dira rien. Dans les deux cas, tout ce que tu as à gagner, c'est d'éveiller ses soupçons, donc ceux de Ghoster.

– Très juste. Bien raisonné, Lucile. Tu n'as pas confiance en Damiel ?

– En qui devrait-on avoir confiance dans cette histoire, à ton avis ?

Ils en restèrent là.

***

Leur exploration du domaine leur confirma ce qu'ils avaient pu constater, grâce à la vue aérienne que Mathias leur avait affichée sur son notebook : la façade nord en L du château avait été rendue totalement inaccessible par un mur amputant d'un bon quart le parc, comme si derrière s'étendait une autre propriété. Ils rentrèrent pour tenter de trouver des portes ou des fenêtres donnant sur cette mystérieuse aile nord. Si des caméras espionnaient les allées et venues – ce qu'ils ignoraient faute d'avoir pu en dénicher une seule, de même qu'ils n'avaient trouvé aucun microphone dans leur chambre, après pourtant une fouille des plus minutieuses – à coup sûr leur manège avait été repéré. Mais ils s'en fichaient, puisque désormais, pour eux, l'ennemi était partout et qu'ils devaient de toute urgence comprendre exactement dans quel guêpier ils s'étaient englués jusqu'au cou, avant de s'en arracher. Leur premier objectif était de trouver cet ordinateur, forcément plus volumineux qu'un PC ordinaire, censé héberger à la fois le jeu et les adversaires du jeu.

– Il n'empêche qu'il pourrait quand même tenir dans une pièce grande comme un placard à balais, estima Clotaire alors qu'ils traversaient un couloir menant à un salon de détente, ouvert à l'ouest, dans lequel ils avaient précédemment remarqué une petite porte, côté nord.

– Pourquoi utiliseraient-ils un seul serveur ? l'interrogea Lucile.

– Parce qu'il serait beaucoup plus efficace de gérer les deux camps sur une même machine.

Elle s'immobilisa pour réfléchir.

– Voyons, Clotaire, ça ne tient pas debout.

– Sauf si Ghoster et le Maître du jeu ne font qu'un… Oh, mais attends…

Le jeune homme parut soudain frappé par une révélation.

– Tu viens d'avoir une idée ?

– Plutôt, de faire un rapprochement. *Ghost* en anglais, ça veut dire fantôme.

– Oui, je crois. Et Ghoster, sais-tu ce que cela signifie ?

– Aucune idée.

– Eh bien, moi, je connais. Trouvons un ordinateur, je vais te montrer.

Dans le premier bureau libre qu'ils trouvèrent, Clotaire obtint la définition du verbe *ghoster* dans une encyclopédie en ligne. Il la lut à voix haute :

– « Le terme "ghost" tend à se généraliser pour désigner toute image d'un support informatique ou d'un système informatique faite par un logiciel de sauvegarde. Dans le jargon informatique, le néologisme "ghoster un PC" est apparu. Il est synonyme de cloner, c'est-à-dire dupliquer le disque dur d'un PC. »

Clotaire marqua une pause pensive, puis conclut :

– En langage informatique, *Ghoster* veut donc dire « cloner ». Mince alors ! J'aurais pu le trouver plus tôt.

– Si je comprends bien, déclara Lucile, Ghoster serait le véritable Maître du jeu ?

– Peut-être même son concepteur. En tout cas, c'est lui qui tire les ficelles, ça ne fait plus aucun doute.

– Admettons. Mais quelle serait sa motivation ?

– Le jeu. S'il est le joueur, nous, nous sommes les jouets.

– Possible, murmura-t-elle, moyennement convaincue. Qu'est-ce que nous devrions faire, selon toi ?

– Trouver le serveur et le détruire.

– Et si nous n'y parvenons pas ?

– Alors il faudra détruire Ghoster.

La jeune femme tiqua :

– Un meurtre de sang-froid ne pose peut-être pas de problème pour un Protectueur aguerri, mais pour un informaticien de vingt-trois ans, qui joue encore aux petits soldats dans sa chambre…

– Au boulot aussi, ça m'arrive.

– Et une prof de français bouddhiste, incapable d'assassiner une mouche d'un coup de pantoufle… Pardonne-moi, mon amour, mais j'ai des doutes.

– Je n'ai pas dit que je le ferai en Clotaire, l'abomifreux *serial killer* de monstres baveux.

# 35

# Le scepticisme de Daniel

Le bilan de l'exploration du château, des combles aux caves, apporta deux informations intéressantes aux fouineurs, bien que nullement de nature à les rassurer : les fenêtres de la façade nord, supposées donner sur la cour que formait le L du château, étaient non seulement occultées par des rideaux et des volets intérieurs en bois, mais aussi murées. Quant aux quelques portes qui devaient, à l'origine, permettre de passer dans l'autre aile ou sortir par l'arrière, elles étaient solidement verrouillées. L'une d'elles cependant, la plus insignifiante, un discret portillon au fond d'un minuscule cabinet de travail vide, attira leur attention. Le battant ne comportait ni poignée ni serrure mais, à droite de l'huisserie, une fente similaire à celle dans laquelle Ghoster et les compagnons autorisés enfonçaient leur badge d'identification, par exemple pour entrer dans la salle de Supervision. La présence de ce contrôle d'accès magnétique permettait certes de déduire qu'il était possible de passer de l'autre côté, pas forcément d'accéder au cœur du cerveau ennemi.

– Si seulement nous pouvions voler le badge de Ghoster, réfléchissait à voix haute Clotaire, allongé dans leur chambre, mains croisées sous la nuque.

Lucile occupait la salle de bains. Lorsqu'elle en sortit, charmante en nuisette rose à nœuds vert amande, elle trouva son compagnon assis au bord du lit, le menton sur le poing, dans la position du Penseur de Rodin.

– Qu'est-ce que tu fais ? demanda-t-elle.

– *Cogito ergo sum*[1].

– C'est déjà ça. Mais encore ?

– Il nous faut un complice.

– Tu penses à Damiel, je présume ?

– Gagné !

– J'aurais davantage cru en Elsidir.

– Tiens donc ! Pourquoi ?

– Paradoxalement, parce qu'il inspire moins confiance.

Clotaire sourit.

– On tire à pile ou face ?

– Entendu.

C'est finalement Damiel qui fut choisi.

Minuit était déjà largement passé quand ils sortirent se mettre en quête du Protectueur. Sans surprise, un

1. « Je pense, donc je suis. »

gardien Sentinelle leur apprit qu'il officiait en salle de Supervision. Ils le firent appeler dans le vestibule du château.

– Que se passe-t-il ? s'enquit-il en les rejoignant, la mine contrariée.

– Nous voulons vous parler, répondit Clotaire.

– Je vous écoute.

– En fait, c'est à Daniel que nous souhaiterions confier notre petit secret.

Le compagnon eut un haussement de sourcils interrogatif.

– Vous vous réveillez à quelle heure ? demanda l'informaticien.

– Pardonnez-moi, mais je ne vois vraiment pas pourquoi je devrais vous écouter sous ma forme source, plutôt qu'en compagnon Protectueur.

– Ce que nous avons à vous dire concerne le jeu. Et puis, sait-on jamais, si vous étiez espionné.

– C'est absurde !

– Ah oui ? Quand vous saurez ce que nous avons à vous révéler, vous changerez certainement d'avis.

Troublé, Damiel consentit à leur donner un rendez-vous :

– Je vous retrouverai à deux heures dans le salon Bleu.

Clotaire le remercia, puis proposa à son amie d'aller en attendant boire un litre de café à la cafétéria.

***

Ponctuel, Daniel se présenta dans ce petit salon de détente qui devait son nom aux tapisseries bleu ciel qui couvraient ses murs. Ce n'était pas la première fois que les deux amis voyaient le bras droit de Ghoster sous sa forme originale, mais cela leur inspira, comme les rares fois précédentes, la curieuse impression qu'ils avaient affaire à un personnage complètement différent. Daniel était un homme souriant, affable, d'une trentaine d'années, bien qu'il en parût dix de plus en raison d'une calvitie avancée et d'un visage déjà marqué par une vie qu'on devinait difficile. Il avait des yeux d'un bleu très clair et une peau lunaire. Il s'efforça d'afficher une expression détendue en retrouvant les deux jeunes gens. Cependant, sans être doué d'un sixième sens, il était aisé de deviner son agacement intérieur.

– Voilà, je suis à vous, dit-il en guise de salut.

– Pas ici, annonça Clotaire. Venez. Allons prendre le frais.

Le Protectueur voulut protester, mais déjà les deux amis l'entraînaient vers la sortie. Il grommela, s'indigna, mais suivit. Une fois dehors où les saisirent une fraîcheur pinçante et le chant des grillons sous une lune blafarde, il s'impatienta :

– Bon, nous pouvons parler maintenant ?

– Tout à fait, répondit Clotaire.

Ils se tenaient sur la terrasse d'honneur, en partie éclairée par la lumière du hall. Au bas de la balustrade de pierre, à intervalles réguliers, brillaient des loupiotes d'extérieur orange.

– Voilà, attaqua le jeune homme, nous avons remarqué qu'une partie du parc ainsi qu'une aile du château n'étaient nulle part accessibles. Et nous avons trouvé cela bizarre.

– Peut-être. Je ne peux pas vous dire.

– Alors, voici encore un peu plus bizarre...

Lucile lui ravit la parole :

– Daniel, est-ce que nous pourrions vous demander comment vous avez rencontré M. Ghoster ?

Interloqué, le Protecteur regarda alternativement les deux amis. Clotaire, interloqué par cette intervention aussi intempestive que pertinente, en resta coi.

– Comme vous, j'imagine, répondit Daniel.

– Avez-vous confiance en lui ?

– Totalement.

– Et si nous pouvions vous prouver qu'il n'est pas aussi... comment dire sans mauvais jeu de mots... Aussi blanc qu'il s'en donne l'air ?

– Je ne vois vraiment pas où vous voulez en venir.

Clotaire prit la relève :

– Savez-vous ce que signifie le terme *ghoster* en langage informatique ?

L'homme se contenta d'esquisser une moue de perplexité.

– Cela veut dire cloner un programme ou le contenu d'un disque dur.

– Heureux de l'apprendre. Et alors ?

– Et alors…

Clotaire échangea un regard avec Lucile, comme pour s'assurer qu'ils suivaient bien la même idée.

– Nous avons mené notre petite enquête et nous avons découvert où, précisément, était géré le site du jeu.

Cette fois, Daniel fut désarçonné.

– Vraiment ? Voyons, c'est…

– Impossible ?

– Non, certainement pas, mais ça ne peut pas être aussi simple.

– Simple ou pas, je peux vous révéler que le serveur informatique grâce auquel nous connaissons tous nos ennuis, depuis que nous avons eu le malheur de nous inscrire sur le site *Héros*, est… ici.

– Ici ?

– À Khímaira. En d'autres termes, la compagnie des Rebelles ne serait que le modèle inversé de celle des Éliminatueurs. Chacune serait gérée par un programme informatique identique, c'est-à-dire cloné, ou alors commun – cela reste à préciser. L'ensemble s'appellerait le jeu. Il offrirait à chaque camp les mêmes fonctionnalités, comme aux échecs, et un maître du jeu, autrement dit sa couleur. Noir les Éliminatueurs, Blanc les Rebelles. Le joueur serait le diable et les jouets, nous.

Daniel hésita entre rire et piquer une colère.

– Vous plaisantez !

– Ben non, c'est ça le problème. Il y aurait un moyen très simple de le vérifier, ce serait d'aller voir ce qu'il y a dans l'aile nord du château. Car c'est forcément là que nos ennemis ont placé leurs ordinateurs. Si c'est le cas, Daniel, nous devons complètement changer notre vision de la situation : nous ne serions plus victimes du jeu dont vous êtes le héros, mais du jeu dont vous êtes le jouet. Vous me suivez ?

Le Protectueur demeura quelques secondes interdit, puis il demanda :

– Comment savez-vous cela ?

– L'informatique est mon métier. Quand bien même ne serais-je pas capable de tracer l'émetteur d'un site Internet jusqu'à sa source, je connais des gens qui savent faire ça, des cyberpirates comme M. Ghoster rêverait d'en avoir ici… du moins s'il avait vraiment envie de frapper là où ça fait mal.

Un long silence s'ensuivit, durant lequel Daniel, les deux mains en appui sur la rambarde, contempla l'obscurité du parc.

– Bon. Cela demande réflexion, finit-il par déclarer.

– Naturellement, vous n'en parlez à personne, glissa Lucile.

– Tant que je n'ai aucune raison de le faire.

– Avant de partir, Daniel, pouvez-vous nous dire si votre propre badge serait susceptible d'ouvrir cette porte mystérieuse que nous avons trouvée.

– La porte des Fins ? Mais vous savez bien que…

– Non, celle qui permettrait d'aller fouiner dans l'aile nord.

À cet instant, une silhouette se découpa sur le perron du château.

– Que complotez-vous là, tous les trois ? demanda-t-elle.

Daniel saisit l'occasion pour prendre congé des deux amis.

– Nous parlions du jeu, éluda-t-il. Bonne nuit, compagnon Elsidir.

L'elfe n'obtint pas plus de précision de la part des deux autres noctambules. Ces derniers rentrèrent se coucher plus inquiets qu'ils ne l'étaient avant l'entretien avec Daniel, et surtout terriblement déçus du résultat.

– Il ne manquerait plus qu'Elsidir nous ait entendus, maugréa Clotaire, une fois qu'ils eurent retrouvé l'intimité de leur chambre.

# 36

# La convocation chez le Maître

Lucile et Clotaire se couchèrent le cœur amer et l'estomac noué par une sourde angoisse, au point, pour la première fois depuis leur arrivée à Khímaira, de verrouiller leur porte. Ils en discutèrent un moment, sur l'oreiller, mais la fatigue finit par l'emporter. Pourtant, ils eurent bien du mal à s'endormir et quand enfin leur conscience bascula dans le vide obscur d'un sommeil tourmenté, ce ne fut pas pour longtemps. Clotaire se réveilla en sursaut. Assis sur le lit, le cœur battant à tout rompre, tous les sens aux aguets, il s'efforça de maîtriser sa panique pour ne pas allumer la lampe de chevet.

– Que t'arrive-t-il ? murmura Lucile.

– Rien, j'ai dû faire un mauvais rêve.

– Quel genre de mauvais rêve ?

– Du genre on nous assassinait durant notre sommeil.

Lucile se redressa à son tour, puis alluma la lampe de sa table de nuit.

– Tu me fais peur, dit-elle en se blottissant contre lui.

Il la prit par l'épaule.

– Je me fais peur aussi. Imagine que Ghoster soit le concepteur du jeu et qu'il soit averti de nos soupçons et de ce que nous savons sur son serveur ; il ne peut pas se payer le luxe de nous laisser en vie. D'autant qu'il devrait s'attendre au pire avec nous, par exemple que nous alertions les Services secrets par l'intermédiaire du commandant Beaulieu.

– En t'écoutant, j'ai l'impression de me retrouver à la case départ. Est-ce que tu vas me proposer de nous enfuir en Amazonie ?

– Que dirais-tu des îles Caïmans ? C'est un paradis, à ce qu'on prétend.

– Fiscal, oui… Mon Dieu, Clotaire, crois-tu que nous en soyons à ce point ?

– J'aimerais te dire le contraire. Il faudrait que nous puissions devenir intouchables.

– C'est-à-dire ?

– Éteins la lumière. Je vais me rendormir en y réfléchissant, et demain j'aurai la solution.

***

Le lendemain, Clotaire se réveilla… avec le sourire.

– Tu as trouvé ? demanda Lucile.

– Oui.

– Tu m'expliques ?

– Bien sûr. Nous allons mettre toute la communauté au courant. Je pourrai le faire pendant le repas, au dîner de préférence, il y a plus de monde, debout sur une chaise. Après cela, il sera difficile à Ghoster et ses sbires de nous faire disparaître, encore moins de nous trucider dans notre lit.

Lucile prit son temps pour donner son avis. Finalement, elle conclut, sans grande conviction :

– C'est audacieux, mais oseras-tu ? As-tu déjà fait ce genre de chose ?

– Une fois, au mariage de mon cousin. Mais j'avais une circonstance atténuante, j'étais complètement bourré.

– Attention, Clotaire, tu ne joues pas seulement ta réputation sur ce coup-là.

– Je le sais bien. C'est pourquoi j'aimerais mieux que Damiel m'évite ce genre d'épreuve en nous aidant à trouver le serveur.

Ils se hâtèrent de s'apprêter pour descendre prendre leur petit déjeuner. À peine étaient-ils installés dans la salle à manger que le compagnon Damiel vint les trouver à leur table, le visage fermé, le ton cassant :

– Quand vous aurez terminé, vous voudrez bien venir dans le bureau de M. Ghoster ? Il veut vous voir.

– Pour quoi faire ? Nous auriez-vous trahis, compagnon ? répliqua Clotaire sur le même ton.

– Dépêchez-vous. Ça bouge du côté de l'ennemi et nous avons d'autres urgences à traiter que vos états d'âme.

Le croissant fut difficile à avaler et cela ne fit que renforcer la colère de Clotaire.

– C'est terrible, je me sens comme un collégien convoqué dans le bureau du principal. Maudite émotivité, grommela-t-il.

Lucile posa une main sur son bras et avoua :

– J'éprouve exactement la même chose que toi, même si le principal de mon collège est plutôt un type sympa.

***

Quand la comparution débuta peu après dans l'immense bureau du chef des Rebelles, celui-ci n'était pas à sa table de travail, mais confortablement installé dans l'un des fauteuils de cuir brun de la partie salon de la pièce. Elsidir était présent, assis dans un canapé, ainsi que Damiel qui avait préféré rester debout derrière le Maître.

– Bonjour, mes amis. Venez vous asseoir, nous avons à discuter, enjoignit ce dernier.

Le ton était aimable, l'expression avenante, le geste élégant… comme d'habitude. L'homme n'en paraissait que plus redoutable. Lucile et Clotaire avancèrent en s'efforçant de ne paraître en rien impressionnés par ce qui leur semblait être un tribunal de l'hypocrisie. Ils prirent place chacun dans un fauteuil face au canapé.

– Je ne vais pas tourner autour du pot, commença Ghoster, parce que nous avons des inquiétudes sur l'activité des Éliminatueurs et que je dois suivre cela de près. Damiel m'a fait part des petites inquiétudes que vous nourrissez à mon égard. Je tiens à les dissiper…

Le regard acrimonieux que le couple adressa à l'ange de la trahison obligea le maître à justifier :

– Vous ne devriez pas lui en vouloir. Il n'a fait que ce qu'il pensait juste, puisqu'il a compris le danger que vos doutes représentaient pour notre cause. Ce serait d'ailleurs plutôt à lui d'avoir du ressentiment envers vous, car en agissant dans mon dos, vous avez trahi la confiance qui doit nous unir. C'est notre ciment que vous avez fissuré, et ce n'est pas anodin. Mais en l'occurrence, ajouta-t-il en souriant néanmoins, cela peut se réparer facilement…

– Ouvrez-nous la porte de l'aile nord, l'interrompit Clotaire avec une surprenante autorité.

Ghoster ne se départit pas de son calme de lord anglais.

– C'est justement ce que j'allais vous proposer. Retrouvons-nous tout à l'heure, disons à onze heures, devant cette mystérieuse entrée secrète. Et je vous promets de vous laisser visiter l'aile nord de fond en comble. Et si cela vous chante, vous pourrez même sonder jusqu'au moindre trou de souris.

Perturbés, les deux amis échangèrent un regard.

– Où est le serveur de Khímaira ? demanda Clotaire.

– Dans la salle de Supervision, dans un cagibi que j'ai transformé en salle informatique, climatisée et sécurisée. Cela aussi, je suis prêt à vous le montrer.

Le jeune homme relâcha les tensions qui lui avaient crispé les muscles et durci les traits du visage. Il ne savait plus que dire. Lucile prit la parole :

– Monsieur Ghoster, comment expliquez-vous que les amis informaticiens de Clotaire aient pu localiser le site du jeu ici même, dans votre quartier général ?

– Sur le plan technique, je ne sais absolument pas comment une telle chose est possible, mais sur le plan stratégique c'est parfaitement logique. Le jeu sait où nous sommes basés, contrairement à nous qui le cherchons sans relâche depuis des mois. Lui dispose de moyens de tromperie que nous n'imaginons même pas, probablement parce qu'ils sont surnaturels, c'est en tout cas ma conviction.

Il se tut quelques secondes, puis reprit, sur un ton sentencieux :

– C'est le diable que nous avons en face de nous, pas un simple savant fou, si génial soit-il. Notre combat n'est pas celui d'hommes d'honneur et de courage contre des crapules ou des malades mentaux, c'est celui des anges contre les démons. Que vous ayez des difficultés à l'admettre est légitime mais, s'il vous plaît, ne brisez pas la confiance qui cimente notre action. Nous ne nous en relèverions pas...

Il se leva pour terminer :

– C'est pourquoi je vous donne rendez-vous à onze heures, comme nous en sommes convenus.

En prenant congé, suivi de Damiel, il posa une main paternelle sur l'épaule de Clotaire, puis lui glissa :

– Moi, j'ai confiance en vous. Vous êtes parmi nos meilleurs éléments. À plus tard, mes amis.

Le Maître sorti, Elsidir reconduisit les compagnons complètement déstabilisés.

– Il faut que vous alliez dans la chambre des Sources, si possible en immersion absolue, dit-il, car nous aurons besoin de l'intégralité de vos capacités de combat. Cette journée ne sera pas comme les autres.

Clotaire approuva d'un hochement de tête. Lucile était au bord des larmes.

## 37

# Branle-bas de combat

Ponctuel et le front soucieux, Teddy Ghoster retrouva à onze heures précises Luciole et le compagnon d'Ambre dans l'étroit cabinet de travail vide. Il était seul. Depuis le milieu de la matinée, il régnait dans le château une nervosité qui laissait craindre une action imminente et d'envergure de la part des Éliminatueurs. Elsidir n'avait pas voulu se prononcer formellement, mais cela pouvait concerner l'ensemble de la communauté logée à Khímaira. Autrement dit, une attaque sur le domaine n'était pas à exclure.

– Dépêchons-nous, dit le lord blanc en tirant la carte magnétique qu'il portait en permanence dans la poche intérieure de sa veste, attachée à sa boutonnière par une fine dragonne de satin doré.

Il enficha le rectangle de plastique blanc, provoquant le même claquement caractéristique que lorsqu'il pénétrait dans la chambre des Sources.

– Cela faisait si longtemps que je n'étais pas venu, commenta-t-il, que je m'étonne presque que le contrôle d'accès fonctionne si bien. Me voilà rassuré sur la qualité de nos installations de sécurité.

Poussant le portillon qui émit un long gémissement, il invita les Rebelles soupçonneux à franchir ce « seuil de tous les mystères, en courbant humblement la nuque, comme dans les monastères », précisa-t-il, un brin sarcastique. Les Protectueurs pénétrèrent dans une pièce poussiéreuse et sombre, totalement vide de meubles. Un paradis pour les araignées et les voleurs de parquets, puisque celui de cette pièce avait été arraché et emporté par des vandales sans scrupule.

– Ils n'ont pas encore volé l'encadrement de la cheminée, remarqua M. Ghoster avec amertume.

– Pourquoi cette partie du château est-elle à l'abandon ? demanda Luciole.

– Cette demeure et son parc appartenaient à deux frères en conflit, justement à cause de l'héritage de ce patrimoine. Ne pouvant plus se voir, ils ont fini par couper le domaine en deux parties, allant même jusqu'à murer les fenêtres et les portes donnant d'un côté ou de l'autre de leur frontière de haine. J'ai acheté la moitié dans laquelle nous vivons actuellement et l'ai rebaptisée Khímaira…

– Pourquoi ? demanda Clotaire.

– Le château s'appelait le Vieux Colombier. J'ai voulu le moderniser un peu.

– Pardonnez-moi, je voulais dire pourquoi ce nom, Khímaira ?

Le lord blanc eut un drôle de sourire et un regard en coin presque inquiétant.

– Vous trouverez votre réponse dans un dictionnaire. J'ai donc acheté une partie du domaine et fait installer cette porte blindée, avec contrôle d'accès par carte magnétique infalsifiable. J'aurais aimé acquérir le reste de ce magnifique domaine. Hélas, l'actuel propriétaire, qui n'est pas un particulier mais une société étrangère, n'a pas répondu à mes offres. Il préfère laisser le temps et les pillards dégrader ce joyau. C'est incompréhensible ! Et malheureusement pas un cas unique en France.

Il émit un soupir, puis lâcha :

– Je vous laisse poursuivre tranquillement votre exploration. Si vous trouvez un dangereux ennemi dissimulé sous une planche ou derrière un lambris, appelez-moi. Quand vous aurez fini, je vous demande juste de refermer la porte derrière vous, il suffit de la claquer.

Luciole et Clotaire étaient si confus qu'ils n'acquiescèrent pas. C'est alors que retentit une puissante sonnerie, côté Khímaira, semblable à une alarme incendie.

– Qu'est-ce que c'est ? s'inquiéta Luciole.

– Ce que nous redoutions. Venez, vous reprendrez votre visite plus tard… si vous êtes encore de ce monde.

De retour dans la partie Khímaira du château, Elsidir vint à la rencontre de Ghoster, lui annonçant simplement :

– Ils arrivent !

– C'est donc l'heure de vérité. Eh bien soit, faites distribuer les armes. Je vous commanderai depuis la salle de Supervision. Que tout le monde soit équipé d'une sono VHF.

– C'est une attaque ? s'enquit le compagnon d'Ambre auprès de l'elfe-avatar.

– En force ! confirma celui-ci. Cette fois, nous jouons à quitte ou double. Vous devriez aller prendre vos pistolets et plusieurs boîtes de munitions. Léopold vous fournira du plus gros calibre, si vous le souhaitez. Quant à moi, je vous dirai où prendre position.

Une exclamation retentit dans la salle de Supervision, dont la porte était restée ouverte :

– Ils ont enfoncé la grille du portail avec un 4 × 4 !

Le château devint dès lors le théâtre d'un branle-bas de combat qui fit taire, au moins provisoirement, les doutes et inquiétudes de Luciole et de son compagnon. Ils coururent jusqu'à leur chambre afin d'y récupérer leurs armes. Celles-ci vérifiées et mises en fonction, ils se considérèrent mutuellement. Ils étaient beaux et musclés, ils avaient fière allure dans leur tenue de James Bond et de Lara Croft. Pourtant, sous cette panoplie, c'était l'authentique héros de leur cœur qu'ils voyaient, leur amour…

– Je me demande si cette fois nous pourrons nous en sortir, déclara Luciole avec résignation. C'est dommage, j'aurais tant aimé… Enfin, ce n'est pas encore la fin, n'est-ce pas ?

– Sûrement pas ! J'ai laissé volontairement la petite porte ouverte. Si ça tourne mal, nous nous enfuirons par l'aile nord.

– Et ensuite ?

– *Alea jacta est.*

Ils s'embrassèrent. Avec fougue. Les premières détonations les firent tressaillir.

– Il faut y aller, dit le compagnon d'Ambre.

– Encore une seconde. Réponds-moi d'abord, est-ce que Ghoster t'a convaincu ?

Le jeune homme eut un haussement d'épaules, avant de répondre mollement :

– À vrai dire, je n'en sais rien, mais *a priori*, oui. Tu sais, ce n'est pas le meilleur moment pour parler de ça.

– Si, justement, et plus que jamais.

– Tu as encore des doutes ?

– La porte des Fins, nous n'en avons pas parlé.

Le compagnon d'Ambre tiqua.

– Tiens, c'est vrai, je l'avais complètement oubliée, celle-là.

À cet instant, le téléphone sur la table de nuit de Clotaire sonna. Le jeune homme s'empressa d'aller répondre :

– Oui, Elsidir… Ah, d'accord… Je comprends. Nous arrivons.

Puis s'adressant à Luciole :

– L'ennemi est déjà devant le château.

Ils se hâtèrent de redescendre dans le vestibule, où résonnait la pétarade des échanges de tirs entre le château et des silhouettes sombres, embusquées derrière les arbres ou les statues autour de la cour d'honneur. Des vitres volaient en éclats et des balles sifflaient avant d'aller percer portes et cloisons. Le compagnon d'Ambre interpella Elsidir qui sortait de la salle de Supervision, dos courbé.

– Nous sommes fichus ?

– Non, c'est volontairement que nous les avons laissés approcher. Des compagnons sont postés dans des caches au milieu du parc. Ils vont bientôt les attaquer par-derrière. Nous lancerons l'assaut à ce moment-là. Bonne chance !

Ambre le retint par un bras :

– Une question, Elsidir. Qu'est-ce qui se passerait s'ils parvenaient à couper le courant en faisant sauter le transfo du château ?

– Le groupe électrogène prendrait aussitôt le relais, ne vous en faites pas.

– Et s'ils le trouvent ?

Le Protectueur ne sut que répondre.

– Alors ils auront gagné, lâcha-t-il avec un haussement d'épaules.

– Luciole et moi, nous pourrions couvrir l'accès au groupe électrogène.

Le Protectueur prit deux secondes pour réfléchir, puis trancha :

– C'est d'accord. Suivez-moi, l'installation électrique est regroupée dans l'un des garages.

– Le compteur général du château aussi ?

– Tout à fait. Nous allons passer par les cuisines…

# 38
# Trahison !

Elsidir conduisit Luciole et le compagnon d'Ambre dans l'immense garage édifié en annexe au bâtiment principal, le long de la façade est. Plusieurs véhicules y étaient garés, dont la limousine blanche de Ghoster. Au fond, un cube grillagé et cadenassé contenait le groupe électrogène. À sa droite se dressait, contre le mur, l'armoire métallique contenant les disjoncteurs et autres interrupteurs de commande générale du domaine.

– Voilà, je vous laisse, annonça l'elfe-avatar.

Il marqua un temps de silence, puis ajouta :

– Votre suggestion de protéger notre installation électrique était judicieuse, c'est pourquoi je l'ai acceptée. Mais ne croyez pas que je sois dupe. Vous aurez ainsi un pouvoir de vie ou de mort sur nous tous. Une balle bien placée dans cette machine et c'en est fini des compagnons Rebelles. Et qui sait ? peut-être aussi de nos ennemis, si comme vous le prétendez tout part d'ici.

– Nous ne sommes sûrs de rien, dit Luciole.

– Eh bien, en attendant d'avoir des certitudes, faites en sorte que personne n'approche de cet endroit, qui en effet est un point faible auquel nous n'avons pas prêté assez attention. Si vous avez besoin de renforts, vous serez comme nous tous reliés par la VHF. Pour être entendus, il vous suffit d'appuyer sur le bouton du micro-branche.

– Nous le savons. Merci, Elsidir. Bonne chance et à tout à l'heure, déclara le compagnon d'Ambre.

– Si le jeu le veut.

L'elfe-avatar tourna les talons et s'en alla à grandes enjambées. Les deux amis restèrent un moment silencieux et indécis, puis le jeune homme suggéra d'aller jeter un œil dehors. Avec prudence, ils sortirent du garage par une porte de service latérale. Ils prirent ensuite le temps d'observer attentivement les alentours. L'allée pavée d'autobloquants roses serpentait entre les arbres clairsemés de ce côté du parc. Cette configuration offrait une vision assez profonde pour anticiper l'approche d'un individu mal intentionné, *a fortiori* d'un groupe. À gauche, des massifs d'arbustes ornementaux, compacts et hauts, interdisaient pareillement toute attaque surprise. À droite du portail roulant, s'étirait le long mur blanc du château. Le calme de cette partie du domaine contrastait singulièrement avec le double vacarme que constituaient la pétarade de la bataille devant le château et les échanges oraux des combattants en pleine action, qui résonnaient dans les écouteurs des récepteurs hertziens :

– *Rorjak et Lutin à Damiel, nous sommes cernés dans le bosquet de la fontaine. Envoyez-nous des compagnons !*

– *Damiel à Rorjak, impossible pour l'instant. Tenez bon !*

Il y eut des cris et des rafales, et à nouveau un appel au secours, sur un ton désespéré, puis soudain :

– *Lutin est à terre ! Ils chargent !*

La communication fut brusquement interrompue.

Ainsi se succédaient les conversations, souvent pathétiques, tandis que Luciole et son compagnon attendaient, l'arme au poing, une hypothétique attaque de leur position.

– On ne peut pas rester là, à écouter les autres se faire massacrer, commença à culpabiliser le jeune homme.

– Préfères-tu risquer ta vie pour une cause qui n'est pas la nôtre ?

– Je n'ai jamais dit qu'elle n'était pas la nôtre.

– Non, mais tu l'as pensé… Moi aussi d'ailleurs.

– Peut-être… Je ne sais plus. Ce que je sais, en revanche, c'est que je ne veux pas attendre ici qu'on veuille bien nous tomber dessus, pendant que nos amis se font étriller à deux pas d'ici.

– C'est peut-être le contraire qui se passe.

– Ça m'étonnerait.

– Pourquoi ?

Le compagnon d'Ambre réfléchit. Effectivement, se dit-il, pourquoi les gentils ne gagneraient-ils pas ? Il se rendit compte alors qu'il était poussé par une autre pulsion que l'esprit de corps ; il avait envie de se battre. Il redécouvrait là une facette de sa personnalité qui ne se révélait que lorsqu'il jouait : le guerrier. De son côté, Luciole réfléchissait à un autre problème :

– J'ai l'impression que nous nous sommes piégés nous-mêmes en demandant à Elsidir de nous positionner ici.

– Veux-tu insinuer qu'il a saisi cette opportunité pour nous mettre à l'écart des événements ?

– Je dirais plutôt pour nous mettre à l'épreuve. Il est possible que Ghoster et ses Protectueurs sachent que la bataille est gagnée ou perdue d'avance. Sans espoir, ils n'avaient aucune raison de nous en écarter. Assurés de la victoire, ils ont l'occasion de mettre notre fiabilité à l'épreuve.

Les deux amis se fixèrent quelques instants.

– Et quelle conclusion en tires-tu ? demanda le compagnon d'Ambre.

– Pour l'instant, aucune. Restons vigilants et dignes de confiance.

– Et si nous allions voir comment se passent les choses du côté de la cour d'honneur ?

Ils choisirent d'aller se poster au coin de la bâtisse blanche. Ils s'y tapirent alors même que les assaillants étaient pris sous le double feu des Rebelles à l'affût dans le parc et des autres sur la terrasse d'honneur en demi-lune du château. Dans leurs écouteurs, ils entendirent les ordres donnés alternativement par Damiel et par Elsidir, ainsi que les réponses qui leur parvenaient. Les Éliminatueurs semblaient plus lourdement armés que les Sentinelles, mais ils canardaient au hasard, mitraillaient sans viser, la figure tordue de rage, parfois même grognant comme des bêtes. Ils étaient animés d'une pulsion de mort effroyable mais peu efficace. À l'inverse, les Rebelles se mettaient peu à découvert, ajustaient leurs tirs et faisaient souvent mouche.

– À ce rythme, commenta le compagnon d'Ambre, ils ne nous laisseront personne à dégommer.

Luciole le dévisagea avec réprobation.

– Tu parles comme s'il s'agissait d'un de tes jeux de guerre sur console.

– Forcément, puisque c'est le cas... Oui, bon, il y a quand même une petite différence, puisque c'est de la dimension réelle.

– Mais Clotaire, c'est la réalité ! Nous ne jouons pas ! Ce sont des êtres humains qui s'entretuent, même s'ils se cachent sous des avatars.

– D'abord, tel que tu me vois, je suis le compagnon d'Ambre, pas Clotaire. Ensuite... tu as raison. Pardon. Retournons au garage. Pour ma part, j'en ai assez vu.

C'est alors qu'ils entendirent dans leurs écouteurs un avertissement qui leur glaça le sang :

– *Lancelot à tout le monde. Alerte rouge ! L'ennemi est entré dans le château par l'arrière ! Il nous prend à revers !*

– *Elsidir à Lancelot. Comment sont-ils entrés ? Par où ?*

– *Lancelot à Elsidir. Par la petite porte communiquant avec l'aile nord, dans le cabinet désaffecté. Elle était ouverte ! Vous avez entendu ? Quelqu'un a ouvert l'issue de l'aile nord.*

– *Compagnon Arthur à Lancelot. Qui a fait ça ? Qui nous a trahis ?*

– *Damiel à tous. Ce sont Luciole et le compagnon d'Ambre ! Ce sont des agents de l'ennemi. Ce sont des Éliminatueurs !*

– *Arthur à Damiel. Alors nous sommes fichus ?*

– *Damiel à tous. Sans doute, mais eux aussi ! À tous les Rebelles, cherchez et abattez Luciole et le compagnon d'Ambre. Sans sommation, sans discuter. Il faut éliminer ces engeances du jeu.*

– *Bien reçu,* répondirent successivement une dizaine de voix, masculines comme féminines.

Atterré, le compagnon d'Ambre balbutia :

– Voilà ce qui s'appelle une funeste connerie.

– Nous ne le saurons qu'à la fin de l'histoire, tenta de le rassurer Luciole.

– De toute façon, ça ne sert à rien de se battre la coulpe. Tenons-nous prêts à recevoir nos assassins… Ou mieux, montons dans la voiture de Ghoster et fonçons vers la sortie ! Avec un peu de chance, nous passerons entre les balles.

– J'ai mieux à te proposer.

– Mieux ?

En guise de réponse, elle tourna le regard vers le groupe électrogène.

– Je veux bien, mais tu imagines si cela ne neutralise que les Rebelles ? fit remarquer son compagnon.

– De toute façon, nous ne pourrons pas passer notre vie à fuir. Coupons le courant et avisons.

À cet instant, la porte du garage s'ouvrit à la volée. En surgit Elsidir, armé d'un pistolet mitrailleur avec lequel il fit aussitôt feu. Les deux amis se baissèrent *in extremis,* et ce furent les voitures qui reçurent le flot de balles. Des vitres explosèrent au-dessus d'eux, les arrosant de débris.

– Elsidir, cessez le feu ! Personne ne vous a trahis ! s'écria le compagnon d'Ambre.

La réponse fut une nouvelle rafale assourdissante.

– C'est inutile, dit Luciole, coupe le courant. Maintenant !

– D'accord. Couvre-moi !

Profitant des échanges de tir, le jeune homme s'approcha de l'armoire contenant les disjoncteurs. Il ne prit pas le risque de se lever pour l'ouvrir et fit feu. Les projectiles transpercèrent la fine paroi métallique, provoquant des courts-circuits spectaculaires, avec crépitements et gerbes d'étincelles. Aussitôt, le groupe électrogène prit le relais en une série de claquements, puis avec le démarrage du moteur diesel. Le compagnon d'Ambre visa ensuite le panneau de commande, encastré dans la cage grillagée. Sa main tremblait et son cœur battait la chamade. Une force intérieure le paralysait, tandis qu'une autre, antagoniste, lui intimait l'ordre de relâcher cette crispation qui bloquait son index sur la détente de son pistolet. Ce conflit intense et douloureux dura quelques secondes, jusqu'à ce que Luciole hurle :

– Fais-le ! Clotaire, ils vont nous tuer !

# 39

# La mort de Lucile et de Clotaire

Le silence de plomb qui s'était soudain abattu sur le domaine de Khímaira avait littéralement sidéré Luciole et le compagnon d'Ambre. Même l'armoire électrique, percée de trous noirâtres, avait cessé de chuinter. Une odeur âcre et une fumée irritante les contraignirent à quitter les lieux. C'est alors qu'avec effroi ils découvrirent deux corps, allongés face contre terre de l'autre côté de la limousine blanche. C'étaient Elsidir et un autre Protectueur qu'ils connaissaient sous le nom de compagnon Melgan. Ils s'accroupirent près d'eux, puis les retournèrent doucement. Les deux hommes avaient reçu une balle en plein cœur.

– Ils sont morts, constata Luciole, horrifiée. Et c'est moi qui les ai tués.

– Tu n'avais pas le choix. Sortons.

Sur l'allée pavée du garage, ils reprirent leur souffle et leurs esprits.

– Clotaire, qu'est-ce qui nous arrive ? demanda Lucile d'une voix gémissante. Nous aurions dû réintégrer notre modèle-source. Elsidir et Melgan ne devraient pas se trouver là. Ils auraient dû disparaître, ce sont des avatars, comme…

Elle se regarda et soudain se frotta frénétiquement les bras pour se débarrasser de cette chair qu'elle trouvait désormais immonde.

– Comme ces maudites enveloppes ! s'écria-t-elle avec dégoût.

Elle éclata en sanglots contre la poitrine de son ami.

– Retournons dans le château, dit celui-ci. Il n'y a que là que nous aurons l'explication. Peut-être que les Rebelles en immersion absolue ne sont pas concernés par la coupure de courant.

– Eux seuls ? Mais pourquoi ?

– Je ne sais pas… Parce qu'ils sont plus fragiles, ou plus importants.

– Plus importants que quoi ?

– Lucile, je t'en prie, je suis comme toi, tout aussi déboussolé, mais il ne faut pas paniquer. Allons dans la chambre des Sources. Tu veux bien ?

Elle acquiesça d'un hochement de tête. L'arme au poing et en silence, ils firent le tour du château. La cour d'honneur et la terrasse d'accueil étaient désertes. Ils n'y trouvèrent que cinq combattants qui avaient été tués et qui, pour la même raison mystérieuse qu'Elsidir et Melgan, ne s'étaient pas évaporés. Tous étaient des Protectueurs, les seuls habilités à bénéficier de l'immersion absolue. Les deux amis entrèrent dans le vestibule, dont le sol en damier de marbre blanc et noir était jonché de débris de verre et de poussière de plâtre.

– Luciole, regarde, avertit le compagnon d'Ambre. Damiel est là.

L'ange-avatar gisait sur le côté, près de la porte ouverte de la salle de Supervision, se tenant le ventre et gémissant. Il était agonisant, mais encore conscient. Le jeune homme le redressa, et l'adossa au mur. Puis il tenta de l'interroger :

– Damiel, je suis le compagnon d'Ambre. Luciole est avec moi. Vous pouvez m'entendre ?

Le Protectueur releva le visage. Sa joue gauche était maculée de sang. Son regard était brillant et son front luisant de sueur.

– Finalement, vous aviez raison, articula-t-il avec un sourire triste.

– Sans doute, mais pourquoi n'avons-nous pas réintégré notre modèle-source ?

– L'immersion totale.

– C'est ce que nous avons pensé, intervint Luciole. Mais si nous rétablissons le courant, nous pourrons retrouver notre corps, n'est-ce pas ?

Damiel nia de la tête.

– Ils sont morts, articula-t-il.

Les deux amis blêmirent alors qu'une épouvantable angoisse leur broyait le cœur.

– Voyons, c'est impossible ! réfuta le compagnon d'Ambre. Nous ne pouvons pas vivre sans notre modèle-source.

Damiel leva les yeux pour le fixer.

– Le modèle-source... désormais, c'est toi, compagnon.

Ses muscles se relâchèrent et il bascula lentement sur le côté. Le jeune homme le crut mort, mais Damiel émit un dernier murmure :

– Libérez-les... ma carte.

Ambre s'empara de la carte magnétique du Protectueur de Ghoster, puis se hâta avec Luciole de traverser le château pour aller déverrouiller la serrure magnétique de la chambre des Sources. La salle était plongée dans l'obscurité. La lumière du jour qui s'y engouffra leur révéla les silhouettes des modèles-source qui avaient été délivrés de leur immersion 3D par la coupure de courant. Il y eut un moment de flottement, ces hommes et ces femmes hébétés se demandant si c'était le diable qui venait les massacrer ou deux des leurs qui les délivraient.

– Qui êtes-vous ? demanda l'un d'eux.

Le compagnon d'Ambre préféra ne pas révéler son identité.

– Des compagnons Rebelles. La bataille est terminée, vous allez pouvoir sortir d'ici et soigner ceux d'entre vous qui seraient blessés.

– Qui a gagné ? demanda un homme sur sa droite.

– Personne. La panne électrique a fait disparaître les Éliminatueurs en même temps que vos avatars.

– C'est impossible ! réfuta l'homme. Je ne vous crois pas. Qui êtes-vous ?

Une femme s'avança et dévisagea le compagnon par en dessous.

– Mais je te reconnais, toi. Tu es le compagnon d'Ambre ! Et toi, tu es Luciole. C'est vous qui avez aidé l'ennemi à entrer dans le château par l'aile nord. Damiel nous a demandé de vous tuer. Vous êtes les traîtres !

– C'est effectivement ce qu'il croyait, confirma le compagnon d'Ambre.

– Parce que c'est faux ?

– Si nous l'étions, ce n'est pas la liberté que nous vous aurions apportée, mais une grenade dégoupillée…

Il fut interrompu par une femme qui réclama avec autorité :

– Quelqu'un peut-il rallumer la lumière ?

– Le compteur et le générateur sont détruits, révéla Luciole. Il faut ouvrir les fenêtres.

Ce qui fut fait prestement, bien que les volets de cette pièce fussent de lourds panneaux de blindage. Quelques-uns parmi les compagnons indemnes s'occupèrent des blessés, dont certains gémissaient atrocement. Les autres se regroupèrent autour du couple de Protectueurs pour les harceler de questions.

– L'électricité a été coupée et cela a mis fin au jeu, répondaient les jeunes gens, c'est tout ce que nous pouvons vous dire… Non, il n'y a plus d'Éliminatueurs, plus un seul… S'il vous plaît, laissez-nous passer, il faut que nous ouvrions la chambre d'Immersion absolue. Nous vous dirons tout ce que nous savons dans un moment. Retrouvons-nous dans le vestibule…

Jouant des coudes, sans trop brusquer ces désormais ex-modèles-source, jeunes pour la plupart et désemparés, ils parvinrent jusqu'à la porte de la chambre d'Immersion absolue. Le cœur serré d'appréhension, le compagnon d'Ambre actionna la poignée et ils pénétrèrent dans une obscurité totale où aucun son, pas même le souffle d'une respiration, n'était audible. Luciole saisit le bras de son ami.

– Ils sont tous morts ! murmura-t-elle.

– Ou endormis. Ouvrons les fenêtres.

La lumière du jour leur révéla une véritable vision de cauchemar : deux rangées de lits sur lesquels gisaient des hommes et des femmes apparemment sans vie. Certains avaient les yeux grands ouverts, d'autres la bouche béante et le corps tordu comme s'ils étaient morts par suffocation. Un rapide examen visuel permit de constater qu'en vérité ils avaient été terrassés par les balles que leur avatar avait reçues dans la poitrine ou le ventre. L'un d'eux était recroquevillé sur le flanc droit… c'était Daniel. Dans cette ambiance macabre, les deux amis avancèrent, main dans la main. Jusqu'à retrouver les couches sur lesquelles gisait leur modèle-source. Lucile était tête nue. Sans doute, dans un ultime sursaut de révolte, était-elle parvenue à arracher son casque 3D, qui avait roulé entre les lits. Elle paraissait dormir paisiblement, mais aucune respiration ne soulevait sa poitrine. À sa gauche, Clotaire était également allongé sur le dos, les bras le long du corps, comme au garde-à-vous. Lui avait le visage à demi dissimulé par l'équipement d'immersion absolue.

– Ça fait un drôle d'effet de se voir mort, dit-il en portant la main à son estomac. Je me demande si je ne vais pas vomir.

– Que sera notre vie, désormais ? s'interrogea Lucile, d'une voix brisée par l'angoisse.

– Devenez ce héros dont vous rêviez. Eh bien, c'est gagné. De quoi se plaindrait-on ?

– Mais je n'en veux pas, moi, de ce corps !

Le compagnon d'Ambre la regarda.

– Tu sais, j'en connais plus d'une qui s'en accommoderait.

Elle le fusilla du regard.

– Tu crois que c'est le moment de faire de l'esprit ?

Il haussa les épaules et pensa : « C'est pourtant vrai. Des milliers de filles se damneraient pour posséder des courbes et un visage comme les tiens. » Malgré cela, il devait admettre que lui-même ne se sentait pas vraiment à l'aise dans ce nouveau corps, surtout s'il n'en pouvait plus changer. Il alla jusqu'à douter de s'y habituer un jour. Certes, pour frimer et draguer, ce physique de play-boy serait génial, mais pour vivre jusqu'à la fin de ses jours ? Et comment se regarder dans une glace tous les matins, sans se répéter qu'il avait triché avec la vie ? C'est alors qu'il lui vint une idée.

– Luciole, il reste une solution.

– Tu penses à la porte interdite ?

– Oui. La porte des Fins. S'il existe un moyen de sortir de ce cauchemar, c'est forcément là que nous le trouverons.

– En somme, tu nous proposes le suicide ?

– Peut-être… ou peut-être pas. De toute façon, est-ce qu'on a le choix ?

Luciole réfléchit, tout en observant sa défunte enveloppe charnelle de jeune prof de français, si ordinaire et finalement pas si détestable. Elle se dit qu'elle n'aurait pas assez de sa nouvelle vie pour la regretter, aussi douloureusement qu'un être cher.

– Non. Évidemment, non, finit-elle par lâcher.

# 40
# La porte des Fins

Les deux amis se rendirent dans le vestibule où ils avaient aperçu cette mystérieuse, intrigante et si redoutée porte interdite. Cette fois, ils la trouvèrent gardée, non par des Rebelles en armes, mais par deux hommes d'une élégance ravageuse. L'un était vêtu d'un costume anthracite et cravaté de gris. C'était le Maître du jeu. À sa gauche, se tenait un tout aussi splendide sexagénaire, vêtu de blanc, cravaté de soie d'or, avec la même chevelure grisonnante impeccablement coiffée. Tous deux possédaient le même regard bleu ciel. Luciole s'étonna de ne pas s'en être rendu compte avant ce moment. D'ailleurs, leurs similitudes étaient nombreuses et frappantes à présent qu'ils étaient côte à côte. Le compagnon d'Ambre ne vit quant à lui que les deux faces d'un même monstre. Il sortit de son étui son pistolet le plus puissant, sans provoquer une once d'inquiétude chez les deux Maîtres du jeu.

– Nous voici à l'heure de vérité, lança-t-il.

– Rien n'est moins sûr, répliqua Teddy Ghoster. Souvenez-vous de ce que je vous ai appris concernant cette porte. Au-delà, tout s'arrête. Y tenez-vous donc à ce point ?

– Pour ne rien vous cacher, oui.

– N'êtes-vous pas satisfaits de votre nouvelle condition ?

– De damnés ? Pas vraiment. Et toi, Lucio… Lucile ?

– Luciole, rectifia l'enseignante. Tant que je suis dans ce corps, ne m'appelle pas autrement… Je pense comme toi, bien sûr. Il est hors de question que je vive dans une autre peau que celle que m'a donnée la nature, même si j'ai pu en désirer follement une plus idéale. Est-ce la morale que nous devons retenir de cette aventure ? demanda-t-elle.

– Ne retenir qu'une seule leçon d'une telle somme d'expériences serait dommage, répondit le Maître du jeu en noir. Je vous suggère de prendre le temps de méditer sur ce que vous avez vécu ces deux dernières semaines et d'en tirer d'autres enseignements.

– En somme, intervint le compagnon d'Ambre, nous aurions gagné la partie. La récompense serait un beau corps tout neuf et de grandes leçons philosophiques à méditer pour le restant de nos jours. C'est ça ?

– La récompense, dit le Maître du jeu en blanc, c'est que vous êtes devenus ces héros dont vous rêviez…

– Et que vous le demeurerez le restant de vos jours, enchaîna l'autre. Sauf si vous franchissez ce seuil.

– Nous voilà avertis, conclut Ambre. Que ferez-vous si nous décidons de contrarier ce destin faustien que vous nous promettez ?

– Nous nous écarterons.

– Vraiment ?

Teddy Ghoster esquissa un sourire qui tenait davantage du rictus diabolique que de l'amicale espièglerie :

– Désolé, mais vous n'aurez pas besoin de nous tirer dessus.

Le Protectueur se tourna vers Luciole pour solliciter son avis. Pour toute réponse, elle lui prit la main.

Alors, le regard droit et les traits durcis par la détermination, bien que l'estomac noué et le cœur battant à tout rompre, ils avancèrent. Comme ils l'avaient annoncé, les deux hommes s'écartèrent. Luciole jeta un regard en coin à Ghoster, mais celui-ci restait impavide, résigné, à moins qu'il ne fût, à l'instar de son double négatif, qu'un personnage sans âme de jeu vidéo.

Les deux amis baissèrent les yeux sur la poignée stylisée en faux vieux bronze. Ce fut la jeune femme qui l'abaissa. Et la porte s'ouvrit, sans un bruit. Contrairement à ce qu'ils auraient pu imaginer, cela ne provoqua aucun jaillissement de lumière éblouissante, aucun vent tempétueux. Apaisés puisque résolus, ils franchirent ce seuil qui devait marquer la fin de leur histoire. Ils eurent alors la stupeur de pénétrer dans un banal bureau. L'agencement y était harmonieux bien que varié, puisque s'y côtoyaient des meubles de style Louis-Philippe, en merisier, et une décoration murale d'inspiration médiévale, matinée de fantastique, ce qui enchanta le compagnon d'Ambre. Un homme se tenait assis devant une table de bois brun, sur laquelle étaient posés un écran plat d'ordinateur et un clavier. L'homme était installé sur un siège ergonomique qui lui permettait de travailler dans une position à genoux surprenante, mais confortable. Il était absorbé dans un travail de frappe. On eût dit un écrivain devant sa feuille blanche informatique, concentré sur la création de son récit, en même temps qu'absorbé dans son univers intérieur. La lumière de son écran plat le nimbait d'une aura pâle, comme s'il avait pu s'agir d'une créature de l'au-delà. Mais ce n'était qu'un homme, un simple individu d'une cinquantaine d'années, à la chevelure grisonnante et raide, peignée sur le côté. Il était vêtu d'un jean beige et d'une chemisette écrue.

Le compagnon d'Ambre ouvrit la bouche pour l'interpeller, mais son émotion était telle qu'il ne put articuler aucun son.

– Bonjour ! réussit à prononcer Luciole.

L'écrivain ne se retourna pas. Il prit sa respiration, laissa planer un long silence. Et enfin, il se décida à frapper le mot *FIN*…

# Les mémoires d'un fondu de jeux vidéo ou Comment je suis revenu de l'enfer du jeu

J'hésite encore entre ces deux titres. Mais peut-être retiendrai-je le premier que j'avais trouvé, avant même d'attaquer mon récit : *Devenez ce héros dont vous rêviez.*

Me voilà donc parvenu au bout de mon roman, ou plutôt de mes mémoires. Mais qui croira que j'ai vraiment vécu ces folles aventures ? Oui, vécu ! Allons, je l'avoue, je joue sur les mots…

Que s'est-il donc passé après que Lucile et moi, en Luciole et compagnon d'Ambre, avons assisté à la frappe de ce simple mot *Fin*… ? Je me suis retrouvé chez moi, affalé sur mon canapé, la bouche pâteuse, l'esprit embrumé, comme après un long et profond sommeil. J'ai ôté mes lunettes d'immersion 3D et leur dispositif audio, et j'ai jeté le tout avec amertume sur le tapis. Il m'a fallu un long moment pour reprendre mes esprits et reconstituer dans ma mémoire ce qu'elle avait retenu des derniers événements : la bataille de Khímaira, la coupure d'électricité qui l'avait tout d'un coup interrompue, la découverte de mon cadavre et pour finir cet écrivain devant son traitement de textes. Tout était là, bien plus net et précis dans ma conscience qu'après un rêve. Mais ce n'était pas *la vérité* ! C'était *comme la vérité* – d'ailleurs, ne serait-ce pas la définition même du roman ? – Quoi qu'il en soit, je devais comprendre ce qu'il m'était arrivé, parce que même si j'avais avalé trois tonnes de champignons hallucinogènes, jamais une telle aventure virtuelle n'aurait atteint un tel degré de réalisme. Et le diable, dans tout cela, y avait-il sa part ? Et le surnaturel ?

Après quelques minutes de réflexion décousue et lasse, il m'est revenu le souvenir d'une question que Ghoster avait laissée sans réponse : que signifie le terme khímaira ? Intuitivement, j'ai pensé que ce devait être la clé de l'énigme. J'ai aussitôt tiré de sous le canapé mon ordinateur portable. Une rapide recherche sur le web m'a donné cette réponse : « En grec, *Khimaira* signifie chimère ». J'ai lâché un *Ah ?* de perplexité, puis me suis laissé aller contre le dossier de mon siège. Tout cela n'était-il qu'une immense et fabuleuse hallucination, une escroquerie géniale ? Difficile pourtant de m'en convaincre.

La soif et le besoin de me rafraîchir le visage m'ont stimulé pour m'extraire de mon sofa. Je n'éprouvais aucun engourdissement, pas la moindre douleur articulaire. J'en ai déduit que cela ne faisait finalement pas si longtemps que je jouais aux héros dans mon salon. Après tout, ai-je commencé à admettre, peut-être ne s'agissait-il que d'un drôle de rêve. Et Lucile, était-elle l'ondine d'un songe ? Une simple *khímaira* ? Mon cœur s'est serré à cette pensée. Dans mon aventure, s'il est une chose que j'aurais volontiers échangée contre toute ma fortune, à savoir mes précieuses collections, c'est la réalité d'une rencontre qui a pris toutes les apparences de l'amour, le vrai, celui de toute une vie. J'ai enragé, puis me suis résigné, soupirant à voix haute :

– Grâce à cette expérience, tu sauras que c'est possible…

Mais je n'ai pu m'empêcher d'ajouter en pensée : « Dans l'imaginaire, ça c'est sûr ! »

Je me suis servi un grand verre de jus de fruit, dont la fraîcheur m'a redonné vigueur et bonne humeur. C'est alors que mon regard est tombé sur le calendrier numérique collé comme un magnet sur la porte de mon réfrigérateur, et mon sang s'est figé dans mes veines. J'ai fermé les yeux et fait un rapide calcul… quarante-cinq jours ! Plus de six semaines étaient passées depuis ma plongée dans le jeu, précisément depuis mon inscription et la découverte de mon avatar. Je me suis précipité dans la salle de bains pour voir ma tête, appréhendant qu'elle soit moulée sur un modèle clooneysque, désormais honni… Mais non, ouf ! J'étais moi, avec mes yeux de cochon, c'est-à-dire marron, mon visage un peu émacié, mon sourire « pas vilain » et ma chevelure longue qui, ainsi défaite et dépeignée, me fit penser à la tête d'Aragorn reprenant son souffle après une bataille contre les Orques du Mordor.

Rassuré sur mon apparence, je suis retourné dans la cuisine pour y avaler un rapide déjeuner. Une fois rassasié, j'ai pensé que je devais appeler mon employeur, et mes copains, en espérant qu'ils s'étaient un minimum inquiétés pour moi. Je suis donc allé dans le couloir où se trouve mon téléphone fixe sans fil et me suis aperçu que j'avais des messages sur le répondeur. Il y en avait douze et la mémoire était pleine ! Mon mobile en contenait presque autant ! *« Mais qu'est-ce que tu deviens ? T'es mort ou quoi ? » « Monsieur Morin, vous devez rappeler votre chef de service de toute urgence… »*, etc. Qu'avais-je donc fait durant ce trou monstrueux de quarante-cinq journées pleines ? Pour achever de me plonger dans un abîme de perplexité, j'ai constaté que, dans le petit local extérieur où j'entrepose mes déchets, étaient entassés une quantité surréaliste de sacs-poubelle, bourrés à craquer.

– Là, il faut que j'aille voir un psy, me suis-je dit.

De retour devant mon mur d'écrans, j'ai tenté d'accéder au site du jeu, sans succès. Sur un fond gris s'affichait le titre complet en lettres de fer, ainsi qu'un message d'erreur m'informant : « Désolé. Votre compte a été désactivé. Vous n'êtes plus autorisé à vous connecter au jeu. » Je n'ai pas insisté, me promettant quand même de revenir à la charge, quitte à prendre une fausse identité. Car j'avais une autre vérification à faire, devenue urgente, puisque midi approchait.

Lavé, peigné, parfumé, j'ai galopé jusqu'à la gare des Pavillons-sous-Bois d'où je suis parti pour le XIIIe arrondissement de Paris. J'ai d'abord envisagé de me poster devant le collège pour guetter la sortie de Lucile. Puis j'ai réfléchi que si elle avait vécu les mêmes mésaventures que moi, et dans le même timing, il était impossible qu'elle ait déjà repris ses cours. Une triste hypothèse m'a alors traversé l'esprit : elle pouvait n'avoir jamais existé. L'estomac noué d'inquiétude, j'ai finalement choisi de me rendre en priorité chez elle. Ma première bonne surprise a été de trouver son nom sur l'interphone de l'immeuble. Je me suis cependant abstenu de sonner, de peur de me faire jeter sans avoir vu – ou revu ? – son visage. J'ai profité de la sortie d'une personne pour pénétrer dans le hall, puis gravir les marches quatre à quatre jusqu'au deuxième. J'aurais pu prendre l'ascenseur, mais j'espérais évacuer un peu de trac en me faisant circuler le sang.

Une fois devant la porte vert sapin de son appartement, j'ai été incapable de presser le bouton de la sonnette. Je devais me préparer psychologiquement, en m'autosuggestionnant : « Il faut te calmer, mon vieux. T'es un héros. Les héros, ça se domine. Ça n'a pas les jambes qui flageolent sur le paillasson d'une fille… »

Soudain, les verrous ont claqué et la porte s'est ouverte. Me découvrant planté là tel un benêt surpris en train de se curer le nez, la jeune prof a poussé un cri de surprise. Les yeux écarquillés, elle a porté la main à sa bouche. J'ai cru qu'elle allait s'évanouir.

– Excusez-moi, j'allais sonner et vous… enfin, je…, ai-je bafouillé.

– Clotaire ?

Un picotement m'a parcouru le cuir chevelu.

– Tu me reconnais ?

– Évidemment. J'allais… Oh, mon Dieu ! Alors nous n'avons pas rêvé !

Elle s'est jetée dans mes bras et a fondu en larmes. Moi, le super-héros, le Protecteur de ces dames, je n'ai pas pu m'empêcher de faire de même.

Il nous a fallu du temps pour nous retrouver, c'est-à-dire réaliser que nous étions bien l'un en face de l'autre, mains dans les mains, yeux dans les yeux et cœurs entrelacés partageant le fauteuil à fleurs de son salon.

– Figure-toi, mon amour, que je partais chez toi, m'a-t-elle dit, le visage encore luisant de larmes de bonheur.

– Tu sais bien que les grands esprits se rencontrent toujours.

– Mais que nous est-il arrivé, Clotaire ? Comment expliques-tu ce… je ne sais même pas comment l'appeler.

– Ce miracle, ça me conviendrait assez.

Elle a ri.

– Oh oui ! Un vrai miracle. Mais saura-t-on jamais qui ou quoi nous manipulait ?

– Justement, j'ai une proposition à te faire. Du moins, si tu n'as rien de prévu cet après-midi.

– Non ! Au contraire ! Mes élèves ne m'ont pas vue depuis un mois et demi, alors un jour de plus ou de moins. De toute façon, je ne suis pas sûre de leur avoir beaucoup manqué.

– Je crois exactement le contraire… Voilà ce que nous allons faire. D'abord, est-ce que tu as déjeuné ?

– Oui.

– Moi aussi. Alors nous buvons un petit café ici, nous sautons dans ta Twingo et nous filons à Khímaira.

La frayeur a assombri son doux visage.

– Non, s'il te plaît, je ne veux plus y retourner. Plus jamais.

– Bien sûr, je comprends. Écoute, j'irai une autre fois et je te dirai si j'ai trouvé quelque chose d'intéressant. Entendu ?

Elle s'est pris le front dans une main.

– Mais non, je te dis n'importe quoi ! Bien sûr, on va y aller ! Il ne faut pas fuir la vérité, jamais. C'est la pire des erreurs. Combien de fois ne l'ai-je pas répété à mes chérubins ?

– Tu as des enfants ? ai-je demandé, un peu anxieux.

– Plusieurs fois vingt-cinq, et ils sont tous au collège !

Les larmes nous sont remontées aux yeux, de rire celles-là.

***

C'est ainsi qu'en début d'après-midi, sous un soleil radieux, nous avons retrouvé le domaine de Khímaira. Nous avons arrêté la voiture devant le portail – bizarrement, grand ouvert – de ce parc où nous avions séjourné près de deux semaines. Sur le pilier de droite étaient apposées deux plaques de cuivre indiquant, pour celle du haut « Domaine de Khímaira » et en dessous : « Heros.com SA – Société de jeux vidéo 3D, télédiffusion en relief et réalité augmentée. » J'ai levé les yeux vers le sommet du pilier de droite où une caméra surveillait les entrées.

– On y va ? a demandé Lucile, la voix affaiblie par l'émotion.

– Nous sommes là pour ça, non ?

Nous sommes donc remontés dans la voiture et avons franchi le portail. Ensuite, le cœur serré comme si nous revenions dans la maison de vacances de notre enfance, nous avons retrouvé le château de pierre blanche du mystérieux M. Ghoster. Tout était parfaitement conforme à nos souvenirs, à un détail près, il n'y avait personne pour nous observer de loin et pas de majordome en livrée pour nous accueillir. Par contre, un salon de jardin était installé sur le parvis d'accueil.

– Ce n'était pas là, ça, ai-je fait remarquer, tout en me disant que cela n'avait aucune espèce d'importance.

La porte de verre et fer forgé était intacte, ainsi que le vestibule.

– Il n'y a plus aucune trace de la bataille, a remarqué Lucile à mi-voix.

À gauche de l'entrée était disposé un grand bureau d'accueil. Derrière, travaillait une charmante hôtesse-standardiste, très brune et très droite dans son tailleur rose. Elle nous a salués avec le sourire, avant de nous demander :

– Que puis-je pour vous ?

Je me suis enhardi à répondre :

– M. Ghoster habite-t-il ici ?

Elle tiqua, puis parut soudain comprendre :

– Ghoster n'est pas le nom du directeur, mais du personnage qu'il incarne dans le jeu expérimental de…

Elle s'est brusquement interrompue, craignant sans doute de trop en dire :

– Souhaitez-vous le voir ?

– S'il vous plaît.

– Qui dois-je annoncer ?

Lucile et moi nous sommes regardés. C'est elle qui a répondu :

– Luciole et le compagnon d'Ambre.

– Oh, je vois. Ce sont vos pseudonymes dans le jeu ?

– C'est ça.

– Prenez place dans ces fauteuils, je vous prie. Je vais voir si M. Gramblin peut vous recevoir.

– Gramblin ? ai-je répété.

– Gramblin, c'est bien cela, confirma-t-elle.

Tout cela n'avait rien que de très banal, dans la vraie vie. Mais à Lucile et moi, cela donnait l'impression très dérangeante de vivre un rêve éveillé, ou pire, de ne pas s'être réveillé… Heureusement, l'attente n'a pas été longue. M. Gramblin, alias Teddy Ghoster, est descendu dans le vestibule par le grand escalier de marbre. Il était souriant et en costume gris clair. À ce détail près, la coiffure était la même, le regard bleu clair toujours aussi pétillant et le visage aussi avenant qu'au premier jour de notre rencontre. Il s'est avancé vers nous, la main tendue.

– Bonjour, mademoiselle Hatias. Bonjour, monsieur Morin. Je suis ravi de faire votre connaissance, en chair et en os.

– Donc nous n'avons pas rêvé ? ai-je demandé.

Il a eu une hésitation.

– Oui et non. Veuillez me suivre, s'il vous plaît. Nous serons mieux dans mon bureau pour discuter.

Nous avons retrouvé ce vaste cabinet de travail que nous connaissions déjà, avec ses fauteuils et son canapé de réception devant l'immense cheminée de marbre. Lucile et moi avons pris place dans le sofa, tandis que notre hôte s'est assis dans le fauteuil nous faisant face.

– Avant toute chose, mes amis, je dois d'abord vous informer sur un point, a-t-il commencé, vous n'êtes pas des clients ordinaires et serez intégralement remboursés des frais que vous avez engagés pour participer à notre... disons, divertissement.

– Ça n'est pas pour ça que nous sommes là, ai-je objecté sur un ton peu aimable.

– Je sais. Vous souhaitez vérifier *in situ*, si ce que vous avez vécu grâce à notre jeu n'était pas une blague de mauvais génie ou quelque étrange phénomène de la quatrième dimension.

– Ça y ressemble tout de même un peu, ai-je fait remarquer.

– J'en conviens. Et je m'en réjouis, car cela prouve la grande originalité de notre produit. Nous avons atteint un niveau d'illusion tel que nous pouvons affirmer sans forfanterie que nous allons révolutionner le secteur du jeu vidéo. Et pas seulement lui, a-t-il ajouté, songeant sans doute à quelques fabuleux projets en préparation.

– Si je comprends bien, vous nous avez manipulés, comme des cobayes, intervins-je sur un ton où perçait mon envie croissante de me jeter sur ce type pour l'étrangler, et pas virtuellement.

Lucile m'incita à l'apaisement d'une main sur mon poing serré en bout d'accoudoir.

– Pouvez-vous nous expliquer comment vous avez réussi à nous piéger, ou bien est-ce un secret industriel ? a-t-elle demandé avec calme.

– C'est un secret...

Le directeur sourit pour préciser :

– … que je vais vous révéler. Je vous dois bien cela, n'est-ce pas ? Je vous demande juste de le garder pour vous, encore quelque temps. En effet, tout n'est pas à cent pour cent au point dans notre produit, et nous sommes toujours en phase d'expérimentation. Je vais vous faire un aveu qui va probablement, à juste titre, susciter votre indignation, mais c'est indispensable, surtout si vous acceptez que nous poursuivions notre collaboration.

Est-il utile de préciser notre ahurissement en écoutant ces propos, auxquels à ce stade nous ne comprenions pas grand-chose ? Il a poursuivi son discours sur le même ton léger de professionnel content de lui, jubilant intérieurement de nous voir ainsi déboussolés :

– En fait, vous avez été des expérimentateurs en dimension réelle de notre nouveau jeu à Immersion absolue. À la fois consentants et ignorants, ces deux conditions étant absolument indispensables à la validité de nos tests. Mais j'y reviendrai. Il faut d'abord que je vous révèle la clé *magique* de notre jeu, enfin pas vraiment magique, ne mêlons pas le surnaturel à cela, ou alors considérons qu'il s'agit de celui de l'esprit humain.

Il a changé de position de façon à avancer le corps vers nous, pour prendre le ton de la confidence. Une fascinante exaltation émanait de son visage.

– Souvenez-vous, lorsque vous avez testé la démo de trois minutes. Tandis qu'une voix suave et envoûtante vous la présentait et vous conseillait de vous détendre, de laisser choir les défenses naturelles de votre mental, celles qui nous permettent de rester distant, de se méfier de certaines séductions… bref, durant ce charmant discours, le jeu projetait dans vos yeux grands ouverts des images, parfois accompagnées de flashes lumineux répétitifs. Nous nommons cette phase le *conditionnement hypnotique*. Autrement dit, nous testions votre sensibilité à l'hypnose.

Il s'est interrompu, le temps de savourer notre réaction. Elle devait être à la hauteur de ses espérances, car il n'a pu retenir un rire d'enfant joyeux. Il faut dire que nous étions bouche bée, figés de stupeur, tels des personnages de dessins animés de Tex Avery.

– L'hypnose ? ai-je répété. Vous nous avez hypnotisés ?

– Disons que l'innovation technique du jeu repose en effet sur la maîtrise de l'influence hypnotique. L'obstacle pour nous, commercialement parlant, réside dans le fait que chacun a un degré de sensibilité différent. Quelques esprits sont même totalement réfractaires à l'hypnose. Si ça avait été votre cas, vous auriez sans doute été séduits par la qualité de notre imagerie en relief, mais votre fascination se serait arrêtée là. Vous auriez éteint votre ordinateur et aussitôt oublié cette première expérience d'immersion 3D. Pour notre plus grande satisfaction, et la vôtre aussi je l'espère, vous étiez des sujets parfaits à tout point de vue. C'est pourquoi nous avons pu tester, comme jamais jusque-là, l'Immersion absolue. Grâce à vous, ce fut une réussite totale, inégalable, insurpassable !

– Pardonnez-moi, monsieur Ghoster… monsieur Gramblin, tentai-je d'objecter.

– Appelez-moi Teddy, c'est mon vrai prénom.

Je n'avais pas du tout envie d'entrer dans les familiarités avec ce type.

– Monsieur Gramblin, j'ai du mal à croire qu'avec une simple machine et quelques artifices de voix et d'images, vous ayez réussi à nous berner à ce point.

– Pourriez-vous nous expliquer comment nous avons vécu ces derniers jours ? demanda Lucile. Car nous avons réellement été absents de notre travail, de notre vie sociale et familiale. Cela dépasse l'entendement.

– J'en conviens. Et pourtant… N'avez-vous jamais assisté à une séance d'hypnose ?

– À la télé seulement, ai-je répondu.

– Alors vous avez pu observer comment l'hypnotiseur s'y prenait, par exemple, pour suggérer à un homme parfaitement sensé d'ôter ses chaussures et ses chaussettes, puis remonter son pantalon pour traverser une rivière qui n'existait que dans la tête de ce brave cobaye s'exécutant devant un public hilare. Je suis sûr qu'à ce moment-là vous avez pensé que ce n'était qu'une comédie, que ce pantin drolatique était de mèche avec l'hypnotiseur à la voix si particulière. Je me trompe ?

Nous avons esquissé un acquiescement. Il avait certainement raison, mais c'était si troublant. Et comment admettre que nous ayons laissé ce personnage nous voler notre conscience, notre liberté la plus intime... en somme se substituer à notre volonté ?

– C'est effrayant, ai-je murmuré.

« Et fabuleux ! », pensai-je également.

– Ça peut l'être, comme toute science, a-t-il convenu.

– Il est possible que nous portions plainte contre vous et ça pourrait vous coûter cher, le menaçai-je.

– C'est votre droit, admit-il avec détachement.

Aussi lui montrai-je les choses sous un autre jour :

– Peut-être même allons-nous raconter notre mésaventure dans un magazine ou, mieux, à la télé.

Malgré sa grande capacité à maîtriser ses émotions, une lueur d'effroi traversa ses yeux bleus. Il garda néanmoins son flegme pour déclarer sur un ton socratique :

– Comme je ne chercherai pas à vous en empêcher, j'espère parvenir à vous convaincre de ne pas le faire.

Après un silence un peu pesant, mais salutaire pour ma propre maîtrise zen, Lucile demanda :

– Comment avons-nous vécu ces journées ? Dans un état d'hypnose permanent ou bien intermittent ?

– Je vous répondrai permanent, avec des phases distinctes. Cela dit, nous ne vous avons pas lâchés un seul instant. Voici comment cela s'est déroulé...

Teddy Gramblin nous a d'abord expliqué que le temps réel et le temps du jeu étaient parfaitement synchrones. Le second se décomposait en différents états hypnotiques, à l'instar du sommeil dont on sait qu'il comporte des phases lentes, profondes et paradoxales. Les activités quotidiennes indépendantes du jeu – faire ses courses, répondre au téléphone, prendre sa douche ou même regarder un film le soir à la télé – se faisaient en état d'éveil quasi normal. Cela n'excluait nullement l'influence hypnotique, notamment sur la mémorisation, mais elle n'était de toute façon jamais aussi prégnante que lors d'événements liés au jeu. Les phases dites d'*immersion intermédiaire*, que les ingénieurs de la société Heros.com appellent également « rémanences hypnotiques », permettent d'inclure dans des événements réels des hallucinations courtes ou carrément des scènes entières, que mimait le sujet, parfois au grand étonnement de son entourage. Ainsi, lorsque Lucile reçut à son collège un colis renfermant un Taser, le stimulus hypnotique, déclencheur de la phase hallucinatoire, avait été le SMS consulté pendant la classe. Mais de colis, dans le réel, il n'y eut point ! La scène complète avait été engrammée dans le subconscient de la jeune femme. Ce matin-là, Lucile termina son cours quasi normalement, et c'est à peine si les plus attentifs de ses élèves remarquèrent son drôle de regard, absent et souvent fixe.

Me concernant, je peux donner l'exemple de ma lecture, sur le site d'un journal en ligne, de l'article annonçant le meurtre du trafiquant d'animaux exotiques que mon avatar avait bêtement tué. Cette scène avait effectivement eu lieu, dans ma tête. Quant à cette brève qui m'avait permis de déduire que le modèle-source de Luciole était une prof d'un collège du XIIIe arrondissement de Paris, elle avait été conjointement instillée dans mon esprit et dans celui de Lucile, avec l'indication de la « page 4 » comme déclencheur.

– Je dois vous dire, précisa fièrement Teddy, que ce sont mes ingénieurs qui ont entièrement conçu ce scénario. Leur travail était aussi délicat que passionnant, puisqu'ils devaient faire évoluer leur scénario en fonction de vos réactions, souvent imprévisibles. Imaginez un écrivain qui aurait minutieusement préparé son intrigue, mais qui devrait l'adapter constamment en fonction des choix de ses personnages, comme si ceux-ci étaient en partie indépendants de leur créateur. Cela pour vous dire que travailler ici exige aussi de la créativité, beaucoup de créativité.

Il préparait le terrain pour la suite.

Il a poursuivi son exposé en nous apprenant que lors des phases d'*Immersion absolue*, la dépendance hypnotique était totale. Elle commençait dès lors que Lucile et moi étions connectés au jeu, lunettes sur le nez, système audio dans les oreilles et micro devant la bouche. Nous étions alors plongés dans une réalité virtuelle aussi tangible, pour notre conscience sous hypnose, que le sont les murs de notre logement.

Notre cerveau reconstituait à la perfection paysages, personnages, ainsi que tout objet croisé dans notre quotidien. (Ils pouvaient aussi être suggérés par des projections sur nos écrans et les verres de nos lunettes de réalité augmentée.) L'illusion atteint alors une telle puissance, selon notre interlocuteur, qu'un sujet peut mourir réellement d'une balle virtuelle. C'est ainsi qu'avec une franchise désarmante, il nous confia :

– Nous avons connu un souci un peu avant votre entrée dans notre programme. Nous suivions un joueur amateur de jeux de simulation de guerre. Nous pensions le satisfaire en l'immergeant dans la peau d'un tireur d'élite américain de la Seconde Guerre mondiale. À sa demande, nous lui avons fait revivre le débarquement en Normandie, sur la plage d'Omaha, le 6 juin 1940. Mais il a joué de malchance, si je puis dire, et reçu une balle allemande en plein front. Ce que nous n'avions pas prévu, c'est la violence de la réaction de son cerveau. Dans des tests précédents, nous avions remarqué que sous hypnose, si nous suggérions par exemple à un sujet une brûlure sur l'avant-bras avec une cigarette, alors que nous ne faisions qu'y poser l'index, sa peau rougissait et parfois même formait une cloque. Concernant ce jeune homme, nous étions convaincus que cela n'irait pas au-delà d'un simple évanouissement…

Il a semblé hésiter à nous révéler la fin de l'histoire.

– Et il est mort, ai-je déduit.

– Rupture d'anévrisme. C'est à cause de cet accident que nous avons estimé que notre jeu n'était pas à 100 % au point.

Bel euphémisme pour ne pas avouer qu'il était tout simplement dangereux. J'ai voulu accuser Gramblin d'assassinat par irresponsabilité, mais il m'a devancé en reconnaissant que la commercialisation de son « produit » n'était pas pour demain. J'ai quand même clairement senti qu'il pensait à l'après-demain... J'ai alors évoqué ma première expérience de cette redoutable somatisation, lors de la démo où un catcheur m'avait passé la dérouillée du siècle. Il a toutefois nuancé :

– Cette suggestion hypnotique n'explique pas votre œil poché ni les autres traces de coups qui vous sont restés de cette séquence. La vérité, c'est que vous vous êtes cogné en tombant plusieurs fois, et que vous vous êtes vous-même assené des coups de poing dans la figure.

– Vous êtes sérieux, là ?

– Nous en avons la preuve filmée, grâce à la caméra binoculaire que vous aviez installée sur votre écran central.

Il s'est excusé de cette intrusion dans notre intimité, qu'il a justifiée par les nécessités techniques de l'expérimentation. Il a devancé la colère qui devait logiquement monter en nous par la promesse d'une généreuse indemnité, mais notre humeur n'était pas encore au règlement de compte. Il s'est hâté d'enchaîner. Mais je l'ai interrompu pour lui demander de nous expliquer comment il nous avait été possible de nous brancher à deux sur la même connexion et, surtout, vivre chez Lucile cette expérience hallucinante de notre rencontre physique avec nos avatars.

– Hallucinante, c'est exactement le mot qui convient, a-t-il répondu. Dès l'instant où vous vous êtes connectés au jeu et où vous avez subi la phase de synchronisation hypnotique, vous n'étiez plus de ce monde, mais du nôtre.

– Admettons, dis-je. Pourquoi en avons-nous conservé un souvenir aussi précis ?

– L'hypnose est un état de somnolence, davantage que de sommeil. Il est donc vrai qu'on ne devrait pas se souvenir de ce qu'on fait dans ces moments-là. L'explication en est simple, nous vous l'avions ordonné.

Il marqua une pause, puis avoua :

– En fait, dès l'instant où vous avez eu cette idée incongrue de tenter une double connexion, puis d'amener vos avatars chez Mlle Hatias, nous vous avons maintenus en état d'immersion absolue.

– Jusqu'à la fin ?

– Jusqu'au mot Fin.

– Et notre vie…

– Entre parenthèses. Par sécurité, nous vous avons conduits à Khímaira où vous avez séjourné, un peu en zombies durant ces deux dernières semaines. Par suggestion hypnotique, nous vous avons fait accomplir quelques gestes du quotidien. Nous ne tenions pas à ce que vous mourriez de faim ou cessiez toute activité physique. Nous vous avons même donné l'idée de consulter un psychiatre, lequel a plongé en beauté et vous a rédigé des arrêts de travail que nous vous avons fait envoyer à vos employeurs respectifs.

Cela l'a réjoui, pas nous.

Quand il estima nous en avoir assez dit, il nous proposa une collation que nous acceptâmes spontanément, presque machinalement. Nous n'étions plus sous hypnose, simplement abasourdis. Ensuite, tout en sirotant un merveilleux cocktail fruité, Teddy Gramblin nous formula une offre que je résumerai en trois mots : Travaillez pour moi !

Notre réponse spontanée a été un refus ferme et définitif. Il ne s'en est pas ému, comme s'il s'y attendait. Ensuite, il nous a fait « re »visiter ses installations, excepté la chambre des Sources qui n'existait pas ailleurs que dans le jeu.

Nous sommes rentrés à Paris dans un état d'esprit où l'indignation le partageait à la fascination, avec des envies de révolte et l'intention de dénoncer les pratiques de cette société. Puis nous avons réfléchi, notamment aux conséquences d'une telle initiative. La plus fâcheuse serait sûrement de provoquer un buzz mondial, autrement dit d'ouvrir la boîte de Pandore. Nous avons trouvé cent raisons de ne rien révéler. Enfin, je dois avouer la motivation la plus forte qui m'a incité à devenir testeur professionnel des premiers *jeux vidéo à immersion absolue* : l'aventure fabuleuse que cela promettait.

Lucile a choisi une autre option : pour tout l'or du monde, elle n'aurait abandonné son métier. D'ailleurs, rien désormais ne saurait la détourner de ce qu'elle appelle « sa vérité ». Quand on a la chance de l'avoir trouvée, il ne faut pas la lâcher pour une illusion. Bien au contraire, il faut la développer, la faire évoluer et surtout, surtout… savoir l'aimer. C'est la grande leçon philosophique qu'elle a retirée de cette expérience.

Quant à moi, je ne me trahis pas en travaillant pour Heros.com. Je suis dans mon monde, et dans mon monde je suis un Rebelle. Teddy ne l'a pas encore compris. Il rêve, je veille. Je veille à ce que son génie ne mette pas un jour l'équilibre de la civilisation en péril. Mais ceci est une autre histoire…

Clotaire Morin

Créateur de mondes

*FIN…*

Au fait, Lucile et moi allons bientôt nous marier.

Du même auteur,
aux éditions du Seuil

Dans la série
À L'ÉCOLE DES PAGES DU ROY-SOLEIL
*Sabotages en série à Versailles*
*Le Manuscrit volé*
*L'Autre Affaire des poisons*

Dans la série
L'ELFE AU DRAGON
1. *Les Maraudeurs d'Isuldain*
2. *Le Jugement des dragons*
3. *Sorciers des Mondes Glauques*
4. *Au funeste pays des Oraclidès*
5. *L'Effroyable Bataille*
6. *Le Crépuscule des magiciens*

*Composé par Nord Compo Multimédia*
*7, rue de Fives, 59650 Villeneuve-d'Ascq*

Achevé d'imprimer en octobre 2014
par CPI Firmin Didot au Mesnil-Sur-l'Estrée
dépôt légal : septembre 2013
n° 108354-3 (125102)

*Imprimé en France*

